# LAS RENTAS FAMILIARES EN EL IMPUESTO SOBRE LA RENTA DE LAS PERSONAS FíSICAS

INSTITUTO DE CIENCIAS PARA LA FAMILIA
UNIVERSIDAD DE NAVARRA

# LAS RENTAS FAMILIARES EN EL IMPUESTO SOBRE LA RENTA DE LAS PERSONAS FÍSICAS

*Francisco Cañal*

EDICIONES **RIALP**

Instituto de Ciencias para la Familia, Universidad de Navarra
Ediciones Rialp, S.A.
Alcalá, 290. Tel.: 326 05 04. 28027 Madrid

ISBN 84-321-3147-4
Depósito legal: NA 1656-1997

Cubierta: Aldrich
Impreso en: Eurograf, S.L. Pol. Ind. Tajonar. Calle O, n.º 31. Mutilva Baja. Navarra

Printed in Spain - Impreso en España

*A mis padres*

# ÍNDICE

## CAPÍTULO II

## PRINCIPIOS CONSTITUCIONALES SOBRE LA IMPOSICIÓN DE LA RENTA FAMILIAR

## CAPÍTULO III

## LA TRIBUTACIÓN FAMILIAR EN EL DERECHO POSITIVO

En el momento de dar a la publicación esta investigación, constituida por el núcleo de mi Tesis Doctoral, hago constar mi agradecimiento a quien la ha dirigido, el Dr. D. Eusebio González García. Es de justicia que reconozca su disponibilidad para facilitar consejos, indicaciones y correcciones, que me han permitido culminar este trabajo. Además debo expresar mi gratitud por el ejemplo de su brillante magisterio, de su honradez científica, académica y humana.

Mi reconocimiento debe dirigirse también a todos los compañeros del Área de Derecho Financiero y Tributario de la Universidad de Salamanca, de quienes he recibido ayuda científica y aliento moral, cuyo trato ha fructificado en amistad.

La presente publicación ha tenido en cuenta las valiosas indicaciones recibidas del Tribunal que ha juzgado la Tesis, integrado por los Doctores José Luis Pérez de Ayala, Perfecto Yebra Martul-Ortega, Manuel González Sánchez y José María Lago Montero. Agradezco sus advertencias que denotan el desvelo con que se han dedicado a este trabajo. También agradezco el interés y la solicitud del Dr. Ernesto Lejeune Valcárcel, así como las muestras de solidaridad con que me han reconfortado los compañeros del Área de Derecho Financiero de la Universidad del País Vasco.

# PRÓLOGO

La monografía que el lector tiene en sus manos procede, tras realizar las modificaciones exigidas por el paso del tiempo y su acomodación a un público más amplio, de una excelente tesis doctoral sobre el mismo tema, leída por el Dr. Cañal en la Universidad de Salamanca el año 1995.

La competencia del autor sobre el tema es sobradamente conocida, tanto a nivel nacional como internacional, no siendo obviamente producto del azar, que en el reciente Seminario organizado en Badalona por la Fundación Olof Palme sobre "El Derecho Europeo ante la pareja de hecho", el nombre del Dr. Cañal fuera uno de los dos españoles más citados en la Ponencia Fiscal; y lo mismo cabría decir respecto a un Curso sobre "sujetos pasivos tributarios", celebrado hace pocas semanas en la Facultad de Derecho y Ciencias Sociales de la Universidad de Buenos Aires, cuando se abordó el tema de la elección de la unidad contribuyente en el impuesto sobre la renta.

Pero junto a la competencia del autor, merece ser destacada la oportunidad del tema objeto de estudio. No creo exagerar si afirmo que en estos momentos España ofrece dentro del conjunto de los países de la Unión Europea el peor tratamiento fiscal de la familia, tanto en términos absolutos como relativos.

La afirmación anterior se agrava notablemente al considerar que España ofrece el índice de natalidad más bajo del mundo, esto es, 1,3 niños por mujer. Lo que implica, en relación con el deseable 2,1 niños por mujer, que garantiza el índice de conservación generacional, una situación dramática, que ni siquiera resiste la comparación con países tradicionalmente deficitarios desde el punto de vista demográfico, como pueden ser Suecia o Dinamarca.

En estas condiciones es evidente que nuestro sistema de Seguridad Social, pensado sobre la base de dos cotizaciones por perceptor de prestaciones, no podrá soportar la impresionante bajada demográfica de los últimos veinte años indefinidamente. Y como tampoco parece probable que ningún Gobierno se arriesgue a tomar decisiones de capitalización del Seguro Social tan firmes como las adoptadas en Chile, y ni siquiera más tibias, como las iniciadas en Francia o Italia, la situación va camino de tornarse insostenible.

En este contexto, las razonables e incluso moderadas reformas propuestas por el autor contrastan con las parcas medidas adoptadas hasta el presente por el Gobierno español y algunas Comunidades Autónomas aisladas, limitadas a no empeorar la situación o a evitar los perjuicios más graves y llamativos, y que coexisten con situaciones de profunda injusticia.

La situación magistralmente descrita por el Dr. Cañal en su obra es relativamente nueva en España, pero no lo es en el resto de Europa, donde desde hace años los países más sensibles han ido adoptando auténticos paquetes de medidas en favor de la familia, tanto en el plano de la educación, de la sanidad, de la vivienda y del transporte, como, en general, en el plano asistencial.

De entre esos paquetes de medidas, concretamente en el ámbito fiscal, el autor destaca las siguientes:

a) Sistema splitting, de origen norteamericano, pero actualmente aplicado en Alemania, Irlanda y Portugal. Consiste en trasladar al ámbito fiscal el régimen económico propio de la sociedad matrimonial de gananciales. Es decir, todo lo que entra en el hogar se entiende obtenido a partes iguales por marido y mujer; luego a efectos fiscales, se suma y se divide por dos, con independencia de la persona o personas que efectivamente hayan obtenido la renta o rentas en cuestión.

b) Cociente familiar, también denominado splitting familiar; se aplica actualmente en Francia, aunque también se ha aplicado en Luxemburgo y existe una petición en el mismo sentido presentada ante el Parlamento italiano. Consiste en contemplar no sólo las rentas de los cónyuges, sino también las cargas familiares, mediante un sencillo sistema de coeficientes multiplicadores, que atribuye un punto a los adultos y medio punto a los restantes descendientes, excepto al tercer hijo, que también vale un punto. De suerte que sumadas todas las rentas del grupo familiar, se dividen por el coeficiente previamente determinado; el coeficiente fija el tipo de tarifa aplicable y el resultado se multiplica por el mismo coeficiente que sirvió de divisor.

c) Sistema del radicalismo liberal suizo, también practicado en Inglaterra, Holanda y Países Escandinavos. En general este sistema hace abstracción de la familia, para bien y para mal. Es decir, la familia es esencialmente un asunto privado, que no goza de especial trato de favor por parte del Estado, pero, a diferencia de los sistemas fiscales de acumulación con progresión (caso de España hasta 1989), tampoco se ve perjudicada.

Merece destacarse que, en sus respectivos países, las medidas reseñadas no forman parte de las denominadas "políticas de ayuda" a la familia, sino que se encuadran dentro de lo que el Tribunal Constitucional alemán considera "medidas tendentes a procurar un trato justo a la familia".

A partir de la situación descrita, el Sr. Cañal plantea en su obra distintas soluciones a los problemas presentados. En primer lugar, es necesario completar el proceso iniciado en 1989, tendente a evitar los restos de tratos discriminatorios contra la familia, que aún subsisten en nuestro ordenamiento. Tal es el caso, por ejemplo, de la tributación de las rentas de trabajo en régimen de gananciales, que resultan sensiblemente peor tratadas que las rentas de capital, cuando lo recomendado suele ser precisamente lo contrario.

En segundo término, es preciso diferenciar cuidadosamente la política de rentas, es decir aquellas medidas tendentes a favorecer a toda persona indigente, de las políticas de apoyo a la familia, que obviamente han de tomar en consideración las cargas familiares.

En tercer lugar, no puede demorarse la correcta aplicación del principio del gravamen en base a la efectiva capacidad contributiva de las personas llamadas a satisfacer los impuestos. Lo que significa, de un lado, considerar no sólo el volumen de los ingresos, sino también las necesidades de las personas perceptoras de esos ingresos. Es decir, se trata, en último término, de introducir en todos los niveles de nuestro sistema tributario un instrumento de justicia tan clásico y conocido como el mínimo exento (del que todavía carecemos) y, más adelante, llegar a los conceptos de renta disponible y mínimo exento familiar. Pero, de otro lado, también exige comenzar a dar pasos positivos en la consideración del Derecho Tributario como una parte más del ordenamiento jurídico, que no puede constituir un bloque aislado del resto del ordenamiento, de suerte que sus normas no pueden ignorar los deberes de contenido patrimonial (de alimentos, vestido, sanidad, vivienda y educación) impuestos por otras ramas del ordenamiento jurídico, y mucho menos consentir que esos deberes sean tomados en consideración solamente para el caso en que los vínculos familiares decaigan (separación y divorcio).

Finalmente, una vez completamente superada la fase de trato con la familia e iniciada la del simple trato igualitario, habrá llegado el momento de pensar en aplicar de forma decidida lo dispuesto por el artículo 39.1 de la Constitución, poniendo en funcionamiento auténticos programas de protección familiar, que contemplen la situación de las familias con hijos a su cargo, desde el momento del nacimiento de los hijos hasta la obtención del primer empleo o, en su caso, hasta la llegada a una edad considerada socialmente razonable.

Las soluciones técnicas propuestas por el autor a la situación descrita son muchas y la mayor parte de ellas han sido ensayadas con éxito en otras latitudes. A efectos sistemáticos dividiremos esas soluciones en dos grandes grupos:

a) Soluciones de carácter indirecto (fiscales). Las medidas más usuales, propias del Estado central, han sido adoptadas en el Impuesto sobre la Renta de las Personas Físicas (cociente familiar, splitting, diversidad de escalas, mínimo exento familiar, deducciones en la base o en la cuota), en el Impuesto sobre el Patrimonio (protección del patrimonio familiar y agrícola) y en el Impuesto de Sucesiones (favorecer la transmisión directa, fomento de las acciones de previsión y aseguramiento).

b) Soluciones de carácter directo (subvenciones). Estas medidas, que son las propias de las haciendas regionales, van desde las ayudas familiares propiamente dichas (subvenciones por nupcialidad y natalidad) hasta las subvenciones por cuidado de niños y acceso a la vivienda, sin olvidar las ayudas a la formación y al estudio (bolsas de transporte, comedor y libros, reducciones en las tasas académicas y becas).

Finalmente, sin menoscabo del libre acceso a un puesto de trabajo por parte de todo hombre o mujer (célibe o casado), debería retribuirse la importante contribución que al incremento del Producto Interior Bruto reporta la presencia del cónyuge que libremente opta por permanecer en el hogar. Frente a la crítica, frecuentemente demagógica, de que semejante comportamiento fuerza la presencia de la mujer en casa (como si ello fuera un delito), debe responderse que el referido presunto "privilegio" deja de ser tal desde el momento en que la elección es libre y queda abierta a todo ciudadano o ciudadana que desee ejercitarla.

Hasta aquí el resumen de las partes y conclusiones de la obra que han llamado más nuestra atención. Adicionalmente debo decir que el manejo de la bibliografía es excelente y la exposición de los temas tratados clara y precisa. Por lo que llegados a este punto, sólo resta felicitar muy sinceramente al autor y desear a la obra todo el éxito que la importancia del tema tratado y el cuidado desarrollo del mismo merecen.

*Prof. Dr. Eusebio González*
Catedrático de Derecho Tributario
Universidad de Salamanca

# ABREVIATURAS UTILIZADAS

| | |
|---|---|
| B.O.E. | Boletín Oficial del Estado |
| Boll. Trib. | Bollettino Tributario |
| CE | Constitución Española |
| Cron. Trib. | Crónica Tributaria |
| Dir. e Prat. Trib. | Diritto e Pratica Tributaria |
| Dir. Fin. Sc. Fin. | Diritto Finanziario e Scienze delle Finanze |
| DStR | Deutsches Steuerrechet |
| Econ. Lav. | Economia e Lavoro |
| F.J. | Fundamento jurídico |
| Hac. Púb. Esp. | Hacienda Pública Española |
| I.E.F. | Instituto de Estudios Fiscales |
| IRPF | Impuesto sobre la Renta de las Personas Físicas |
| LECrim | Ley de Enjuiciamiento Criminal |
| LGT | Ley General Tributaria |
| Rev. Der. Fin. Hac. Púb. | Revista de Derecho Financiero y Hacienda Pública |
| Rev. Esp. Der. Cons. | Revista Española de Derecho Constitucional |
| Rev. Esp. Der. Fin. | Revista Española de Derecho Financiero |
| Rev. Fr. Fin. Pub. | Revue Française des Finances Publiques |
| Rev. Téc. Trib. | Revista Técnica Tributaria |
| Rev. Val. Hac. Púb. | Revista Valenciana de Hacienda Pública |
| Rev. Sc. Leg. Fin. | Revue de Science et de Législation Financières |
| SAT | Sentencia de Audiencia Territorial |
| STC | Sentencia del Tribunal Constitucional |
| St.W. | Steuer und Wirtschaft |
| TEAC | Tribunal Económico Administrativo Central. |

# PREFACIO

La dogmática jurídica ha elaborado un conjunto de principios y de normas, el Derecho de Familia, para regular las relaciones familiares[1], si bien lo hace solamente en sus aspectos de Derecho privado. En consecuencia, la mayor parte de las relaciones jurídicas familiares se inscriben dentro del Derecho de Familia que, a su vez, se inserta en el Derecho Civil. Pero advertimos que hay relaciones jurídicas en las que la familia tiene un papel relevante y que no son tratadas por el Derecho de Familia. En concreto, entre otras, aquellas relaciones patrimoniales de naturaleza tributaria, que encuentran su acomodo, según la actual sistemática científica, en el Derecho Tributario.

Un objetivo del Derecho Tributario es indicar cómo debe ser gravada la riqueza, allí donde se encuentre. Mas, para que el gravamen de la riqueza familiar sea adecuado, conviene hacer estas dos consideraciones iniciales:

1ª Deben tenerse en cuenta las circunstancias que puede presentar la configuración de la familia: la presencia de la institución que el Derecho prevé para la constitución de la misma -el matrimonio-, su ausencia, que da lugar al llamado matrimonio de hecho y a la filiación extramatrimonial, y la ruptura de la institución constituyente, con la separación matrimonial o la disolución del vínculo.

---

[1] El Derecho de Familia es definido por FERRARA como "el complejo de las normas jurídicas que rigen las relaciones personales y patrimoniales de los pertenecientes a la familia entre sí y respecto a los terceros". Cfr. Diritto delle persone e di famiglia, página 184.

2.ª La familia y sus características no se presentan de manera inalterada en el transcurso del tiempo: es un lugar común en la doctrina hablar de la crisis de la familia. Al buscar el porqué de esta crisis se suele afirmar que está *"originada por multitud de causas económicas y morales"*[2]. Una enumeración descriptiva y sugerente de causas de crisis conyugal nos la da E. SULLEROT: *"La prosperidad en primer lugar, la generalización de las rentas individuales obtenidas del trabajo -en lugar de un patrimonio explotado en común; la delegación al Estado, a la protección social, de solidaridades que antiguamente atendían el matrimonio y la familia; la multiplicación de las viviendas; la separación entre sexualidad y procreación hecha posible por la contracepción; el debilitamiento de las iglesias particularmente su influencia sobre la vida privada de sus fieles; el fuerte ascenso de los valores individualistas"*[3].

El Derecho Tributario debe observar atentamente estos cambios, pues son presupuestos de hecho para la aplicación de sus normas y, como concluye SULLEROT: *"Si una ley sigue aplicándose cuando las conductas que pretende regular han cambiado mucho, entonces su sentido se encuentra modificado y puede provocar efectos contrarios al fin que el legislador le había asignado. Esto se ha producido con la legislación fiscal sobre el impuesto sobre la renta"*.

En nuestro trabajo nos proponemos llevar a cabo una doble tarea:

1.º Repasar las diferentes modalidades de tributación de la renta familiar y examinar cuales son las que más se adecúan a su composición.

2.º Señalar las exigencias constitucionales que debe cumplir la tributación familiar y comprobar cómo se han puesto en práctica en España desde 1978.

En definitiva, hacemos nuestro el planteamiento sugerido por E. GONZÁLEZ: *"En primer lugar, tratar de acomodar el Derecho Tributario, y muy especialmente el Derecho Tributario constitucionalizado, a los cambios experimentados en la sociedad cuyo desenvolvimiento regula; de suerte que la brecha abierta entre ordenamiento tributario y sociedad sea en cada caso lo más reducida posible. En segundo término,*

[2] J. CASTÁN TOBEÑAS, Derecho Civil Español, Común y Foral, tomo V, volumen 1, pág. 48. Nos parece acertado el diagnóstico que hace P. J. VILADRICH, dirigido al fondo del problema: *"La pérdida de la identidad del ser personal del hombre (en su masculinidad y feminidad) es la causa radical de la pérdida de la identidad del matrimonio y ésta, a su vez, es la razón principal de la pérdida de identidad de la familia"*. P. J. VILADRICH, *Agonía del matrimonio legal*, 1984, pág. 20.

[3] Cfr. *"Evolution sociologique de la famille et inadaptation du système fiscal"*, en *Rev. Fr. Fin. Pub.*, n.º 14, 1986, págs. 11-12.

*procurar que el Derecho Tributario contribuya eficazmente a la realización de los principios contemplados por el ordenamiento jurídico, y de modo particular a aquellos que han sido constitucionalizados; evitando o removiendo, consecuentemente, todo lo que impida o dificulte su normal desarrollo*"[4].

[4] E. GONZÁLEZ, *Familia e impuestos*, Barcelona, 1987, pág. 15.

## CAPÍTULO I

# ESTUDIO DOCTRINAL SOBRE LOS SISTEMAS DE IMPOSICIÓN DE LA RENTA FAMILIAR EN EL IMPUESTO SOBRE LA RENTA DE LAS PERSONAS FÍSICAS

## I. INTRODUCCIÓN

En este primer Capítulo expondremos las relaciones existentes entre familia y tributación, dentro del ámbito del Impuesto sobre la Renta de las Personas Físicas (IRPF). Este análisis aborda la vertiente de carácter hacendístico del tema; reservamos el uso de los conceptos estrictamente jurídicos para los Capítulos siguientes. En nuestro estudio daremos cabida a los argumentos y soluciones que ha aportado la doctrina científica a las muchas cuestiones que salen al paso del investigador de esta materia. Explicaremos también las decisiones adoptadas en los ordenamientos jurídicos de los países de nuestro entorno para resolver cada caso[5].

La circunscripción del estudio del ámbito del IRPF requiere algún tipo de justificación pues, si bien resulta evidente la preponderancia de esta figura impositiva cuya importancia, tanto a efectos doctrinales como de eficiencia recaudatoria queda hoy fuera de toda duda, es cierto que la institución familiar presenta conexiones también con otras figuras tributarias.

Ante todo debemos explicar la razón por la que nos ceñimos a la consideración de la tributación directa. En una primera aproximación podemos advertir la estrecha relación que existe entre la imposición

[5] Un estudio que puede ser considerado prototipo de los realizados en torno al Impuesto que comentamos es el R. GOODE, *"The Individual Income Tax"*, Brookings Institution, 1964. Trad. esp. en la colección "Obras básicas de Hacienda Pública", Madrid, 1973.

indirecta y la familia. Dado que ésta es un importante consumidor, una relevante cuantía de la recaudación por tributación indirecta se obtendrá del seno familiar. El motivo de su exclusión se encuentra en que los impuestos indirectos responden escasamente al principio de capacidad contributiva y su tarifa no depende de las circunstancias del sujeto pasivo.

Son dos las condiciones que debe reunir un impuesto para que respecto a él se plantee el problema de las relaciones familiares:

1.º) Que se trate de un impuesto progresivo, pues sólo en esta clase de impuestos la evaluación conjunta de los miembros de la familia puede dar lugar, como veremos, a un aumento de la deuda tributaria.

2.º) Que se trate de un impuesto personal, pues es en ellos donde la base imponible se define en función del sujeto pasivo, al que se toma como centro de imputación de los elementos componentes de dicha base[6].

El problema del tratamiento de las rentas familiares queda ceñido a los impuestos sobre la renta de las personas físicas, sobre el patrimonio de las mismas y sobre sucesiones.

Sin embargo ya el Congreso celebrado por la IFA en 1972, ponía de relieve que en el impuesto sobre el patrimonio *"la forma en que ha sido arreglada la tributación citada de las unidades, no da lugar a ninguna observación por parte de la IFA"*[7]. No obstante en el impuesto sobre el patrimonio, por lo general, se grava conjuntamente el patrimonio familiar, lo cual merecerá la atención que en su momento le dedicaremos. Los impuestos sucesorios no constituyen, en opinión de la IFA, una materia importante en cuanto a las relaciones familia-tributación, y no han dado lugar tampoco a especiales recomendaciones por parte del citado organismo[8]. Sobre la base de los criterios doctrinales mencionados, pensamos que es en el seno del Impuesto sobre la Renta de las Personas Físicas donde se plantean los problemas que mayor estudio requieren.

Ya dentro del estudio del IRPF conviene señalar las cuestiones a las que afecta la existencia de la familia y que serán objeto de análisis en este Capítulo. Podemos distinguir dos campos en la estructura del impuesto en los que es más acusada la presencia de la familia:

---

[6] Cfr. PALAO TABOADA, *"El tratamiento de la familia en la imposición sobre la renta"*, en Rev. Esp. Der. Fin., n.º 29 (Enero-Marzo, 1981), pág. 6.

[7] Cfr. *Cahiers de Droit Fiscal International*, vol. LVII a, pág. I/87.

[8] Más adelante tendremos ocasión de exponer los criterios que, por el contrario, sí han sido expresados en tema de familia e impuesto sobre la renta, en los dos Congresos en los que la IFA se ha ocupado de la cuestión (Amsterdam 1955, Madrid 1972).

1.º El gravamen individual o conjunto de las rentas familiares.

2.º La consideración fiscal de las denominadas cargas familiares[9].

Así, por una parte, existe la posibilidad de acumular todas las rentas de la unidad familiar en una base imponible y aplicar un único gravamen. Esta opción sugiere diversas concepciones en la configuración de la unidad contribuyente del impuesto. Ahora bien, la acumulación de las rentas en la base imponible produce un incremento de la progresividad del impuesto que será necesario corregir. La alternativa de gravar por separado las rentas de cada miembro de la unidad familiar no produce el efecto de aplicación de un mayor tipo de gravamen.

Por otra parte el IRPF es un impuesto personal y su regulación debe proveer a la subjetivación del tributo, es decir, a la adecuación del gravamen a las circunstancias personales, entre ellas las familiares, del contribuyente. Lo cual plantea el tema de cómo deben ser éstas tenidas en cuenta, y en concreto las cargas familiares, en el momento de determinar la cuantía de la deuda tributaria.

Antes de adentrarnos en el estudio de dichos asuntos, que constituyen el contenido de este Capítulo, hemos de hacer una observación en torno a la relación que cabe apreciar entre ambos:

- Es habitual que la doctrina centre su esfuerzo en el estudio de la unidad contribuyente del impuesto, relegando el tema de las cargas familiares a un lugar secundario. Esta postura resulta fundamentada porque, conceptualmente, se trata de cuestiones independientes, desde el punto de vista de la doctrina jurídico-tributaria: cada una de ellas puede estudiarse en un lugar distinto dentro de los diversos elementos del tributo[10]; pero debería ser corregida mediante un análisis al menos equivalente del influjo que las circunstancias familiares deben tener en la estructura del tributo.

- Otro sector doctrinal opina que no puede admitirse la total independencia en el tratamiento de ambos temas[11] aunque para la determinación de la carga tributaria que ha de recaer sobre la familia, puede operarse bien a través de la configuración de la unidad contribuyente, bien

[9] Cfr. S. COLMENAR VALDÉS, *"El sujeto: la unidad familiar"*, Rev. Der. Fin. Hac. Púb., n.º 142 (Julio-Agosto 1979), pág. 687.

[10] De este modo actúan algunos autores suizos (HÖHN, CAGIANUT, MARTI) mencionados por PALAO TABOADA, cit. pág. 8, nota 7. También C. PÉREZ DE AYALA aboga por el tratamiento separado de las cargas familiares, cfr. *La unidad familiar en el impuesto sobre la renta*, Madrid, 1986; pág. 31.

[11] Es la posición que parece adoptar PALAO TABOADA, cfr. loc. cit. Otra postura acorde es la de A. MENNEL, cfr. *"Die Einkommensbesteuerung von Ehe und Familie in internationalen Vergleich"* en "Deutsche Steuer-Zeitung" A, 1978, pág. 324.

a través de las diversas técnicas que pueden establecerse para tener en cuenta las cargas familiares o bien utilizando a la vez ambos medios[12].

Nosotros pensamos que es posible, e incluso conveniente, el examen por separado de ambas cuestiones: así lo hacemos en nuestro trabajo. Lo cual no obsta para que sea posible utilizar una sola técnica que trate de resolver los dos problemas a un tiempo y el resultado final -en términos de cuota tributaria resultante- pueda venir determinado por la acción conjunta tanto de la elección que se lleve a cabo respecto a la tributación acumulada o separada de las rentas familiares como de los métodos empleados para trasladar al impuesto las cargas familiares de los contribuyentes.

De acuerdo con estas premisas centramos el contenido del presente Capítulo. En primer término llevaremos a cabo una valoración crítica de las alternativas posibles en la determinación de los contribuyentes del impuesto y del correspondiente gravamen conjunto o individual, dedicando una atención especial a los modos en que puede corregirse la progresividad derivada de acumular en la base imponible los rendimientos de los componentes de la familia que los obtengan. Más adelante estudiaremos los problemas relativos a la consideración de las circunstancias familiares en el impuesto, señalando las técnicas empleadas habitualmente con este fin y contemplando sus características positivas y negativas.

## II. La unidad contribuyente en el impuesto

### A) Consideraciones previas

#### *a) La alternativa familia o individuo en la configuración del contribuyente*

En la determinación de la unidad contribuyente del Impuesto sobre la Renta de las Personas Físicas, podría deducirse de su propia denomina-

[12] La interrelación antes aludida es subrayada por la OCDE: "*La cantidad de impuestos sobre la renta pagados por las distintas unidades familiares en los distintos niveles de renta depende no sólo de la fórmula de unidad impositiva sino también de la interrelación entre la unidad contribuyente, la estructura de los tipos impositivos y los grupos de renta, y de las desgravaciones fiscales. Variando estos tres factores se pueden conseguir resultados similares en cuanto a los impuestos satisfechos por las distintas unidades contribuyentes de los diferentes niveles de renta. Y, a la inversa, el resultado deseado, partiendo de la elección de la fórmula de unidad contribuyente (...) exigirá normalmente decisiones apropiadas en cuanto a los tipos impositivos, grupos de renta y desgravaciones fiscales*". *Cfr.* "*El tratamiento de la unidad familiar en los sistemas impositivos y de transferencias en los países miembros de la OCDE*", OCDE, París, 1977; una selección de textos en "Sistema fiscal y familia", n.º 4 (1981) de la Revista del I.E.E., págs. 35 a 85.

ción que es el individuo la única opción adecuada. Pero, en contra de la percepción inicial, la consideración del individuo aislado como contribuyente del impuesto no viene avalada, en gran parte de los ordenamientos tributarios, por la propia evolución de esta figura impositiva; al contrario, hasta fechas no muy lejanas la consideración de la familia como unidad contribuyente no suscitaba críticas doctrinales ni inquietud por parte de los sujetos pasivos. Esto se explica por una abundante serie de razones -más económicas y sociales que jurídicas- que trasladan la toma en consideración de las circunstancias familiares de la persona al ámbito de la subjetividad pasiva del impuesto sobre la renta. Y esta consideración arrastra detrás -como lógica consecuencia del impuesto personal- la aplicación del mismo gravamen a las rentas obtenidas por las personas unidas entre sí mediante vínculos de carácter familiar. Este punto nos lleva a plantear la cuestión de la subjetividad pasiva del impuesto: si el grupo familiar es realmente considerado como sujeto pasivo o si, por el contrario, permaneciendo la citada acumulación de rentas de diversa titularidad, la ley tributaria señala como sujeto pasivo a una o varias personas físicas. Prescindimos ahora de este problema que trataremos en nuestro último Capítulo.

En la actualidad, sin embargo, puede afirmarse sin temor que la alternativa "familia-individuo" se ha planteado de forma abierta en el diseño o en la reforma del impuesto. En los últimos veinticinco años no sólo se ha quebrado, en el panorama del Derecho comparado, la posición hegemónica en que a este respecto se encontraba la familia, sino que hoy, tras un denso debate sobre el tema en el que se han puesto de relieve las ventajas e inconvenientes de ambas opciones, puede observarse una tendencia hacia la tributación individual.

Este es el punto que ha sido objeto del más intenso debate en la regulación del IRPF en los países de nuestro entorno. Se suelen señalar dos causas fundamentales de esta situación:

En primer lugar, el reconocimiento del papel social desempeñado por la mujer y de su igualdad jurídica con el varón, que ha operado un cambio en la estructura familiar y en la posición de los cónyuges en el matrimonio[13].

---

[13] E. GONZÁLEZ cuantifica este hecho con datos referidos a 1986: "*El trabajo de la mujer casada fuera del hogar, ... en la última década ha crecido de 2 a 5 puntos en la Europa occidental (al tiempo que se reducía en análoga medida la presencia del trabajo masculino), situándose en la actualidad la participación laboral europea de uno y otro sexo en torno al 60-40 y siendo para España esa proporción del 70-30*". Cfr. *Familia e impuestos*, o.c. pág 12. Para observar los datos de este fenómeno en Francia, donde se ha producido con mayor intensidad que en España, cfr. M. DEBRÉ, "*L'inegalité des ménages face à l'impôt sur le revenu*", en Rev. Fran. Fin. Pub., n.º 14, 1986, pág. 17.

En segundo lugar cabe citar la posición relevante que ha adquirido el impuesto sobre la renta de las personas físicas, por su característica de generalidad[14].

Tal situación ha motivado, en primer lugar, una especial atención por parte de los especialistas en esta rama del Derecho[15]. El conjunto de problemas implicados ha sido objeto de discusión en diversos niveles. Ya en el Congreso de la IFA de 1955 fueron contemplados al estudiarse, como uno de los temas de dicho congreso, "La evaluación y percepción común del impuesto sobre la renta de los miembros de una unidad familiar"[16]. El régimen fiscal de las unidades familiares desde la triple perspectiva de renta, patrimonio y sucesiones, constituiría de nuevo en 1972 un importante apartado de la temática sometida al examen del XXVI Congreso Internacional de la IFA[17]. En un ámbito más reducido y más próximas en el tiempo, las IX Jornadas Luso-Hispano-Americanas de Estudios Tributarios, celebradas en 1980, escogen como tema de estudio "La unidad familiar como sujeto fiscal"[18]. Y, en el ámbito exclusivamente español, las Jornadas sobre fiscalidad y familia que, bajo el patrocinio del Ministerio de Hacienda, tuvieron lugar en 1982, son una muestra de la continuidad en la vigencia del interés del tema; la reiteración de su tratamiento en las XXXIV y XXXVII Semanas de Estudios de Derecho Financiero, celebradas en Madrid, en los años 1986 y 1989, respectivamente[19], expone la sustantividad y actualidad práctica y doctrinal del problema planteado[20].

---

[14] Cfr. FERREIRO, Curso de Derecho Financiero Español, 13ª ed., Madrid, 1991, pág. 212.

[15] La Comisión MEADE realiza el siguiente diagnóstico en su "*Informe sobre la estructura y reforma de la imposición directa*" (1978): "*La idea de que una mujer al casarse se convierte en persona dependiente de su esposo, quien se hace responsable de su bienestar y del nivel de vida del resto de la familia, es la base principal del tratamiento actual de la unidad fiscal. Esta noción (...) se hace cada vez menos compatible con las actitudes modernas sobre la relación entre hombre y mujer, y de hecho corresponde cada vez menos a la realidad cuando un número cada vez mayor de mujeres casadas se dedican al trabajo*". Cfr. la trad. esp. del citado Informe, I.E.F., Madrid, 1980, pág. 553.

[16] Vid. Cahiers de Droit Fiscal International, vols. XXVIII y XXX.

[17] Lo relativo al Congreso de Madrid (1972) puede verse en el volumen LVII de Cahiers de Droit Fiscal International editado por la IFA.

[18] Sus trabajos -por lo que a autores españoles se refiere- han sido recogidos en la "*Memoria de la Asociación Española de Derecho Financiero, 1980*", Madrid, 1981, páginas. 327 y ss.

[19] Sus trabajos han sido recogidos en sendos volúmenes del Instituto de Estudios Fiscales: *El Impuesto sobre la Renta de las Personas Físicas*, Madrid, 1989, y *El Impuesto sobre la Renta de las Personas Físicas: pasado, presente y futuro del tributo*, Madrid, 1991.

[20] Paralela al intercambio de opiniones con la producción bibliográfica sobre esta

La búsqueda del modelo óptimo de tributación familiar ha sido objeto de estudio por parte de diversas comisiones encargadas de la reforma tributaria; debemos citar, como muy destacados, los Informes CARTER, ASPREY y MEADE, y los británicos *"Libro verde" La imposición sobre el marido y la mujer* y *La reforma de la imposición personal*[21].

Con todo, es necesario perfilar el alcance exacto de la alternativa familia-individuo a la que venimos refiriéndonos pues dichos términos no significan más que las soluciones extremas con las que se pueden hacer múltiples combinaciones dando lugar a formas de tributación intermedias[22].

Indudablemente, es necesaria una mayor precisión en los términos si se desea hacer justicia a la realidad normativa[23].

Teniendo en cuenta estas opiniones, pensamos, sin embargo, que la doble opción apuntada conlleva importantes consecuencias y resume suficientemente -al menos desde un punto de vista didáctico-, no sólo la

materia. Ciertamente, estamos ante una cuestión hacendística "clásica", en el sentido de que pueden encontrarse referencias a ella en manuales y monografías de cierta tradición. Sin embargo, la evolución acelerada que la ha connotado en los últimos tiempos hace que sean relativamente más recientes una gran parte de los estudios realizados.

[21] *Informe de la Real Comisión de Investigación sobre la Fiscalidad*, presidida por M. K. LeM. CARTER, Ottawa, Canadá, 1966; trad. esp. por el I.E.F., Madrid, 1975.

*Informe del Comité de Revisión de la Imposición*, presidido por K. W. ASPREY, Camberra, 1975; trad. esp. de textos seleccionados en la Revista del I.E.E., n.º 4/1981.

*Estructura y reforma de la imposición directa*, informe de la Comisión presidida por J. E. MEADE, Londres, 1978; trad. esp. del I.E.F., Madrid, 1980.

*"Libro verde" La imposición sobre el marido y la mujer*, publicado por Her Majesty's Stationery Office, Londres, 1980; trad. esp. de textos seleccionados en la Revista del I.E.E., n.º 4/1981.

*"Libro verde" La reforma de la imposición personal*, Londres, 1986; trad. esp. de textos seleccionados en la Revista del I.E.E., n.º 4/1985.

[22] CORRAL GUERRERO ha afirmado: *"Este planteamiento contrapuesto constituye una simplificación teórica, mera indicación tendencial, conteniendo dos posiciones extremas e irreales porque no reflejan la realidad normativa, compuesta de situaciones intermedias de diversa graduación entre dicha bipolaridad"*.Cfr. *"La unidad familiar como sujeto fiscal: reflexiones metodológicas para su estudio"*, Rev. Der. Fin. Hac. Púb., n.º 158 (marzo-abril, 1982); pág. 517. Cfr. también J. ANTÓN PÉREZ, J. DÍAZ MALLEDO y J. A. GARCÍA MARTÍN, *"La unidad contribuyente"*, en Hac. Púb. Esp., n.º 30 (1974); pág. 162.

[23] En esta tesitura A. SIMÓN LAMPARERO expone así una postura factible: *"Una posible respuesta a tan ardua opción puede consistir en esquivarla. Desde el campo doctrinal no faltan, en efecto, diversas voces que, bien relativizando la cuestión concreta de la unidad contribuyente, bien situando los últimos razonamientos fuera del ámbito estrictamente jurídico, restan alcance al resultado de la posible elección o, al menos, consideran imposible pronunciarse jurídicamente respecto a ella"*. Cfr. *"La tributación de las rentas familiares en el Impuesto sobre la Renta de las Personas Físicas"*, Tesina de Grado de Licenciatura, no publicada. Salamanca, 1983, pág. 61.

estricta elección del sujeto pasivo del impuesto sino, también, toda una serie de cuestiones que habitualmente se engloban en la terminología -ciertamente, más precisa- de "tributación separada" y "tributación conjunta" de las rentas obtenidas por los componentes de la familia.

Así planteada, la alternativa "individuo-familia" suscita varios problemas en la estructura del impuesto y puede decirse que la adopción de una u otra solución requerirá distintas respuestas por parte del legislador. Se podrían señalar las siguientes cuestiones:

- En primer lugar merece singular atención tanto la correcta delimitación del grupo familiar a efectos del impuesto como el adecuado diseño de los deberes tributarios de sus componentes en lo referente a la declaración, el pago y la responsabilidad, con la posibilidad de configurar como sujetos pasivos a menores sin capacidad de obrar[24].

- En segundo lugar es necesario establecer los criterios para imputar los ingresos y gastos familiares a los diversos miembros de la familia.

- En tercer lugar se plantea el problema de la aplicación de las deducciones, particularmente las relativas a cargas familiares, ante la posibilidad de imputarlas simultáneamente a varios contribuyentes por un mismo concepto.

- En cuarto lugar, puede decirse que la opción planteada muestra verdaderamente todo su relieve e importancia si consideramos el influjo del carácter progresivo del impuesto en el que tal alternativa se produce[25]. Este será, pues, uno de los principales interrogantes que lleva aparejada la tributación conjunta, tanto la tributación exclusivamente conyugal como la propiamente familiar, referida esta última también a la acumulación de rentas de los restantes miembros de la familia, junto a la practicada únicamente sobre los cónyuges.

---

[24] Cfr. BANACLOCHE, "*El sujeto pasivo en el nuevo Impuesto General sobre la Renta de las Personas Físicas*", Cron. Trib. n.º 26 (1978); págs. 31-32.

[25] Señala NEUMARK: "*Como hoy es un hecho incuestionable que la progresión pasa por ser uno de los componentes integradores del impuesto sobre la renta, cabe preguntarse si tiene posible justificación o puede evitarse en su caso un gravamen tributario adicional, resultante de la exacción conjunta de los miembros que componen un presupuesto familiar y, en especial, de la exacción conjunta de los cónyuges*". Cfr. F. NEUMARK, *Principios de la imposición*, I.E.F., Madrid, 1974, pág. 193. Del siguiente modo describe C. PÉREZ DE AYALA el problema planteado: "*En el supuesto de que se opte por un sistema de imposición acumulada se plantea, además, un problema específico. Si el impuesto es progresivo se produce un incremento de progresividad por efecto del juego combinado de la suma de bases imponibles y tarifa progresiva. Este efecto puede ser deseado, y no adoptarse medida alguna al respecto, o puede ser indeseado, total o parcialmente, en cuyo caso deberá corregirse consecuentemente*". *La unidad familiar...*, o. c., pág. 31.

Planteado así el problema en sus justos términos, el número de efectos resultantes de una u otra posibilidad aumenta; y será basándose en ellos, tanto si han sido deseados como si no han podido evitarse, como se construye el debate comparativo y valorativo. Especial interés presenta, por tanto, el análisis de los diversos criterios que conducen a los resultados que se consideran deseables para la tributación familiar.

*b) Criterios que se consideran deseables en la tributación familiar*

Exponemos a continuación los criterios que ha formulado la doctrina y que deben ser tenidos en cuenta para elegir y configurar adecuadamente la unidad contribuyente en el IRPF. Enumeramos en este apartado los rasgos más salientes de cada una de las dos opciones ya citadas: la familia o el individuo. Tendremos ocasión de desmenuzar los más importantes argumentos en posteriores epígrafes, su mención aquí servirá para ilustrar la variedad de extremos que se plantean a la hora de enfrentarse con este elemento del impuesto, y para observar que al hilo de cada una de las soluciones posibles salen al paso otros tantos problemas, que indican por sí solos la complejidad de la presente cuestión.

Ya en 1959, O. OLDMAN y R. TEMPLE realizaban un planteamiento correcto de la cuestión y señalaban las bases que debían servir de soporte a la distribución de las cargas fiscales entre individuos y familias: "*Un hogar en el cual un solo cónyuge obtiene rentas debería pagar un impuesto más elevado que otro en el cual los dos esposos trabajen, a igual renta total. El hogar en el que se perciban dos rentas debería, a su vez, pagar más impuestos que los debidos por dos solteros que obtengan idénticas rentas. Esta distribución* -explican- *se basa en las ventajas económicas derivadas de la vida en común, las cuales son máximas cuando trabaja uno sólo de los cónyuges. Para completar el esquema, una persona soltera debería pagar al menos un impuesto igual al que recae sobre una familia con una sola renta, pues las ventajas derivadas de la vida en común no son suficientes para lograr que dos personas puedan vivir con menos dinero que una sola*"[26].

Es claro que, en los objetivos señalados, se contempla como término de las diversas comparaciones una unidad superior al individuo: el hogar o familia. Éste, a su vez, es susceptible de ser tomado en cuenta de diverso modo cuando reúna determinados requisitos, como puede

[26] Vid. "Etude comparée de l'imposition des personnes mariées" en Rev. Sc. Fin., Tomo LI, 1959, pág. 572.

observarse en la mención de familias en las que la renta sea obtenida por uno o por varios miembros. Sin embargo, otros autores opinan que debe prescindirse de la comparación entre familias, pues resulta inadecuada; dado que la tributación sobre la renta es individual deben realizarse sólo comparaciones entre individuos[27].

En términos similares a los de O. OLDMAN y R. TEMPLE, el Informe CARTER, considerado generalmente como el representante más destacado de la tributación conjunta, resuelve de modo expreso la opción planteada a favor de la familia como unidad contribuyente; además, proporciona un criterio claro -al menos teóricamente- para establecer un gravamen equilibrado entre personas solteras y casadas; por último, señala indirectamente una clara deficiencia propia de los sistemas de tributación individual: en ellos, la diversa proporción en que la renta sea obtenida por los cónyuges conlleva una diversa cuantía impositiva para los distintos matrimonios[28].

En sintonía con los principios establecidos por el Informe CARTER, encontramos en MUSGRAVE tres reglas para que se cumpla el principio de equidad en la tributación familiar:

*"En primer lugar, las unidades familiares con la misma renta y el mismo número de personas deberían pagar el mismo impuesto. Lo cierto es que la aceptación de esta primera regla implica una actitud de indiferencia ante el hecho de que la renta gravada se aporte por uno o por más miembros de la unidad familiar.*

*Una segunda regla de equidad establecería que entre unidades con la*

[27] Entre éstos destacamos a PALAO TABOADA, cuya opinión ha tenido una significativa influencia en la jurisprudencia constitucional española: *"las críticas contra el principio de imposición individual encierran, en rigor, una petición de principio, pues parten precisamente del postulado contrario, de la imposición familiar. En efecto, la afirmación de que aquel sistema conduce a un gravamen injusto por tratar desigualmente a familias con igual renta está presuponiendo que son familias y no individuos el término de comparación"*. Cfr. *"El tratamiento ..."* cit., pág. 14.

[28] El Informe CARTER incluiría en sus conclusiones y recomendaciones del Capítulo X sobre "Unidades impositivas", entre otras, las tres siguientes:

*"1.º) Es la capacidad tributaria de la familia y no la de sus miembros la que debe tomarse en cuenta en el momento de establecer la carga fiscal.*

*2.º) Los cónyuges deberían pagar menos impuestos que un soltero que percibe una renta total idéntica. Sin embargo, los cónyuges, en casi todas las categorías de rentas deberían pagar más impuestos que dos solteros que ganen cada uno la mitad de la renta de los cónyuges, en razón de las economías que permite la vida en común.*

*3.º) El impuesto a pagar por los cónyuges debería ser independiente de la proporción de renta global que ha sido ganada por el marido o la esposa"*. Cfr. Informe CARTER, o. c., vol. II de la trad. esp.

*misma renta, la unidad familiar con el menor número de personas debería pagar más. El cumplimiento estricto de esta norma llevaría a que el impuesto sobre los solteros sería mayor que el de los casados con la misma renta, actitud que, antes que una discriminación del celibato, parte del reconocimiento de que los casados afrontan mayores gastos, lo cual equivale a cuestionar la presencia de economía de escala en la organización familiar.*

*La tercera regla de equidad exigiría que, dada una estructura de tarifas progresivas, el impuesto de las unidades familiares con el mismo número de miembros debería aumentar con la renta*"[29].

Por su parte merece señalarse que la Comisión MEADE ha realizado una amplia enumeración de criterios para la elección de la unidad fiscal[30].

Posteriormente, otro amplio estudio del problema, el "Libro verde" del Gobierno inglés titulado *La imposición sobre el marido y la mujer*[31] emplea cuatro criterios respecto a los cuales deben estudiarse críticamente las diferentes soluciones. Son, en primer lugar, el genérico de "justicia" que, en concreto, cuestiona la justicia de las diversas desgravaciones concedidas sólo a personas casadas, la obligación de globalizar las rentas del matrimonio y el tratamiento fiscal que recibe el trabajo de la mujer. En segundo término se acude al criterio de la "simplicidad": tras

[29] R. y P. MUSGRAVE, Hacienda Pública. Teórica y aplicada; trad. esp. en I.E.F. 1981. Citado por DOMINGO SOLÁNS y MONTORO ROMERO, "Familia, equidad y eficiencia económica en el impuesto sobre la renta", Gaceta Fiscal, n.º 21, 1985; pág. 88.

[30] Detalla los que a continuación se transcriben:

"*1.º) La decisión de casarse o no, no debe verse afectada por consideraciones fiscales.*

*2.º) Aquellas familias que disfruten de los mismos recursos conjuntos deben pagar los mismos impuestos.*

*3.º) El incentivo de un miembro de una familia para obtener rendimientos no debe verse afectado negativamente por consideraciones fiscales que dependan de la posición económica de otros miembros de la familia.*

*4.º) La organización económica y financiera dentro de la familia (por ejemplo, respecto a la propiedad) no debe estar dominada por consideraciones fiscales sofisticadas.*

*5.º) El sistema fiscal debe ser imparcial entre las familias que dependen de la renta del trabajo y las familias que disfruten de rentas de la inversión.*

*6.º) Dos personas que vivan juntas y compartan gastos pueden vivir más económicamente y, por lo tanto, tienen una mayor capacidad imponible que dos personas solteras que vivan separadas.*

*7.º) La elección de la unidad fiscal no debe ser excesivamente costosa en cuanto a pérdida de recaudación.*

*8.º) El sistema elegido debe ser razonablemente sencillo para su comprensión por parte del contribuyente y su administración por parte de las autoridades fiscales*". Cfr. *Estructura y Reforma de la imposición directa*, cit., págs. 553-554.

[31] Trad. esp. cit., págs. 90 a 130.

afirmar que muchos de los dilemas de la administración tributaria tienen su origen en la dificultad de conciliar la justicia con la simplicidad, se plantea la mayor o menor complejidad administrativa que suponen las opciones tributarias en materia de rentas familiares. En tercer lugar, se atiende a la exigencia de "igualdad entre los sexos", que impide principalmente la consideración, a efectos fiscales, de la renta de la mujer como renta del marido y el reconocimiento exclusivo al varón de algunas deducciones de carácter familiar. Por último, el "respeto a la intimidad" en cuestiones tributarias haría necesario que el sistema adoptado permitiese a las esposas mantener en secreto sus propios ingresos y sus asuntos fiscales respecto de sus maridos y a éstos respecto de sus esposas.

Otro principio habitualmente invocado en estos estudios es el de la "neutralidad". Bajo el prisma de la neutralidad son habitualmente sostenidas dos exigencias interrelacionadas: se trata de la denominada neutralidad fiscal del matrimonio, de un lado, y, de otro, del tratamiento -asimismo "neutral"- de las rentas obtenidas por el segundo cónyuge[32].

De los anteriores objetivos expuestos, que son los habitualmente señalados para una correcta configuración de la tributación familiar, podemos decir que es evidente que no todos ellos son compatibles entre sí[33]. En este entendimiento, quien desee dar carta de naturaleza a una de las opciones, familia o individuo, se ve obligado a concentrar su esfuerzo en desautorizar o, al menos, debilitar la influencia del opuesto[34].

---

[32] Ha sido formulado por VANISTENDAEL, cfr. "*La problematique fiscale de la famille*", Comunicación presentada a las Jornadas sobre Fiscalidad y Familia, Ministerio de Hacienda, Madrid, Junio 1982, pág. 11. En el mismo sentido, las IX Jornadas Luso-Hispano-Americanas de Estudios Tributarios (29-IX a 2-X de 1980), cfr. Cron. Trib., n.º 35 (1980) pág. 163. Asimismo la resolución de la IFA en 1955, cfr. Cahiers..., cit., Vol. XXX, pág. 113. El Informe BRADFORD también lo expone, cfr. *Propuestas para una reforma tributaria básica*, D. F. BRADFORD y el Staff de Política fiscal del Departamento del Tesoro de EE.UU. Arlington, 1984. Trad. esp. del I.E.F., 1986; pág. 211.

[33] Son expresivos OLDMAN y McINTYRE: "*Se tiene ahora generalmente la opinión de que no se puede considerar ningún modelo de imposición de la familia sin sacrificar alguno de los cuatro objetivos siguientes de nuestro impuesto personal sobre la renta: 1) una estructura impositiva progresiva; 2) que las parejas de igual renta paguen la misma cantidad de impuesto, sin relación con los tipos de renta o con la división entre los esposos; 3) que no exista <impuesto sobre el matrimonio>, que dos personas solteras no paguen más impuesto si se casan; 4) que no exista <impuesto sobre permanecer soltero>, que una persona soltera no ahorre impuesto casándose con una persona que no gane renta*". Cfr. O. OLDMAN y M. J. McINTYRE, "*Imposición de la familia en un impuesto sobre la renta extensivo y simplificado*", Harvard Law Review, n.º 8, 1977; trad. esp. en Cron. Trib., n.º 44, 1983, pág. 211.

[34] Un sugestivo ejemplo de esta afirmación es el trabajo de M.J. McINTYRE,

Ahora bien, de la observación del comportamiento económico de las familias se puede constatar el hecho de que la disposición de las rentas por sus miembros se realiza conjuntamente en unos casos, funcionando la familia como una unidad económica, y separadamente en otros. Entre estos casos extremos se encontrará todo un espacio de pautas intermedias que darán carta de naturaleza a la introducción de medios de corrección que pueden evitar o paliar los inconvenientes de cada una de las opciones[35].

En este momento estamos en condiciones de ofrecer un elenco exhaustivo de los criterios deseables en la tributación familiar, que servirá de recapitulación de todos los expuestos anteriormente:

1. Un contribuyente casado deberá pagar un impuesto menor que un soltero que tenga la misma renta, a causa de las cargas familiares que soporta.

2. Dos contribuyentes casados entre sí deberán pagar un impuesto mayor que dos solteros que vivan independientes, en virtud de las economías de escala o ahorros que comporta la vida en común de los primeros.

3. Un matrimonio en el que obtenga rentas uno de los cónyuges deberá pagar un impuesto mayor que otro matrimonio con renta igual en el que trabajen ambos cónyuges, pues en el primer caso las economías de escala son máximas y se debe computar como renta el trabajo que uno de los cónyuges realiza en el hogar.

4. La fiscalidad debe resultar neutra en la decisión de contraer matrimonio o no. Por tanto debe evitar tanto la discriminación del matrimonio, por no tener en cuenta las cargas familiares o sobrevalorar

"*Cómo resolver el dilema del impuesto sobre el matrimonio: un test*", Cron. Trib. n.º 44, págs. 193-198. Formula este autor nueve supuestos con varias respuestas posibles por cada uno de ellos. Estas situaciones recogen los más frecuentes criterios en conflicto de los señalados en el texto: distribución de la renta entre los cónyuges, tratamiento fiscal de la renta imputada, gravamen de la segunda renta del matrimonio, prestaciones entre los cónyuges, situación comparativa de las uniones de hecho, etc. La puntuación resultante nos situará "fuertemente a favor de la declaración conjunta (o individual)", "moderadamente a favor" de alguna de ellas o "a favor de un compromiso entre los principios que subyacen en la declaración conjunta y a la declaración individual".

[35] El Informe ASPREY concluye: "En un caso, la adopción de la unidad familiar daría un resultado satisfactorio; en el otro, el actual sistema vigente de contribución individual. La adopción obligatoria de la unidad familiar sería injusta para unos; la adopción obligatoria del sistema de contribución individual sería injusta para otros". Cfr. Informe ASPREY en Sistema fiscal y familia, o. c. pág. 12. En el mismo sentido cfr. E. DOMINGO SOLÁNS y C. MONTORO ROMERO, "*Familia, equidad y eficiencia económica en el I.R.P.F.*", Gaceta Fiscal, n.º 21, 1985; pág. 88.

las economías de escala, como la discriminación del celibato, por las razones contrarias.

5. Dos familias que obtengan la misma renta global deben pagar el mismo impuesto (salvo lo indicado en la regla 3), con independencia de la proporción en que la renta sea obtenida por sus miembros. En consecuencia, la fiscalidad no debe provocar redistribución de las rentas entre los miembros de la familia.

6. La fiscalidad no debe desincentivar la adquisición de ulteriores rentas en la familia, para respetar la igualdad entre los sexos.

7. No deben resultar discriminadas las rentas de trabajo con respecto a las de capital.

8. Es atendible el derecho a la intimidad personal y familiar.

9. Se deben mantener los principios de progresividad, simplicidad y recaudatorio del sistema tributario.

Consecuentemente podemos determinar la realización de estos criterios en cada una de las posibles unidades contribuyentes: familia e individuo.

La elección de la familia como unidad contribuyente y, por tanto, la acumulación de las rentas de sus miembros a la hora de calcular el impuesto, tiene como principales efectos a su favor el que:

1- Posibilita que familias con iguales ingresos totales soporten la misma carga impositiva.

2- Pone las bases para que el sistema fiscal recoja las posibles ventajas derivadas de la vida en común que afecten a la capacidad de pago de la familia: las llamadas economías de escala.

3- Reconoce el hecho de que las familias habitualmente toman decisiones en común sobre sus recursos y la prestación de su trabajo.

4- Evita que se haya de hacer en todo caso la difícil imputación de determinados rendimientos a cada componente de la familia y que sea necesario conocer las donaciones intrafamiliares.

5- Anula las posibles titularidades ficticias de elementos productores de renta que podrían realizarse para la disminución de la cuota del impuesto y evita las posibles discriminaciones entre los tipos de renta (trabajo y capital).

De otro lado, la tributación individual:

1- Permite que la decisión de contraer o no matrimonio permanezca totalmente al margen de las consideraciones tributarias: no penaliza el matrimonio.

2- Elimina el posible efecto contrario al deseo de realizar un trabajo remunerado, según sea la posición económica de otros miembros de la familia.

3- Recoge en toda su integridad el principio de igualdad de sexos.

4- Posibilita la intimidad tributaria de cada persona.

5- Concede la facilidad administrativa de identificar a los individuos sin necesidad de adscribirlos a una unidad familiar.

Los problemas planteados por cada una de ambas opciones son, lógicamente, el reverso de las cualidades que se consideran positivas en la otra; a ellos pueden añadirse, en el primer caso, el modo de adecuar la carga impositiva a la capacidad tributaria en función del tamaño de la familia y la correcta delimitación del conjunto de personas integrantes de la misma a efectos fiscales. De modo paralelo, considerar al individuo como unidad contribuyente plantea la cuestión de graduar el impuesto en función del número de personas que tenga a su cargo y la correcta consideración de las cargas familiares, ordinariamente a través de deducciones.

Los principios de progresividad y recaudación pueden ser mantenidos igualmente en ambos casos, si bien deben ser tenidos en cuenta en la aplicación de instrumentos de corrección.

### *c) Carácter relativo de la alternativa planteada*

La incompatibilidad de gran parte de los criterios adoptados usualmente sitúa la solución a la alternativa familia-individuo en términos de transacción y compromiso. Así lo reconocen, por lo demás, algunos de los estudios mencionados[36]. De otro lado, desde el punto de vista del diseño general del impuesto, los objetivos antes enunciados pueden alcanzarse tanto estableciendo una tributación de las personas físicas como de las unidades familiares[37].

---

[36] "*Existen diversos criterios diferentes con referencia al tratamiento fiscal del matrimonio, cada uno teniendo sus defensores entusiastas, pero muchos de los cuales no son compatibles entre sí. Como resultado de esto, el tratamiento de la unidad fiscal debe inevitablemente constituir un compromiso entre varias consideraciones en conflicto*". Cfr. Comisión MEADE, "*Estructura y reforma ...*" cit., pág. 553. También el "*Libro verde*" del Gobierno inglés, cit., pág. 93 y el Informe BRADFORD, o. c., pág. 104.

[37] "*Las soluciones, además de múltiples, son relativas, pues, en última instancia, a los mismos resultados se puede llegar construyendo una base imponible amplia, por la acumulación de rentas o patrimonio, estableciendo tipos impositivos bajos y deducciones elevadas, que buscando bases imponibles de menor amplitud, mediante la no acumulación, elevando los tipos y disminuyendo la cuantía de las deducciones*". Cfr. J. RAMALLO, "*La unidad familiar como sujeto en el ordenamiento tributario español*", R.E.D.F. n.º 29 (enero-marzo, 1981), pág. 44.

La elección entre la imposición individual y la imposición conjunta resulta afectada por circunstancias económicas y sociales propias de cada país, por lo que tiene los caracteres de una elección de base ideológica y política[38]. Con frecuencia se ha apuntado que no existen razones jurídicas y determinantes de una solución única, universalmente válida. Las consideraciones expuestas remiten así a una decisión particularizada, propia de cada uno de los diversos ámbitos en que se instaura el impuesto[39].

Este tipo de conclusiones, lejos de cerrar el debate, enfrentarán a cada legislador con la responsabilidad de recoger adecuadamente y trasladar a la ley del impuesto consideraciones -en ocasiones, excesivamente difusas- que, como las formas de vida, las tradiciones, etc., ayuden a perfilar qué unidad contribuyente puede ser la acertada en un tiempo y territorio determinados. En las páginas precedentes se señalan los diversos criterios valorados y, sobre todo, su incompatibilidad mutua, pero no son más que un primer acercamiento a la cuestión. Por ello, se hace necesario un examen más detenido de ambas opciones.

## B) La familia como unidad contribuyente

Puede considerarse a la familia como unidad contribuyente del IRPF cuando se aplica la tarifa del impuesto sobre una base imponible constituida por la agregación o acumulación de las rentas obtenidas por

---

[38] Para NEUMARK, "*es evidente que la cuestión de la imposición conyugal, o de la imposición familiar, contemplada desde la perspectiva del principio de la capacidad de pago, está rodeada de grandes dificultades, derivadas, unas, del ámbito de la técnica y, otras, del mundo de los principios, que impiden una solución científicamente exacta*". Cfr. *Principios de la imposición*, o. c., págs. 197-198.

[39] La ponencia general del Congreso de la IFA (1972), realizada por E. REUTERSWÄRD, señaló que "*la elección (...) deberá decidirse individualmente por cada país, tomando en consideración formas de vida, tradiciones, condiciones internas de carácter social, económico y político y otros factores*". Cfr. Cahiers ... cit., pág. I/92. Vid. asimismo las conclusiones del Congreso, pág. I/96. A este respecto un informe de la OCDE subraya "*el cambio de opinión en este campo*" que ha realizado la IFA, entre la resolución adoptada en 1955, a favor de la acumulación, y la emitida en 1972 -que acabamos de transcribir- apoyando la libre elección entre ambas. Cfr. "*El tratamiento de la unidad familiar en los sistemas impositivos y de transferencias en los países miembros de la OCDE*", OCDE, París, 1977. Trad. esp. de párrafos seleccionados en Revista del I.E.E., n.º 4/1981, pág. 49. La misma opinión de la IFA fue incluida en las Recomendaciones de las IX Jornadas Luso-Hispano-Americanas de Estudios Tributarios. Recogidas en Cron. Trib., n.º 35/1980, págs. 162-163.

los miembros de la misma. El reconocimiento de la familia como unidad contribuyente del impuesto sobre la renta de las personas físicas no equivale, en la realidad normativa de los países de nuestro entorno, a su calificación como sujeto pasivo de dicho impuesto. En efecto, la ley habitualmente considera titulares del hecho imponible a las personas físicas. Así, en rigor, puede decirse que una verdadera configuración del impuesto en torno a la unidad "familia" existe sólo en las ya mencionadas propuestas doctrinales. Sin embargo, el expediente de considerar a la familia como unidad contribuyente, de amplia difusión en el Derecho comparado, recibe la denominación de "tributación conjunta" o simplemente "acumulación" de las rentas familiares. Su empleo da lugar a algunos penosos problemas de equidad tributaria siempre que no vaya acompañado de cualquiera de los diversos métodos ideados para paliar los efectos derivados de aplicar una única escala de gravamen a esta base imponible conjunta. A estudiar los argumentos invocados a favor y en contra de la acumulación reservamos el siguiente apartado, dedicando el ulterior para pasar revista a los modos de paliar sus efectos indeseables.

### *a) Argumentos a favor de la acumulación de las rentas familiares*

#### 1. La familia como unidad económica

La consideración de la familia como una unidad económica independiente fundamenta la elección del grupo familiar como unidad contribuyente del impuesto. Se puede sostener que esta consideración redunda en una mayor sintonía del impuesto con la realidad económica al entender que existe una capacidad económica propia del hogar, diferente de la que correspondería a sus miembros. Desde esta perspectiva se opina que la familia constituye tanto una unidad de obtención, puesta en común y decisión sobre la renta, como una unidad de consumo.

Si bien en la actualidad la familia como unidad de producción constituye una realidad minoritaria[40], sí puede afirmarse que la obtención de las rentas familiares es el resultado de la cooperación de sus miembros[41].

[40] *"El desarrollo del capitalismo ha quebrado en gran medida los modos arcaicos de producción, perdiendo así la célula familiar la mayor parte de sus funciones en este terreno, aun jugando en él un papel importante"*. Cfr. J. C. SCHOLSEM, *"La famille et l'impôt sur le revenu"*, Annales de la Faculté de Droit; Liège, 1976, pág. 90.

[41] *"Si es uno sólo -de los cónyuges- el que tiene la misión de obtener los recursos económicos fuera del hogar, el esfuerzo de éste será, sin duda, superior al que tendría que*

Queda así de manifiesto que, incluso limitándonos al matrimonio, éste actúa como una unidad en la obtención de renta; existen diversos modos de la posible distribución interna del esfuerzo, pero la renta es siempre el resultado de la acción combinada de, al menos, ambos cónyuges. Esta consideración impedirá, por tanto, basar el tratamiento fiscal de la familia según el lugar en el que cada uno de sus miembros desarrolla su trabajo.

Desde el punto de vista del consumo, también se ha de tener presente frecuentemente el concurso de voluntades de los miembros de la familia en la toma de decisiones económicas[42]. Existen momentos señalados en el desarrollo de la vida familiar en los cuales se evidencia el principio de unidad de decisión: así sucede con el nacimiento de los hijos y su educación y la disposición de la renta familiar en la jubilación.

En conclusión, la existencia de la familia como una unidad económica de obtención y consumo de renta, como subraya M.J. McINTYRE, *"es una característica de la vida familiar en todos los países del mundo"*[43]. La consideración ya clásica de la familia como primera célula social, resulta trasladable al ámbito económico, con la consecuencia de que el dato que entonces resulta relevante es la situación económica de la familia, y no la de sus miembros tomados individualmente[44].

Las observaciones realizadas muestran, desde un punto de vista primordialmente empírico, la realidad económica de la familia como una unidad de características propias. La traducción de este hecho al ámbito

*realizar si fueran dos los que obtuvieran dichos recursos y a la inversa, el esfuerzo que en el hogar tenga que realizar uno solo de los miembros de la comunidad familiar, será superior al que realizaría si fueran dos los que llevaran a cabo dicho trabajo".* Cfr. R. DRAKE, *"La familia en el Impuesto sobre la Renta de las Personas Físicas"* en "Impuestos", n.º 1, 1985; pág. 39.

[42] El Informe CARTER señala: *"Normalmente, en el presupuesto familiar se reparte la renta entre los gastos ordinarios y los gastos extraordinarios y, sobre todo, en estos últimos, los cónyuges toman decisiones conjuntas".* Cfr. vol. II, pág. 142. En el mismo sentido se manifiestan S. COLMENAR VALDÉS, *"El sujeto: la unidad familiar"*, Rev. Der. Fin. Hac. Púb., n.º 142, pág. 684, y E. ALBI IBÁÑEZ, *Impuesto sobre la renta y equidad: el caso español*, I.E.F., Madrid, 1975; pág. 100.

[43] Cfr. *"Cómo resolver el dilema del impuesto sobre el matrimonio ..."*, cit., pág. 104 y *"La declaración individual en el impuesto sobre la renta de las personas físicas: prolegómenos para un futuro análisis"*, Cron. Trib. n.º 44/1985, pág. 237. Ambos artículos, en especial el segundo, defienden con contundencia la tributación conjunta de las rentas familiares.

[44] E. GONZÁLEZ: *"La familia es tomada en consideración por el Impuesto sobre la Renta más en su calidad de grupo o sujeto económico plural sobre el que pesan determinadas cargas dignas de ser tenidas en cuenta, que como conjunto de personas ligadas por vínculos de parentesco".* Cfr. *Familia e Impuestos*, o. c., pág. 23.

específico del Derecho Tributario lleva a la conclusión de que en el contexto familiar la capacidad contributiva apreciable no será, por tanto, la de la persona individual, sino la del conjunto familiar[45]. Lo cual funda la preferencia de la imposición conjunta de los esposos como más razonable desde el punto de vista de la realidad económica que su imposición separada.

Con todo, existen posturas críticas, aunque minoritarias, al análisis de la realidad económica familiar que hemos expuesto. Entre ellas, negando el principal postulado -la puesta en común de las rentas- se sostiene que los cónyuges constituyen sólo en parte una unidad económica, por lo que solamente deben ser tratados fiscalmente como una unidad respecto a dicha parte, mientras que el resto debe ser gravado de forma separada; en particular se observa una menor comunicación de rentas en los niveles superiores. Desde otro enfoque, se pone de relieve la dificultad -frente a la imposición individual cuya unidad impositiva está perfectamente definida- de delimitar adecuadamente el ámbito familiar que actúa como unidad económica[46]. Se produce así una ruptura en la doctrina hasta entonces dominante.

Aunque estos argumentos muestran que el axioma de la acumulación es vulnerable por el cambio de las actitudes sociales, recoge una realidad todavía predominante entre nosotros y, por ello, merecedor de ser tenido en cuenta en el momento de configurar a la familia como unidad contribuyente del impuesto. No obstante, los autores que se muestran partidarios de la acumulación de las rentas introducen las necesarias matizaciones a esta opinión. La plena adecuación del impuesto a la realidad económica probablemente exigiría un detallado cuadro normativo tendente a recoger adecuadamente la función del hogar tanto en la obtención como en la posterior decisión sobre la renta familiar. Buena muestra de ello es la prolija y minuciosa regulación contenida en el Capítulo 10 del ya mencionado Informe CARTER, que liga esta decisión a la necesaria adopción de una tabla de tipos específica[47].

---

[45] La "teoría económica de la familia" es asimismo sostenida, en distinto ámbito, por N. BREJON DE LAVERGNÉE. Vid. *"Pour une reforme du quotient familial"*, Rev. Sc. Fin., 1976, n.º 2 (abril-junio), pág. 326.

[46] Son las posturas de J. HACKMANN y K. LITTMANN. Cfr. PALAO TABOADA, cit., notas 22 y 23.

[47] Informe CARTER, o. c., pág. 165. Concluye McINTYRE: *"La declaración conjunta obligatoria con una sola escala de tipos es el sistema de tributación familiar menos justo analizado corrientemente"*. Cfr. M. J. McINTYRE, *"La declaración individual..."*, cit., pág. 245, nota 28.

## 2. Las "economías de escala" derivadas de la convivencia familiar

El argumento más frecuentemente utilizado en favor de la acumulación de las rentas familiares es el del ahorro por realizar vida en común, las llamadas <economías de escala>. Basándose en él se reclama que el impuesto total sobre un matrimonio debe ser superior a la suma de los impuestos que gravan a dos individuos, cada uno con la mitad de la renta global del matrimonio; las economías derivadas de la convivencia justificarían el mayor gravamen del primer caso, a la vez que exigirían, para poder llevar a la práctica dicha discriminación, un sistema de tributación que gravase como unidades a los matrimonios. En general, se aprecia un fuerte deseo de trasladar al impuesto una realidad económica que, al menos a primera vista, parece innegable. Más aún, se considera que es éste el "fundamento racional" de la acumulación de las rentas conyugales[48]. Sin embargo, existen divergencias importantes tanto a la hora de determinar el signo de tales economías como en el momento de cuantificarlas adecuadamente.

Es incontestable que el matrimonio modifica la capacidad contributiva de dos contribuyentes que se casan, pero en sentidos que pueden ser opuestos:

1- El matrimonio puede reducir la capacidad contributiva; es el caso frecuente de los jóvenes que viven con sus padres antes del matrimonio, participando débilmente en los gastos del hogar familiar.

2- El matrimonio puede incrementar la capacidad contributiva de los cónyuges; es el caso de quienes, viviendo aisladamente, soportan algunos gastos (alojamiento, calefacción, alumbrado...) que el matrimonio viene a reducir, pues ahora deben realizarse una sola vez. Pero conviene no exagerar la importancia de esta reducción en los gastos; las necesidades del soltero son más reducidas que las de un hogar (tamaño de la vivienda, mobiliario complementario, etc.)[49].

En conclusión, el matrimonio no aparece en todo caso como factor sensible de incremento en la capacidad contributiva de los cónyuges[50].

---

[48] Cfr. J. C. SCHOLSEM, "*La famille et l'impôt sur le revenu*", cit. pág. 34.

[49] "*La cuestión es saber si (...) las economías del impuesto son proporcionales al suplemento de cargas que ocasiona para el cabeza de familia la formación de un hogar o la llegada de un hijo*". Cfr. BREJON DE LAVERGNÉE, "*Pour une réforme...*", cit., pág. 308.

[50] J. C. SCHOLSEM señala, respecto a las ventajas económicas, que "*es preciso reconocer que llevan consigo un límite. Cualesquiera que sean las economías realizadas por la vida en común, no aseguran a dos personas el mismo nivel de vida de una sola, a igualdad de renta total: el precio de dos entradas de cine es exactamente el doble de una*". Cfr. o. c., pág. 24.

En cuanto a su evaluación, tampoco parece que puedan mantenerse criterios seguros. "*En esencia, lo que hay de seguro sobre el tema es bien poca cosa: esas economías se reducen a los gastos de vivienda y mobiliario, y sólo parcialmente a los de energía y alimentación; adicionalmente parece también seguro que adquieren una entidad mayor para los niveles de renta más bajos*"[51]. Así, además de tener en cuenta las características de la situación previa al matrimonio, habrá que considerar otros factores: principalmente, el nivel de renta de la economía familiar y el tamaño del hogar[52].

No sabemos, reconoce en definitiva GROVES, en qué grado variaría la escala entre familias con dos empleos y con uno solo, ni sabemos si las llamadas economías de escala son una función creciente o decreciente de la renta[53]. En realidad, estamos ante una cuestión empírica que precisa una respuesta particular para cada nivel de renta y cada tamaño de familia.

De todos modos pueden mencionarse algunas opiniones al respecto.

Entre las favorables a dar relevancia a las <economías de escala> podemos citar a SOLER ROCH[54] y LANG[55].

Entre la doctrina reacia a admitir la existencia de las <economías de escala> citamos a GIMENO[56]: sostiene, basado en los datos de la

---

[51] Cfr. E. GONZÁLEZ GARCÍA, "*¿Es constitucional el tratamiento dispensado a las rentas familiares por el Impuesto sobre la Renta de las Personas Físicas?*", en Mon. Cred. 1982, pág. 359, donde añade que "*el Ministerio Federal de Hacienda alemán, que en este punto -como en muchos otros- hila muy fino, ha cifrado esas economías en un 20 por 100 sobre el total de la renta consumida*".

[52] Al respecto escribe J. A. GIMENO: "*Las hipotéticas economías de escala afectan casi exclusivamente a los capítulos de gasto relacionados con el hogar y sólo marginalmente y no en todos los casos a los de transporte (propio) y sanidad. Por tanto, afectarían a un mínimo del 20 y un máximo del 30% del presupuesto de gastos. De hecho, si suponemos que el hogar de dos miembros se ahorra un 30% del presupuesto del <soltero> (107.359 pts.)* -según la *Encuesta de Presupuestos Familiares*, del Instituto Nacional de Estadística, abril 1980-marzo 1981- *el consumo <real> medio de los hogares de dos miembros ascendería hasta 717.207 pts., con un consumo por persona de 358.604 pts., casi idéntico a las 357.864 del hogar unipersonal*". Cfr. "*Rentas familiares y equidad*", Hac. Púb. Esp., n.º 99, 1985, pág. 291.

[53] Cfr. *Federal Tax Treatment of the Family*, The Brookings Institution, Washington 1963, pág. 105.

[54] M. T. SOLER ROCH, "*Subjetividad tributaria y capacidad económica de las personas integradas en unidades familiares*", Rev. Esp. Der. Fin., n.º 66, 1990, pág. 193.

[55] J. LANG, "*Familienbesteuerung...*"; trad. esp. "*Tributación familiar*" en H.P.E., n.º 94, 1985; pág. 422. Cita, como autores de doctrina concorde, a BÖCKLI, HALLER, RUPPE, POHMER, VOGEL y KULLMER.

[56] J. A. GIMENO, "*Rentas familiares...*", cit., pág. 290.

Encuesta de Presupuestos Familiares, que verdaderamente el gasto medio por persona es superior cuanto menor sea el número de miembros de la familia. No obstante, los ingresos por familia no crecen en la misma proporción que su número de miembros; por tanto cada miembro de familia más numerosa tendrá menos renta, y una propensión menor a consumir (la propensión media al consumo decrece con la cuantía de la renta). Ésta puede ser la causa del mayor gasto medio en las familias con menos miembros, y no la existencia de <economías de escala>. En el mismo sentido se pronuncian NEUMARK[57], TOSI[58] y FALCÓN Y TELLA[59].

Respecto a la relevancia de las economías de escala el Informe CARTER se preocupa de distinguir netamente los supuestos de rentas bajas y de rentas elevadas. En el primer caso es favorable a un impuesto menor para las personas de renta débil que se casan, "*de forma que la contribución total de los cónyuges no sea en ningún caso más elevada que la suma de las contribuciones de estas dos personas tomadas separadamente*"[60]. En el segundo supuesto, "*su impuesto total debería ser más elevado que la suma de los impuestos que han pagado como célibes, en razón a las economías de la vida en común, aunque estas economías son mínimas si se las compara con sus rentas*". Por tanto, parece que puede hablarse de influencia efectiva de este fenómeno en las situaciones de renta media-baja, pues a niveles inferiores serían absorbidas por los mayores gastos iniciales del matrimonio y, a niveles altos, su importancia relativa es muy escasa.

De otro lado, respecto a la dimensión "horizontal", se han señalado algunas cifras orientadoras acerca de la disminución en los costes de los nuevos miembros de la familia[61]. Sin embargo, no consta que en ese cálculo se hayan ponderado los mayores gastos originados por conceptos que, como los educativos, pueden incluso variar el signo del efecto pro-

---

[57] Cfr. *Principios* ..., cit., pág. 194.

[58] L. TOSI, "*Considerazioni sul regime fiscale della famiglia: discriminazioni ai danni delle famiglie monoreddito, prospettive di riforma e problematiche di ordine costituzionale*", en Rassegna Tributaria, I-1988; pág. 353.

[59] R. FALCÓN Y TELLA, "*La inconstitucionalidad del régimen de la unidad familiar y el IRPF*", en "*Comentario general de Jurisprudencia*", Rev. Esp. Der. Fin., n.º 62, 1989; pág. 282.

[60] Vid. Cap. VII, pág. 17.

[61] Según ellas, los costes relativos, al añadirse el cónyuge e hijos sucesivos, evolucionarían así: 100, 136, 164, 192. Cfr. PALAO TABOADA, "*El tratamiento ...*", cit., nota 41.

ducido ante el aumento del tamaño familiar. En todo caso, el aumento del gasto por la existencia de nuevos miembros en la familia, es el reverso de las <economías de escala>; ahora bien, el examen de este tema debemos hacerlo en un epígrafe propio, pues nos hace entrar de lleno en el tratamiento de las cargas familiares, que merecen una consideración autónoma.

Teniendo en cuenta todo lo expuesto, cabe dudar del acierto en calificar a las economías de escala como fundamento racional de la tributación conjunta:

- En primer lugar, independientemente de la cuantía que alcance, el gravamen aumenta realmente con la declaración acumulada de las rentas, mientras las economías de escala son sólo posibles y, cuando existen, su cuantía, tanto absoluta como relativa, depende de factores variables, siendo necesaria una valoración individualizada de cada caso (piénsese en un nivel alto de renta, donde el gravamen conjunto es elevado y los ahorros de la vida en común carecen de relieve).

- En segundo lugar, la lógica exigiría extender un similar trato tributario, con un gravamen incrementado, a todos los supuestos de convivencia, distintos del matrimonio, en los que se obtienen similares ventajas económicas, ya se produzca esta convivencia por razones de parentesco, estudio, amistad u otras, señaladamente el caso de las parejas de hecho. Sería, en efecto, racional que toda forma de vida en común tributase según las normas que se aplican a la unidad familiar, por ser sus criterios predicables de ambas hipótesis. Pero en ese caso, se opondrían a tal propósito no sólo consideraciones de posibilidad sino, incluso, de conveniencia: podría ser deseable estimular el ahorro, fomentando conductas tendentes a reducir gastos de consumo y, precisamente, los diversos modos en que pueden obtenerse ventajas económicas a través de la convivencia.

En definitiva, si resulta imposible cuantificar exactamente el alcance de las economías realizadas en cada caso, no es admisible una concepción general de este fenómeno, siendo necesario dar un paso más y distinguir, al menos mediante los criterios que hemos enunciado, los diversos efectos, no siempre y sólo beneficiosos, que lleva consigo la vida en común. De otro lado, la pretensión de que la tributación conjunta recoja con fidelidad la mayor capacidad económica que se supone con la convivencia, resulta poco convincente, obteniéndose así la impresión de que el presente argumento reviste en mayor medida el carácter de justificación a posteriori que el de fundamento previo de una elección impositiva determinada.

*b) Alcance de la acumulación*

Una vez expuesta la técnica de acumulación de rentas familiares, consignamos las diversas posibilidades formuladas respecto a su alcance.

El primer ámbito de la acumulación es el de las rentas de los cónyuges, necesaria para que quepa hablar de acumulación. En esta instancia es una regla casi general la acumulación de las rentas del capital, mientras que cabe que queden excluidas las rentas de trabajo.

El siguiente círculo concéntrico que cabe trazar, de mayor radio, incluiría la acumulación de las rentas de los hijos. Ésta puede encontrarse condicionada tanto por el ordenamiento civil como por la propia ley fiscal, bien requiriendo la dependencia de los padres para practicar la acumulación, o bien exceptuando rentas de determinada naturaleza. Sobre la oportunidad, en términos generales, de incluir o no las rentas de los hijos, cabe valorar con[62]:

- A favor de la acumulación de las rentas de los hijos:

1. Que está más en consonancia con los postulados del propio sistema de tributación conjunta: es lógico presumir que dichas rentas se aportan a la cobertura de los gastos familiares y, en consecuencia, contribuyen a determinar la capacidad de la familia.

2. La acumulación de tales rentas impide posibles traspasos de rentas por parte de los padres a los hijos con el fin de eludir el impuesto.

- En contra de dicha acumulación:

1. La dureza que representa gravar las pequeñas ganancias infantiles al tipo marginal de las rentas de los padres.

2. Los efectos desestimulantes de esta medida en relación con el trabajo de los jóvenes.

3. La dificultad de aplicación de la norma que ordene la acumulación, por ser, algunas de estas rentas, de difícil detección.

4. La injusticia que conlleva su acumulación en el caso de rentas que los hijos obtengan con la finalidad de reservárselas para el futuro, y no las pongan efectivamente a disposición de los demás miembros de la familia. Tiene menos peso el mismo argumento aplicado a las rentas que los padres se reserven sin poner a disposición de los hijos, pues éstos mantienen, en todo caso, una expectativa de adquisición de las mismas por vía hereditaria.

En opinión de los redactores del Informe CARTER, *"existen excelentes argumentos tanto en favor de la inclusión de la renta de los hijos a*

[62] Cfr. PALAO, o.c., pág. 35.

*su cargo en la unidad familiar como de la de su exclusión"*. Tras sopesar los distintos argumentos, llegan a la conclusión de que la mejor de las dos fórmulas sería atenerse al principio según el cual se trataría a la familia como unidad económica, exigiendo que, de modo general, los hijos hasta los veintiún años se incluyan en la unidad familiar y que la renta de estos hijos se añada a la de los padres a efectos del impuesto, recomendándose, no obstante, varias disposiciones de carácter atenuante[63].

### *c) Argumentos habitualmente esgrimidos en contra de la acumulación*

#### 1. Neutralidad fiscal del matrimonio

La neutralidad fiscal del matrimonio es uno de los argumentos más difundidos contrario a la elección de la familia como unidad contribuyente[64]. Según este principio la imposición no debe discriminar a las personas por el hecho de contraer o no matrimonio, es decir, tal decisión no puede implicar que se haya de soportar un trato fiscal más gravoso. En consecuencia tampoco se discriminará en contra de las unidades familiares legítimamente constituidas, en relación con las comunidades familiares de hecho, ni viceversa.

Debe señalarse que una no neutralidad fiscal del matrimonio, la más notable, es consecuencia inseparable del régimen de tributación conjunta con una escala de tipos de gravamen única y de carácter progresivo, si no se arbitran otras medidas que palíen el aumento registrado en la tarifa en virtud de la acumulación de rentas. El resultado es conocido: el matrimonio aparece como elemento determinante de la deuda tributaria de los cónyuges, los cuales soportan ahora una mayor carga impositiva: el llamado popularmente "impuesto sobre el matrimonio". Ordinariamente esta incidencia es mayor cuanto mayor sea la diferencia entre los ingre-

[63] Cfr. Informe CARTER, o. c., págs. 151-163.

[64] Lo formula así E. GONZÁLEZ: "*La neutralidad fiscal del matrimonio universalmente proclamada puede resumirse en estas dos proposiciones:*

*- el hecho de contraer matrimonio no debe llevar aparejada una carga fiscal mayor para los contribuyentes.*

*- no pueden recibir mejor trato fiscal las uniones de hecho que quienes formalicen legalmente su situación"*. Cfr. *Familia e impuestos*, o. c., pág. 54. El Informe MEADE lo establece como primer criterio para tener en cuenta a la hora de la elección de la unidad fiscal: "*La decisión de casarse o no, no debe verse afectada por consideraciones fiscales"*. Informe MEADE, o. c., pág. 554.

sos de ambos cónyuges y cuanto más fuertemente recoja la escala de gravamen el carácter progresivo; no obstante, si existen escalas de tipos separadas para los solteros y los casados, la incidencia puede producirse a la inversa: mayor cuanto más igualitariamente se distribuya la renta entre los esposos[65]. Sólo en el caso de que el impuesto fuese proporcional no existiría discriminación alguna, aun cuando la renta fuese obtenida por diversos miembros de la familia en vez de por uno solo de éstos.

La opción contraria -tributación separada- cumple el objetivo de la neutralidad fiscal del matrimonio, pero no constituye propiamente un régimen de tributación familiar y provoca una discriminación entre unidades familiares, contra uno de los objetivos que hemos señalado como deseables en la fiscalidad familiar; además presenta otros problemas que en su momento expondremos.

La falta de neutralidad fiscal a que aludimos ha sido constatada por un amplio número de estudiosos y puesta de relieve por organismos internacionales. Incluso se ha explicitado en términos matemáticos, partiendo del concepto mismo de impuesto progresivo[66]. Básicamente, son dos las faltas de neutralidad fiscal del matrimonio que suscitan mayores críticas: de un lado, el hecho mismo de que tenga trascendencia tributaria una relación jurídica que, en principio, no debería llevar aparejada una variación en la carga impositiva de los cónyuges; de otro, la disparidad de tratamiento creada entre el matrimonio y las denominadas "uniones de hecho", en las cuales no concurre el mayor gravamen al no existir acumulación de rentas[67]. Examinemos este último concepto.

Son numerosas las opiniones vertidas en el sentido de considerar que la falta de neutralidad fiscal del matrimonio supone una discriminación injusta contra el matrimonio legítimo e incluso en estímulo para

---

[65] Cfr. N.A. BARR, "*The taxation of married womens incomes*", en British Tax Review, n.º 5, 1980, pág. 405. Cfr. OLDMAN y McINTYRE, "*Imposición de la familia...*", cit., pág. 207 y Apéndice II.

[66] Ya el Congreso de la IFA de 1955 calificaba la situación de "*anormal y nada saludable*", cfr. "Cahiers de Droit Fiscal ...", cit., vol. XXX, pág. 99). Sobre su cuantificación cfr. M. J. LAGARES CALVO, "*La unidad contribuyente en el Impuesto sobre la Renta de las Personas Físicas*", en Hac. Púb. Esp. n.º 3/1970, pág. 73. Cfr. también J. M. DOMÍNGUEZ, A. MOLINA y J. SÁNCHEZ, "*Matrimonio y neutralidad en el Impuesto sobre la Renta*", Cron. Trib. n.º 55/1985.

[67] Otro aspecto, más general, sería el que señala L. CORRAL GUERRERO: "*La fiscalidad familiar debe ser neutral en el sentido de no condicionar las decisiones libres, personales e íntimas de los ciudadanos, ni inmiscuirse en el recinto privado de la persona*". Cfr. "*La unidad familiar como sujeto fiscal: reflexiones metodológicas para su estudio*", Rev. Der. Fin. Hac. Púb. n.º 158, 1982, pág. 526.

rehuir éste en favor de las uniones de hecho[68]. Contra esta conclusión se ha observado:

a) En primer lugar, que existen otras formas de comunidad doméstica en las cuales se pueden aprovechar igualmente las economías de escala propias de la vida comunitaria, y que en muchas ocasiones no se comparan con el matrimonio para mostrar la mayor carga fiscal que soporta éste. La presente crítica, sin embargo, olvida que es precisamente el concubinato la reproducción exacta -en términos económicos- del matrimonio, por lo que el paralelismo cobra un singular relieve.

b) En segundo lugar se indica que no siempre el reconocimiento que hacen las leyes fiscales del matrimonio significa darle un tratamiento de disfavor, por lo que el problema de la equiparación de las uniones de hecho se puede plantear como una demanda de éstas. Esta hipótesis, posible en supuestos en los que se emplee una técnica correctora de los efectos derivados de la acumulación, no corresponde por tanto a la situación de la que hemos partido.

Lógicamente, la discriminación desaparecería si, a efectos fiscales, las uniones informales fuesen asimiladas al matrimonio. Existen algunos ejemplos de ello en las legislaciones de cuatro países: en Austria existe una disposición que hace posible el equiparar al matrimonio la convivencia de una pareja; en Bélgica, asimismo, pueden solicitar tributar conjuntamente; en Suecia se equipara el matrimonio a una convivencia bajo el mismo techo mantenida por personas que han estado mutuamente casadas anteriormente o que tienen o han tenido un hijo entre ellas; finalmente en Francia el cociente familiar se aplica también a las familias monoparentales, incluso si el progenitor vive en concubinato con otra persona[69]. Sin embargo, recientes estudios aun considerando deseable

---

[68] Así, R. GOODE habla de *"un gravamen primitivo sobre el matrimonio que animaría a las personas a vivir juntos pecaminosamente"*. (Cfr. *El Impuesto sobre la Renta*, o. c., pág. 284) y NEUMARK califica el resultado como una *"concesión de premios tributarios a los concubinatos"* (Cfr. *Principios* ... o. c., pág. 194). También se ha acuñado la expresión de <impuesto sobre la moralidad> para referirse a este hecho. Frente a estos argumentos apunta BREJON DE LAVERGNÉE: *"Sería desconocer la realidad sostener que la ley social es amoral (...) Es por tanto utópico reclamar un sistema fiscal neutro desde el punto de vista de la moral"* (*"Pour une reforme..."*, cit., nota 48) con lo que parece indicar que en este tema debe atenderse exclusivamente a la realidad económica, más que a las finalidades morales.

[69] Cfr. Cahiers de Droit ..., cit., Vol. LVII a, pág. I/75 y 76, donde se observa, no obstante, que dichas disposiciones se aplican raramente. En efecto, en Bélgica, la Administración sólo aplica efectivamente las reglas de la acumulación cuando de ellas se derivan determinadas ventajas que provienen de las deducciones previstas en favor de la mujer casada.

ampliar la ley para equiparar a la condición de cónyuge la de los miembros de una relación de hecho, observan que *"es imposible definir dicha relación de forma satisfactoria"*, dándose lugar a *"excesivos problemas de interpretación o de aplicación"*[70]: se señala que el inspector de tributos no podría ejecutar la ley en una relación de hecho sin proceder a lo que se consideraría una intolerable intromisión en la intimidad personal[71]. Serían estas algunas de las denominadas *"razones de practicabilidad"* que justificarían, en última instancia, la discriminación de tratamiento apuntada. Algunos autores, no obstante, rechazan la existencia de razones suficientes para excluir a los matrimonios de hecho de las unidades familiares[72].

En cuanto a la influencia que, en la realidad, puede alcanzar el mayor gravamen del matrimonio respecto a la disposición a contraerlo, es probablemente erróneo atribuir un peso decisivo a la imposición sobre la inclinación a contraer matrimonio, resultando obvio que existen otras consideraciones de importancia superior. Otros estudios también atribuyen poco peso al argumento de que la imposición perjudique al matrimonio, siendo escépticos ante la sugerencia de que hombres y mujeres rechacen en la práctica el matrimonio por un mero cálculo de desigualdades financieras[73].

En resumen, si es cierto que las personas no suelen optar por las uniones de hecho sólo para disfrutar de una carga fiscal menos pesada

---

[70] Cfr. la traducción parcial del Informe ASPREY en *Sistema fiscal y familia*, n.º 4 de la Revista del IEF, pág. 17.

[71] Cfr. O. OLDMAN y M. J. McINTYRE, *"Imposición de la familia..."*, cit., pág. 215, quienes manifiestan esta opinión, aunque son partidarios de dar una definición amplia de matrimonio, donde también quepan los matrimonios de hecho que cumplan determinados requisitos.

[72] Al respecto, escribe I. MANZONI: *"El que razones de orden técnico y práctico no permitan extender la acumulación a estas hipótesis no puede considerarse motivo suficiente para legitimar un tratamiento fiscal más oneroso solamente respecto a la institución familiar"*. Cfr. *"Cumulo dei redditi e legittimitá costituzionale: non manifesta infondatezza o manifesta fondatezza della questione?"*, en Giur. Cost., 1975, pág. 2059. También M. T. SOLER ROCH: *"Creemos, en contra de lo que opina la mayoría de la doctrina, que se han exagerado las dificultades técnicas del sometimiento a tributación conjunta de las uniones de hecho"*, y añade algunas técnicas para superarlas. Cfr. *"Subjetividad tributaria..."*, cit., pág. 205.

[73] Ciertamente como resume ALBI IBÁÑEZ, un planteamiento de este tipo implicaría *"un cálculo excesivamente racional en la relación personal"*. Cfr. "Impuesto sobre la renta y equidad: el caso español", IEF, Madrid, 1975, pág. 101. Cfr. el *Informe de la Royal Commission of the Taxation of Profits and Income*, citado por R. GOODE, o. c., pág. 284.

que en las situaciones regulares, es anormal que el Estado aproveche esta circunstancia[74]. De otro lado, y éste es en nuestra opinión el punto central del tema, no se ha propuesto hasta el momento ningún razonamiento de política tributaria convincente que implique una mayor carga impositiva para las parejas que están unidas por el vínculo matrimonial. Se trata, probablemente, de un efecto no deseado directamente a la hora de establecer un sistema de acumulación, pero que -si no se corrige de algún modo- viene a representar un importante argumento en contra de este sistema.

Desde una perspectiva distinta, encontramos en ocasiones posturas que defienden la no neutralidad del matrimonio. Esta se justifica porque, entendida como trato más favorable al matrimonio, sirve como medio para la protección de la familia; lo cual supone admitir una finalidad extrafiscal del Derecho Tributario[75].

Aunque para algunos investigadores no se puede cuestionar la neutralidad fiscal hacia el matrimonio y la familia, existen otros autores que disienten de esta postura, si bien dan un concepto de la neutralidad fiscal del matrimonio distinto al que hemos expuesto al comienzo de este epígrafe.

Así M. J. McINTYRE[76] admite dos supuestos que califica de no neutralidad del matrimonio:

- Tratar por igual a dos matrimonios con la misma renta conjunta, pero obtenida en cuantía diferente por sus respectivos miembros, pues implica variar el trato fiscal a los individuos con respecto al que recibirían si su declaración fuese hecha por separado.

- La deducción de la pensión alimenticia de la renta de la persona que la paga y su imputación a quien la cobra, pues implica realizar una

[74] En estos términos se expresa G. van FRAEYENHOVEN, *"L'imposition des familles..."*, cit., pág. 526. Dice también E. GONZÁLEZ GARCÍA: *"No queremos decir, obviamente, que la ventaja fiscal derivada de las uniones de hecho sea la causa de su proliferación; pero tampoco se puede negar el efecto disuasorio que, llegado el momento de regularizar una situación estable de hecho, puede representar <echar cuentas> sobre el coste fiscal de la operación"*. (Cfr. *Familia e impuestos*, o. c., pág. 55).

[75] *"El sistema ha de ser necesariamente fruto de una decisión política, la cual podría en algún supuesto optar por la beligerancia, en muy diversos sentidos (política fiscal de signo demográfico, de apoyo a la familia o incluso a determinado tipo de familia, etc.) que darían al traste con una asepsia neutral por demás inconcebible hoy en cuanto a finalidad abstracta"*, cfr. A. MORILLO MÉNDEZ, *"El significado de los conceptos instrumentales <sujeto pasivo> y <unidad contribuyente> en el IRPF"*, en *XXXIV Semana de Estudios de Derecho Financiero,* Madrid, 1986; IEF, 1989.

[76] Cfr. *"La declaración individual..."*, cit., pág. 239.

división en las rentas de personas que anteriormente estaban casadas, y que se realiza únicamente en virtud de la existencia de un matrimonio.

No compartimos esta postura de McINTYRE pues opinamos que la diferencia de trato a las personas casadas no constituye realmente una no neutralidad del matrimonio, antes bien, una expresión del principio de neutralidad. La neutralidad fiscal del matrimonio no debe entenderse como la regulación de los impuestos ignorando la existencia del vínculo matrimonial, sino al contrario, como señalamos al principio del epígrafe, evitando que su constitución propicie la aparición de situaciones más desfavorables para el contribuyente, lo cual implica necesariamente que el trato que se otorgue a los casados sea distinto al que se daría a esas personas si no estuviesen casadas[77].

2. Trato equitativo del trabajo remunerado del segundo cónyuge: el problema de la mujer casada trabajadora

Puede introducirse esta cuestión con las mismas palabras con que la IFA aludía a ella en 1972: "*Es importante que las normas que regulan la tributación de las unidades familiares no sean de un tipo tal que contrarresten la prontitud de una esposa a conseguir un empleo remunerado; dicho efecto se produce fácilmente cuando se practica la tributación conjunta de la unidad familiar, con respecto al cónyuge que tenga la renta del trabajo personal más baja*"[78]. La no desincentivación de nuevos empleos dentro de la unidad familiar ha quedado indicada más arriba como un criterio deseable en la tributación familiar.

La caracterización "*cónyuge que tenga la renta del trabajo personal más baja*" resulta más correcta teóricamente que el hablar de la esposa que percibe rentas de trabajo; sin embargo, en la práctica, resultaría difícil probar que, generalmente, no conviene a la esposa la calificación de "trabajador secundario", y a sus ingresos la de "marginales" respecto a la condición laboral e ingresos del marido[79]. En cualquier caso el problema

---

[77] A dicha neutralidad también se opone de modo radical M. T. SOLER ROCH: "*Es un error aceptar (...) la idea de la neutralidad del matrimonio, que es una falacia contraria a la realidad económica y social y a las normas del Derecho de Familia*". Cfr. "*Subjetividad tributaria...*", cit., pág. 208. Si bien nos parece que sólo quiere afirmar el hecho de que el matrimonio no es neutro desde un punto de vista económico, más que rechazar el principio de la neutralidad.

[78] Cfr. Relación General del Congreso de Madrid en Cahiers..., cit., pág. I/93.

[79] No todos los autores están de acuerdo con esta opinión. McINTYRE argumenta que la renta es ingresada por la comunidad conyugal y los impuestos son soportados por

se plantearía, aunque reviste características peculiares cuando se trata de la esposa, supuesto que -actualmente- resulta mayoritario en la realidad[80].

Así, el denominado "problema de la mujer casada trabajadora" suscita, desde el punto de vista de la tributación familiar, dos cuestiones netamente diferenciadas:

1. De una parte la posibilidad de otorgar un trato fiscal distinto a dos matrimonios con idéntica renta total, cuando en uno de ellos es obtenida íntegramente por el esposo, permaneciendo la mujer en casa, y en el otro la renta es obtenida gracias al trabajo fuera del hogar de ambos cónyuges. Dada la magnitud de la actual incorporación de la mujer al mercado laboral, la discriminación producida no afecta sólo a algunos casos aislados.

2. De otra parte cabe asimismo comparar el tratamiento recibido por los rendimientos del trabajo de la esposa frente al que se otorga a los obtenidos por una mujer no incluida, a efectos tributarios, en ningún grupo familiar. Examinamos sucesivamente ambas cuestiones.

La primera pone de relieve las dificultades que surgen ante el deseo de, mediante la tributación conyugal, obtener un tratamiento equitativo entre matrimonios con igual renta. En efecto, se observa habitualmente por parte de los hacendistas que la aptitud para pagar impuestos es distinta según obtengan la misma renta los dos cónyuges o uno sólo de ellos[81]. El no computar en este segundo caso la renta imputable al trabajo

---

la misma, tanto si se pone en común toda o sólo parte de la renta; concluye que la percepción aquí de una discriminación a la mujer se debe a *"una visión estereotipada del matrimonio"*. Cfr. *"La declaración individual..."*, cit., págs. 246-247.

[80] DOMINGO y MONTORO enumeran los sistemas de tributación en los que resulta perjudicada la mujer casada, extraídos del *"Memorandum on income taxation and equal treatmen for men and women"*, de la Comisión de las Comunidades Europeas (1984):

*"- El sistema de tributación conjunta pura en términos generales.*

*- Los sistemas de deducciones en la base y en la cuota concedidos a priori al marido.*

*- La ausencia de una deducción de base o de una desgravación por los costes que surgen del cuidado de los hijos y de la ayuda doméstica, cuando ambos cónyuges trabajan fuera del hogar.*

*- La imposibilidad de declarar por separado el propio ingreso a efectos del impuesto.*

*- La responsabilidad que asume el otro cónyuge en caso de impago de los impuestos.*

*- Las limitaciones en la cantidad de renta que el marido puede pagar a la <mujer ayudante>, bien sea imponiendo límites de ingresos o límites a la exención tributaria"*. Cfr. E. DOMINGO SOLÁNS y C. MONTORO ROMERO, *"Familia, equidad y eficiencia económica en el Impuesto sobre la Renta"*, en Gaceta Fiscal, n.º 21, 1985, pág. 89.

[81] *"La mujer en su hogar* -señala SCHOLSEM- *produce bienes y servicios, para ella misma y para los suyos, cuyo valor -aun no existiendo contrapartida monetaria- no deja*

de la mujer en el hogar, mientras se grava cuando se realiza fuera de él, produce un doble desequilibrio pues, en el segundo caso, serán además necesarios gastos adicionales para sustituir el trabajo propio del hogar. La solución a este problema sólo puede venir por una de estas dos vías:

a) Inclusión de la renta imputada al ama de casa entre las del matrimonio.

b) Permitir a la mujer trabajadora la deducción de los mayores costes derivados de su situación.

Respecto a la primera vía, la opinión dominante es negativa. Así, O. OLDMAN y M. J. McINTYRE, después de examinar el concepto de renta imputada y las propuestas para tomarla en cuenta, concluyen que no están justificados ajustes especiales en las cargas de las parejas con dos empleos sobre bases de equidad; aun admitiendo que la posición económica en el caso citado y la de otra pareja con un empleo e igual renta son a veces completamente diferentes, estos autores piensan que un impuesto sobre la renta que intente tratar como tal el valor de los servicios autorrealizados sería menos equitativo, en definitiva, que uno que no lo tuviera en cuenta[82]. También el Informe CARTER se muestra contrario por considerar que se tropieza con dificultades insuperables de evaluación: no hay ningún procedimiento, aunque fuese arbitrario, que permita gravar la renta atribuida en estas circunstancias. Aunque se podría recurrir a rectificaciones discrecionales -señala-, no puede encontrarse justificación al gravamen de la renta atribuida a la mujer que cuida de su hogar sin gravar también otras formas de renta. Por consiguiente, se rechaza la idea de que haya una diferencia entre las cantidades a pagar como impuesto por dos matrimonios que ganen una misma renta global como medio de justificar el gravamen de la renta imputable a los maridos o a las esposas que no trabajan en el exterior del hogar[83].

---

*de ser real (...). Bastaría imaginar que todas las mujeres decidiesen ir a trabajar en casa de su vecina, mediante remuneración: la cuantía de rentas monetarias de la colectividad aumentaría fuertemente pero no así su bienestar (...). Según ciertas evaluaciones, el tomar en consideración el trabajo de las mujeres en el hogar aumentaría la renta nacional entre un 20 por 100 y un 40 por 100".* Cfr. "*La famille et l'impôt ...*", cit., pág. 36.

[82] Cfr. "*Imposición de la familia en un impuesto sobre la renta extensivo y simplificado*", Cron. Trib., n.º 44, pág. 203.

[83] Cfr. Cap. 10, pág. 137 de la trad. esp. Es también expresiva la opinión de J. LANG: "*Consecuentemente, se tendrían que considerar también como ingresos los trabajos realizados para sí mismo, p.ej., en la construcción de la casa, en las producciones para cubrir necesidades propias (bricolage), del jardinero por afición, etc.*" Cfr. "*Familienbesteuerung*", StuW, 2/1983, págs. 103-125. Trad. esp. "*Tributación familiar*", en Hac. Púb. Esp., n.º 94, 1985.

Desechada la primera vía, no queda para restablecer el equilibrio alterado, sino la consideración de los mayores gastos soportados por la mujer trabajadora. Tal solución no resulta, sin embargo, exenta de dudas. Estas pueden surgir a la hora de determinar la cuantía de tales gastos y la incidencia que sobre ésta pudieran tener factores como el número y edad de los hijos, pues en todo caso es necesaria la existencia de hijos para que se produzca un aumento de gastos en el matrimonio[84]. De otra parte, no siempre resulta fácil delimitar con exactitud las circunstancias que darían derecho a tal desgravación, pues, entre cónyuges, late siempre el riesgo de la simulación contractual[85]. Por último, podemos señalar que el otorgamiento de una deducción por estos gastos no puede constituir por sí solo una solución al <impuesto sobre el matrimonio>, que requiere un tratamiento más complejo[86].

La segunda cuestión que se ha de considerar, cuando en un matrimonio son ambos cónyuges perceptores de rentas de trabajo, tiene idéntico origen que la antes mencionada neutralidad del matrimonio y resulta, hasta cierto punto, inseparable de ella. Evidentemente, el único sistema de imposición de los cónyuges que conserva intacta la situación fiscal de la mujer después del matrimonio es el de tributación separada. Otros sistemas de tributación, ideados en principio para la protección de la mujer y de la familia, se vuelven en su contra con el cambio de las condiciones sociales. Así, bajo el sistema de imposición conjunta o acumulación de las rentas de ambos cónyuges, las de la mujer se gravan a un tipo impositivo que no viene determinado sólo por su cuantía, sino también por la de las rentas de su marido. De este modo, puede hablarse de penalización del trabajo de la mujer casada respecto al desarrollado por una persona soltera o perteneciente a una unión no realizada legalmente. Todos los métodos de imposición conjunta ignoran el problema de las rentas de trabajo de la mujer al tiempo que ponen de relieve una incom-

---

[84] Como agudamente señala D. YERSIN, cfr. *L'imposition du couple et de la famille*, Berna, 1984, pág. 64.

[85] En estos términos y con mayor detalle se expresa PALAO TABOADA, "*El tratamiento de la familia ...*", cit., pág. 32, notas 94-96.

[86] "*Desgraciadamente, la deducción al trabajador secundario lleva consigo su propio conjunto de extrañas bonificaciones y penalizaciones al matrimonio. También introduce disparidades que podrían considerarse injustas en la carga fiscal soportada por matrimonios cuya renta total es igual. La deducción parece una nueva medida provisional, que difícilmente soportará la prueba del paso del tiempo*". M. J. McINTYRE, "*Cómo resolver el dilema...*", cit., pág. 193.

patibilidad entre dos fines: tratar por igual a los matrimonios de igual capacidad económica y tratar de igual manera a cada uno de los cónyuges respecto a otros individuos con iguales circunstancias. Un caso particular de esta segunda pretensión frustrada es el que estamos comentando.

En definitiva, si se considera, por un lado, que el trabajo doméstico no resulta gravado y se tienen presentes, por otro, los efectos económicos de la acumulación sobre la eventual renta de trabajo no doméstico, esta situación acaba por constituir un indudable desincentivo para la mujer casada respecto a asumir relaciones de trabajo fuera del ambiente familiar. Es necesario adoptar medidas correctoras, pues ante esta realidad se ha señalado que el trabajo de la mujer casada será más o menos necesario en función de la situación del mercado de trabajo, pero lo que está fuera de discusión es que, actualmente, se considera rechazable toda discriminación fiscal que induzca a la mujer a abandonar su empleo.

### *d) Técnicas para atenuar los efectos rechazables de la tributación conjunta*

Expuestos los principales argumentos invocados a favor y en contra de la tributación conjunta de las rentas familiares examinamos los procedimientos más conocidos, elaborados por los estudiosos o recogidos por los diversos ordenamientos, que tienden a paliar los efectos negativos derivados de la acumulación de rentas. Estos procedimientos -métodos, técnicas o sistemas de gravamen- suponen, lógicamente, la previa unificación de los diversos rendimientos obtenidos por los miembros de la familia y, en consecuencia, la distribución interna de la renta no tiene relevancia; su función estriba en impedir que a la suma total le sea aplicada la tarifa progresiva con el mismo rigor con el que operaría en el caso de un único sujeto que fuese perceptor de idéntica renta. De este modo pueden eliminarse tanto el denominado <impuesto sobre el matrimonio> como el efecto desincentivador respecto al trabajo remunerado de los diversos componentes del grupo familiar. Ahora bien, estas finalidades se obtienen eludiendo en cierta medida la progresividad de la escala, con lo cual puede plantearse un conflicto entre efectos deseables -progresividad- e indeseables de la tributación conjunta, y en su regulación será necesario encontrar el adecuado punto de equilibrio. A pesar de la opinión de algunos autores, que consideran estos métodos como favorables a la familia, en nuestra opinión constituyen solamente una técnica neutral entre el trato a los individuos aislados y los integrados en una familia[87].

Principalmente nos ocuparemos de los denominados por la doctrina <métodos per cápita> o de <tributación dividida>. En ellos es característica común el gravar a las distintas unidades fiscales en función del número de individuos que las componen, dividiendo la renta global entre ellos a efectos de la aplicación de la tarifa. Los más conocidos sistemas de <promediación> de la base imponible son el <income splitting> y el <quotient familial>. A su lado pueden situarse otras técnicas que, operando fundamentalmente sobre la tarifa, obtienen resultados asimilables a los conseguidos mediante el empleo del <splitting> o del <quotient>. De estos sistemas se ha dicho que, cuando se acogen en un ordenamiento, no se está considerando en puridad a la familia como unidad contribuyente ya que, si así fuera, ése sería el supuesto normal, siendo la situación particular que habría que corregir o diferenciar la del individuo sin relaciones familiares y no a la inversa, como ocurre habitualmente. En efecto, a diferencia de modelos nítidamente familiares -como el propuesto en su día por la Comisión CARTER, que conlleva la utilización de tarifas diferenciadas-, en los supuestos en los que se recurre a los métodos de promediación de la renta se otorga a la relación familiar un tratamiento particular, aunque generalizado, dado que la escala de gravamen es única y viene diseñada con la vista puesta en gravar las rentas del sujeto individual. Sin embargo, en una acepción menos rigurosa, sí pueden encuadrarse dentro del ámbito en el cual la familia es unidad contribuyente, con la importante nota distintiva de que, en estos casos, son expresamente limitados los efectos conjuntos de la acumulación de rentas y la progresividad de la tarifa.

[87] Señala a este respecto M. J. LAGARES CALVO que *"los sistemas de promediación de la renta no sólo eliminan la discriminación en contra de la familia que se presentaba al sumar las rentas obtenidas por distintos miembros sino que además crean una discriminación favorable a la unidad familiar como contribuyente frente al sistema de gravamen del individuo aisladamente considerado"*. Cfr. *"La unidad contribuyente en el Impuesto ..."*, cit., pág. 76. Por el contrario, citamos como acorde con nuestra postura a E. GONZÁLEZ: *"Nos parece correcta la reiterada jurisprudencia del Tribunal Constitucional alemán negándose a situar uno de los mecanismos correctores de la acumulación (el splitting) entre los medios de protección a la familia, por entender que a través del mismo únicamente se actúa la prohibición de perjudicarla"*, en *Familia e impuestos*, o. c., pág. 59.

## 1. <Income Splitting>

### *1.1. Concepto y evolución histórica*

El método conocido con la denominación inglesa <income splitting> (división de las rentas) o, simplemente, <splitting>, consiste en el cálculo de la deuda tributaria de los cónyuges mediante la aplicación del tipo de gravamen correspondiente a la mitad de la renta acumulada del matrimonio, multiplicando el resultado por dos. Su idea básica es, por tanto, la de una partición ficticia de la renta acumulada a efectos del cálculo del impuesto. Asimismo supone el prescindir totalmente de los posibles efectos beneficiosos derivados de la vida en común. Debe indicarse que la división tiene lugar tanto en el caso de que ambos cónyuges perciban rentas como en el de que toda la renta del matrimonio provenga del trabajo de uno solo de ellos. Solamente se tienen en cuenta las rentas obtenidas por los cónyuges, sin aludir a otros posibles miembros de la familia.

En cuanto a su origen, desde el punto de vista doctrinal, se remonta a 1916, en Inglaterra; se atribuye su paternidad al economista inglés S. WEBB en su obra *"How to Pay for the War"*. Por lo que al Derecho positivo se refiere, es adoptado por el ordenamiento estadounidense en 1948 y, por el de la República Federal Alemana diez años más tarde. Los motivos próximos por los que ambos legisladores acogieron el <splitting> varían sustancialmente en uno y otro caso. En Estados Unidos suele señalarse, como razón para la introducción de este sistema, la existencia de una diversidad en el régimen económico del matrimonio entre los distintos Estados de la Federación. En algunos de ellos regía, por influencia del Derecho español, un sistema de comunidad de gananciales, conocido con el nombre de <community property law>, en virtud del cual cada uno de los cónyuges hacía suyas por mitad las rentas del trabajo del otro. En los demás Estados regía un régimen económico matrimonial procedente del <common law>, basado en el principio individualista de adquisición de las rentas. En los Estados donde existía el <community property> logró imponerse el criterio de que cada uno de los cónyuges podía declarar tan sólo la mitad de las rentas comunes mientras que en los demás Estados no existía tal posibilidad. Esta situación motivó diversas iniciativas de modificación del tratamiento de los esposos en el impuesto sobre la renta, algunas de las cuales pretendían el establecimiento obligatorio para todos los Estados de la imposición conjunta. La reforma de 1948 optó finalmente por el <splitting>, que de hecho significaba la extensión a todos los Estados, cualquiera que fuese su régimen económico matrimonial, del mismo sistema derivado de la <community property>[88]. En efecto, las disposiciones promulgadas en 1948 daban a los cónyuges la opción de presentar una declaración conjunta con una tarifa que establecía grupos impositivos dos veces más amplios que los aplicables a las personas solteras; con ello se producía la misma carga tributaria que si cada cónyuge tributase separadamente sobre la mitad de la renta conjunta.

Por lo que respecta al caso de la República Federal Alemana, existe también una motivación concreta para la adopción del <splitting> llevada a cabo en 1958: la decisión del Tribunal Constitucional de 17 de enero de 1957, tras declarar inconstitucional la acumulación de rentas vigente, aludía a este sistema de promediación como una posibilidad de ordenar la imposición de los matrimonios en armonía con las normas constitucionales. La nueva ley -de 17 de julio de 1958-, que permite a los cónyuges optar entre la exacción conjunta o separada, estableció el <income splitting> para el primer caso.

Frente a la estabilidad del <splitting> en el seno del impuesto sobre la renta alemán, desde su implantación hasta la actualidad, hay que reseñar alguna importante modificación, principalmente en 1971, del sistema originariamente acogido por el ordenamiento estadounidense. En la actualidad se distinguen tres situaciones familiares de las cuales depende la tarifa aplicable, existiendo, por tanto, tres escalas: una para las personas solteras, una segunda para las parejas casadas que presentan declaraciones conjuntas y una tercera para las personas solas que son cabezas de familia. Los tramos de la escala para los matrimonios son dos veces más amplios que los de las personas solas y, generalmente, el impuesto de una persona sola que sea cabeza de familia está situado, a igualdad de renta gravable, entre las cantidades a pagar por las personas solas y las parejas casadas. Sin embargo, la tarifa, a la que actualmente se someten las rentas de los cónyuges que deciden formular una declaración conjunta, les permite una reducción impositiva menor que la que se obtendría del <splitting> con un divisor 2[89]. En conclusión, el sistema norteamericano

[88] Cfr. PALAO TABOADA, cit., pág. 22; R. GOODE, *El Impuesto sobre la Renta*, cit., pág. 279, y F. NEUMARK, *Principios...*, o. c., pág. 154. Para un extenso comentario acerca de la introducción del <splitting> en Estados Unidos, vid. H. M. GROVES, *Federal Tax treatment...*, o. c., págs. 56 a 84.

[89] En 1969, la Tax Reform estableció como límite de tributación de los solteros el 120 por 100 de lo que hubiera correspondido a un matrimonio con rentas de igual cuantía. Como observa B. P. HERBERT, antes de dicha ley el porcentaje aludido podía ser hasta del 141 por 100. Cfr. *Hacienda Pública Moderna*, IEF, Madrid, 1975, pág. 203.

ha evolucionado desde un método de <splitting> puro hacia un sistema de tarifas múltiples[90].

*1.2. Valoración crítica y propuestas de modificación*

El <splitting> goza de las cualidades positivas que, en general, son atribuidas a los métodos de tributación conjunta y, además, soslaya algunos de sus más notorios inconvenientes; no queda, sin embargo, exento de un considerable caudal de críticas. Obviamente, éstas se centrarán en el examen comparativo de los resultados que este método alcanza respecto al gravamen de personas solteras y casadas; pero también son observados otros motivos de trato discriminatorio, especialmente en cuanto a la diferente altura de las rentas y al número de personas que la obtienen, dentro del matrimonio. Estas críticas, como podrá observarse, son muy similares a las que, con carácter general, se dirigen a los sistemas de tributación conjunta, por lo que no pueden considerarse propias del <splitting>, aunque en este caso adquieran perfiles propios.

El efecto característico de este sistema -beneficio concedido a los contribuyentes casados- recibe valoraciones generales contradictorias. Como ha escrito F. NEUMARK, éste es, al fin y al cabo, el objetivo perseguido, quedando por resolver la cuestión de si la diferenciación conseguida con el procedimiento <splitting> en el gravamen tributario de solteros y matrimonios (supuesta una misma renta) no excede en muchos casos las proporciones requeridas por el postulado de la capacidad de pago. A dicha cuestión, añade, se le suele dar hoy, y cada vez en mayor medida, una respuesta afirmativa[91]. Desde este punto de vista cabe hablar de un desplazamiento inadecuado de la carga tributaria sobre los solteros e, incluso, de falta de neutralidad respecto al matrimonio -existencia de motivos fiscales a la hora de tomar la decisión de contraer matrimo-

[90] En contra de la evolución reseñada se han manifestado recientemente O. OLDMAN y M. J. McINTYRE: "*... sugerimos que el sistema de <splitting> que caracterizó formalmente a nuestra ley desde 1949 a 1969 es preferible al procedimiento de la ley vigente consistente en gravar a una pareja casada como una unidad bajo una tarifa de tipos especialmente adaptados. Esta preferencia por el <splitting> es una elección entre técnicas más bien que entre teorías competitivas, ya que la distribución de cargas tributarias conseguida a través de ambas aproximaciones puede ser la misma. La ventaja del <splitting> es que explicita más las elecciones de política efectuadas en cuanto al tratamiento adecuado de los individuos casados en relación con las personas solteras*". Cfr. "*Imposición de la familia...*", cit., pág. 202.

[91] *Principios de la imposición*, o. c., pág. 195. Este efecto suele ser denominado "impuesto de castigo a la soltería" y también la ventaja obtenida mediante el matrimonio recibe en Estados Unidos la irónica denominación de "la dote del tío Sam".

nio-, pues de este solo hecho dependerá una disminución en la cantidad de impuesto adeudada por los nuevos cónyuges. Sin perjuicio de hacer posteriormente referencia a técnicas de perfeccionamiento del <splitting> y a la discusión sobre la cuantía de sus efectos, a la objeción enunciada podemos oponer el argumento de reducción al absurdo que da VOGEL: ciertamente el <splitting> produce un ahorro de impuestos para los cónyuges, pero al ser éste el efecto deseado no puede tacharse de ilegítimo[92].

Por otro lado, pueden establecerse comparaciones entre los efectos desplegados por la aplicación del <splitting> a matrimonios con igual renta total pero con distinta distribución interna de la misma. Así, cabe señalar que la ventaja obtenida por uno de los cónyuges se hace depender de la cuantía de las rentas del otro. Esta ventaja no existe sólo en el caso, poco probable, de que ambos cónyuges perciban idéntica cantidad de renta; por el contrario, dicha ventaja sería máxima cuando obtiene renta sólo uno de los cónyuges. En consecuencia se produce un efecto discriminatorio para la mujer trabajadora: sufren un gravamen comparativamente superior los presupuestos familiares en los que la esposa trabaja fuera de casa dado que la renta imputada representada por el trabajo doméstico de la esposa no es gravada. Además, el <splitting> resulta adecuado al caso de obtención de rentas por los cónyuges, pero no si son percibidas por más de dos personas en la familia, por lo que, entre dos familias con igual renta global, resulta más gravada aquella cuyas rentas son obtenidas por mayor número de personas, lo cual suele darse con más frecuencia en las clases sociales bajas[93]. Sin embargo, podemos argüir que este sistema persigue un tratamiento equitativo entre matrimonios y no entre personas con diversas circunstancias familiares.

Otro punto de crítica que suscita el <splitting> es la discriminación que puede representar para las familias monoparentales que no pueden aplicarlo y obtener la ventaja fiscal que reporta, con lo que se crea una gran diferencia entre estas familias y las que tienen dos padres. Es conveniente adoptar alguna medida que impida la reseñada discriminación:

[92] *"La argumentación de la 'ventaja' del <splitting> se basa, con otras palabras, en una falta de lógica. Sólo se puede hablar de una 'ventaja' si antes se comprueba que no es adecuada. Pero si el término 'ventaja' se emplea como argumento contra el sistema de imputación, se incurre en una* ***petitio principi****"*. K. VOGEL, *"Consideraciones sobre la obligación de manutención en el Impuesto sobre la Renta"*, en Deutsches Steuerrechet, 1977; trad. esp. en Hac. Púb. Esp., n.º 94, 1985; pág. 400.

[93] Cfr. R. DRAKE, *"La familia en el Impuesto sobre la Renta de las Personas Físicas"*, Rev. Impuestos, n.º 1, 1985, pág. 50.

una es la creación de una escala especial para las familias de un solo padre, solución introducida en EE.UU. Otra solución, igualmente utilizada, es la de practicar también en este caso la división de la renta, introduciendo un "cónyuge fantasma" en las familias monoparentales, como se hace en la ley alemana.

Finalmente, se objeta al <splitting> la discriminación producida en función del nivel de renta, beneficiando en mayor grado a los contribuyentes de rentas más altas; en realidad, la ventaja concedida por este sistema depende de la estructura de la tarifa, siendo tanto mayor cuanto más fuerte sea la progresividad del impuesto[94]. Esta objeción puede ser relevante si se considera, entre las finalidades del impuesto, la de la redistribución de la riqueza y la graduación de la presión fiscal de forma progresiva en atención a la capacidad de pago.

A la vista de los inconvenientes señalados se han formulado diferentes líneas de modificación del sistema original. En su conjunto, aun sin evitar las dificultades propias del <splitting>, tienden a suavizarlas. Quizás la propuesta más común es la de reducir el divisor empleado, bien situándolo en una cantidad fija inferior a 2, bien configurándolo de modo decreciente a partir de una determinada renta total. Al respecto señala F. NEUMARK que estas propuestas son en principio acertadas o, lo que es lo mismo, que desde el punto de vista del postulado de la capacidad de pago están justificadas; pero no debe olvidarse que, tanto en esta cuestión como en el mismo problema de la progresión, del que se deriva en última instancia, es imposible evitar una cierta arbitrariedad[95]. Otras sugerencias apuntan a introducir diversas limitaciones al régimen general de <splitting>; así se postula el limitar el empleo de este sistema a las rentas bajas, aplicándose a partir de cierta cantidad algún otro

[94] Como señala PALAO TABOADA, *"resultan privados por completo de las ventajas de <splitting> los perceptores de las rentas exentas o comprendidas en el primer tramo de la escala y sujetas, por tanto, a un tipo proporcional"*. Cfr. *"El tratamiento de la familia..."*, cit., pág. 25. Esta razón le hace concluir a YERSIN: *"En nuestra opinión el <splitting> es poco satisfactorio (...) Cuanto más progresivo es el impuesto más importante es la reducción operada"*. Cfr. *L'imposition des couples et de la famille*, Berna, 1984, pág. 58.

[95] Cfr. *Principios ...*, o. c., pág. 196. Recoge este autor la opinión del Consejo Científico del Ministerio Federal de Hacienda alemán que recomendó un divisor para el splitting de 1.8, y la postura de C. S. SHOUP que sugiere un coeficiente de 1.5 en su obra *Testimony before Ways and Means Committee* (1969). No obstante, respecto a la reducción del divisor a 1.8 por las consideraciones de ahorro doméstico, señala LANG que *"el ahorro doméstico no tiene nada que ver con la transferencia de ingresos entre cónyuges regulada por el divisor splitting"*. Cfr. *"Tributación Familiar"*, cit., pág. 422.

método de reducción de la progresividad; también, en el mismo sentido, lograr que la diferencia entre la deuda tributaria de un individuo aislado y de un matrimonio permanezca constante a partir de un cierto nivel de renta, garantizando de esta forma el mantenimiento de la progresividad del impuesto. Estas medidas, denominadas por la doctrina alemana como de "ennoblecimiento" del <splitting>, suponen, pues, la limitación del mismo según la clase y nivel de la renta familiar.

No obstante las críticas hechas al <splitting>, apuntadas más arriba, parten de la comparación entre dos supuestos distintos, la tributación del individuo independiente y del casado, sobre los que no cabe hacer recaer el principio de igualdad. En cambio sí es correcto realizar la comparación entre dos matrimonios con igual renta global, caso en el que el <splitting>, lejos de resultar injusto, despliega toda su eficacia igualatoria.

## 2. <Quotient Familial>

### *2.1. Concepto y ámbito de aplicación*

El <quotient familial> -(cociente familiar)-, de origen francés, constituye un segundo procedimiento técnico para la reducción de la progresividad mediante la división de la renta global. Su proximidad conceptual con el <splitting> es evidente; sin embargo, también guarda, respecto a este método, notables diferencias. Puede decirse que, en esencia, consiste en aplicar hasta sus últimas consecuencias la idea central del sistema anglosajón: el impuesto debe graduarse en función de las personas cuyo mantenimiento corre a cargo de las rentas familiares. Mientras el <splitting> limita la aplicación de este principio al matrimonio, el <cociente familiar> la extiende a todos los componentes de la familia y, en primer lugar, a los hijos, por lo que la doctrina alemana lo suele considerar como una modalidad de aquél. Así, la principal característica de este método es que, al tener en cuenta, además del matrimonio, las restantes circunstancias familiares, representa una solución tanto al tema de la acumulación de las rentas de la familia como a la consideración de las cargas familiares en el impuesto.

El <cociente> es introducido por la ley francesa del impuesto sobre la renta en 1945. La fiscalidad francesa toma en cuenta a la familia en cuanto tal a la hora de determinar el impuesto sobre la renta; en efecto, ésta se calcula para el denominado <foyer fiscal>, según la expresión del Code Général des Impôts. Por ello, el fundamento del <cociente familiar> reside en conceder al contribuyente una ventaja proporcional al número de unidades de consumo que tiene a su cargo. Técnicamente se articula mediante la división del total de la renta familiar por un determinado número de "partes" que corresponde al número de personas que viven en el hogar[96]. Al cociente así obtenido se le aplica la tarifa de gravamen progresivo. Y el resultado se multiplica posteriormente por el número que antes actuó como divisor. Para la determinación del número de "partes" que corresponden a cada caso se utiliza la siguiente escala (art. 194 del citado Código):

I - Contribuyentes sin personas a su cargo:
- Soltero, divorciado o viudo ............ 1.
- Casado ............................................ 2.

II - Contribuyentes con personas a su cargo:
- Soltero o divorciado con:
  - 1 hijo ......................... 2.
  - 2 hijos..................... 2,5.
  - 3 hijos..................... 3,5.
  - 4 hijos..................... 4,5.
  - 5 hijos..................... 5,5.
  - 6 hijos..................... 6,5.
- Casado o viudo con:
  - 1 hijo ...................... 2,5.
  - 2 hijos........................ 3.
  - 3 hijos........................ 4.
  - 4 hijos........................ 5.
  - 5 hijos........................ 6.

A partir de estas cifras se concede una "parte" más por cada hijo a cargo. También se incrementa el divisor cuando concurren determinadas circunstancias: hijos adoptados, invalidez, edad superior a 65 años, hijos mayores...

En Luxemburgo se aplicaba un sistema mixto, en el que entraban diversas fórmulas, entre ellas el <cociente>. La reforma de 1990 ha variado un tanto este sistema, y elimina la aplicación del <cociente> en

[96] Deben tenerse en cuenta dos posibilidades concedidas por el ordenamiento francés que exceptúan este principio general: por una parte, el cabeza de familia puede solicitar que tributen independientemente rentas obtenidas por los hijos menores provenientes de su propio trabajo; por otra parte, la esposa puede asimismo efectuar dicha solicitud cuando esté separada de su marido, siendo en este caso necesaria una efectiva ruptura de la convivencia sin que sea suficiente una separación temporal o accidental.

este país, que se sustituye por una deducción en la base o en la cuota, según el nivel de rentas, en función de los hijos.

*2.2. Consideraciones críticas*

Dado que el <cociente familiar> supone una aplicación ampliada de la idea central del <splitting>, es evidente que sus ventajas e inconvenientes coinciden sustancialmente con los de este método. De todos modos, existen particularidades a la hora de efectuar una valoración crítica del sistema francés.

Su implantación se debe al deseo de practicar una tributación más justa, adecuada e incluso favorecedora de los valores familiares[97].

Podremos obtener una valoración del sistema después de desgranar sus virtudes y defectos.

Así estimamos, como peculiar característica positiva, que el <cociente> supone alcanzar el máximo cumplimiento del objetivo indicado por el Informe CARTER de que es la capacidad tributaria de la familia y no la de sus miembros la que debe tomarse en cuenta en el momento de establecer la carga fiscal[98]. El <cociente> lleva a cabo una distribución de la renta entre sus miembros, lo cual es un medio adecuado para la capacidad económica y tributaria de cada uno y de todos, al quedar de manifiesto la renta familiar que excede a la satisfacción de las necesidades vitales. Además se elimina el inconveniente citado en el <splitting> que no puede aplicarse a las familias monoparentales: el <cociente> tiene en cuenta el número de los miembros de la familia, sin exigir que existan dos padres.

Ahora bien, por esta vía se produce el mismo efecto criticable que ya hemos mencionado al estudiar el <splitting>: el mayor beneficio obtenido por las familias de renta más elevada. Cabe paliar este inconveniente mediante el establecimiento de un límite en la aplicación del cociente familiar. Para gravar la renta familiar de modo equitativo el impuesto debe disminuir conforme aumenten los gastos de consumo,

[97] Señala M. DEBRÉ los objetivos que se propone el Gobierno francés y que acepta el Parlamento: "*Asegurar una mejor justicia fiscal teniendo en cuenta la menor capacidad contributiva del padre de familia en relación al soltero, favorecer la familia y estimular la natalidad*". Cfr. "*L'inegalité des ménages face à l'impôt sur le revenu*" Rev. Fr. Fin. Pub., n.º 14, p. 18.

[98] Es la idea que subyace en O. OLDMAN y M. J. McINTYRE cuando afirman que la división que se practica en el splitting "*se basa en el supuesto realista de que las parejas casadas unirán su renta, obteniendo cada uno más o menos el mismo beneficio*". Cfr. "*Imposición de la familia...*", cit., pág. 214.

pero no si aumenta el ahorro; éste no se reparte entre los miembros de la familia sino que pertenece propiamente a los cónyuges y no se divide entre los hijos si no es por vía de donación o de sucesión. Por su parte los gastos de consumo realizados por las personas a cargo del contribuyente representan un porcentaje de renta tanto menos importante cuanto que la renta es más elevada. En consecuencia, el <cociente familiar> debe tener un límite, fijado para cada situación de familia por medio de un baremo regresivo en función de la renta[99]. Esta solución nos permite afrontar además otra crítica, ya efectuada también al sistema <splitting>: el mejor trato relativo dispensado a los contribuyentes casados. Se reproducen en esta crítica las objeciones que subrayan la arbitrariedad que cabe en la fijación de los divisores atribuidos a los diversos miembros de la familia, con la particularidad de que, en este caso, es necesaria una mayor atención en el estudio de las economías y deseconomías surgidas al aumentar el tamaño de la familia[100].

Otra característica positiva, siguiendo a A. SIMÓN LAMPARERO, que cabe destacar en el <cociente>, sobre todo en su vertiente de la consideración de las cargas familiares, *"es la adecuada protección que ejerce contra el fenómeno de la erosión monetaria, ya que la ventaja concedida viene directamente ligada a la escala de tipos de gravamen. Especial eficacia demuestra así el <cociente> respecto a la facilidad con que resultan desfasadas las cantidades que se proponen en otros sistemas"*[101] (p. ej. en los de deducciones).

Algunos inconvenientes son suscitados por la propia noción de hogar fiscal empleada por este sistema. En ocasiones no será fácil delimitar con precisión el número de personas a cargo ni, incluso, la misma extensión del núcleo familiar. Por otra parte, se plantea la cuestión del representante

[99] Es el llamado en Francia <plafonnement> del cociente. Cfr. M. LAURÉ, *Tratado de política fiscal*, Madrid, 1960, pág. 158; también *"La problematique fiscale de la famille"*, Comunicación no publicada dirigida a las Jornadas sobre Fiscalidad y Familia organizadas por el Ministerio de Hacienda, Madrid, 7-8 de junio de 1982, pág. 18. No obstante, estas correcciones no siempre satisfacen a los autores críticos: p. ej., PALAO, *"La familia en la imposición..."*, pág. 29. También LANG, *"Tributación familiar"*, cit., pág. 432.

[100] Vid., por todos, BREJON DE LAVERGNÉE, *"Pour une réforme du quotient familial"*, cit., donde propone la adopción, para cada tamaño de familia, de un baremo propio. Opinamos que el <cociente> trata mejor que el <splitting> el caso de las familias monoparentales, que no podrían disfrutar de la división que practica el <splitting> y, sin embargo, con el <cociente> tendrían una tarifa adaptada a su tamaño.

[101] A. SIMÓN LAMPARERO, *"La tributación de las rentas familiares en el Impuesto sobre la Renta de las Personas Físicas"*, cit., pág. 107.

de la unidad familiar frente a la Administración; la regulación que se haga ha de ser cuidadosa con el principio de la igualdad de los sexos.

Finalmente, puede ponerse de relieve la importante complejidad administrativa que supone la correcta liquidación y gestión del impuesto, en buena parte imputable al propio mecanismo de cálculo representado por el <cociente>[102].

Diversas han sido en Francia las reformas del <cociente familiar>, pero ni las más importantes -1969, 1975 y 1982- han conseguido desplazar en lo esencial el sistema implantado en 1945. En general, puede decirse que su tendencia era la de hacer frente a algunos de los principales inconvenientes señalados. Así el Rapport ORTOLI (1969) formuló dos posibles alternativas: establecer divisores crecientes según el número de hijos y fijar al mismo tiempo un límite máximo a la reducción impositiva; en otro caso, se proponía sustituir parcialmente el sistema de <cociente familiar> por deducciones de la base imponible, manteniéndose para los contribuyentes casados el sistema del <cociente> con un divisor 2. En 1982 se estableció la cantidad máxima en que podía ser reducida la cuota por cada unidad del divisor.

No obstante se produjo una reforma en 1959 que se ha revelado, a largo plazo, de una trascendencia importante, como veremos después: la concesión de "una parte", en vez de "media", al primer hijo de los solteros y divorciados. Otras modificaciones menores han sido incorporadas a la regulación francesa: en 1981 se concedió una "media parte" suplementaria para el tercer hijo, con lo que éste aumenta el divisor en una unidad. Y, en 1982, para evitar un ahorro demasiado importante para los contribuyentes de rentas elevadas, se ha limitado el efecto del <cociente familiar> a una determinada cantidad de impuesto por cada "media parte". De todos modos, la característica fundamental respecto a la historia del <cociente> es la de un alto grado de estabilidad sustentado, presumiblemente, por el importante arraigo popular de este método.

La pacífica admisión de las ventajas de este sistema dura bastantes años, pero en el decenio de los 80 se desata una fuerte controversia, en la

[102] Desde el punto de vista de la recaudación, observa R. DRAPÉ que el coste presupuestario del cociente familiar en sentido estricto (es decir, sin tomar en cuenta el efecto del "cociente conyugal", limitado a los esposos), representa alrededor de un 12 por 100 del producto del impuesto. Cfr. *"Fiscalité et famille en France"*, cit., pág. 7. OLDMAN y McINTYRE subrayan este inconveniente: *"En la práctica este sistema es extremadamente complejo y requiere que la Administración fiscal haga el cómputo de la deuda tributaria para cada contribuyente"*, cfr. *"Imposición de la familia..."*, cit., nota 92.

que, desde posturas proteccionistas de la familia, se ataca duramente el <cociente>[103]. ¿Qué podemos concluir del presente debate sobre el <cociente>?

Opinamos que el <cociente> reúne las cualidades suficientes para constituir un sistema aceptable de tributación, adecuado a las características y necesidades de la familia. Las críticas que últimamente ha recibido, creemos que deben atribuirse no al sistema de <cociente> en sí, sino a una determinada aplicación del mismo, la francesa, que por otra parte es la única vigente, aparte del cantón suizo de Vaud.

Por una parte, los fines buscados con el <cociente>, que antes hemos enumerado, se obtienen en mayor medida en una sociedad con mayoría de parejas casadas donde las familias tienen una sola renta; esto ocurría en el momento de su implantación en Francia, donde se daba una escasa incorporación de la mujer al mercado de trabajo.

Por otra parte, la concesión de un entero en el divisor al primer hijo de solteros y divorciados ha producido unos efectos -"perversos" en expresión de SULLEROT- que van en contra del principio de neutralidad fiscal del matrimonio: constituye un incentivo al concubinato, dado que el divisor para una pareja no casada, con un hijo, es 3, y si tienen dos hijos es 4, mientras que si se casan el divisor sería, respectivamente, 2,5 y 3[104]. La máxima ventaja la obtienen dos viudos con un hijo cada uno, cuya renta global tiene un divisor de 5 si viven en concubinato, que pasaría a 3 si contraen matrimonio. M. DEBRÉ sugiere como solución que las parejas no casadas declaren su renta como las casadas, para que reciban el mismo trato fiscal[105]. Nos parece, sin embargo, que esta solución exige un control difícil de poner en práctica. Sería una solución más eficaz, y más acorde con el espíritu originario del <cociente>, que el primer hijo, tanto de los solteros como de los casados, aumentara únicamente en 0,5 el divisor. Este es el sentido de la reforma recientemente propuesta por la sección editorial de Population et Avenir[106].

[103] *"El sistema fiscal no favorece ya ni la familia, ni la natalidad y responde mal al imperativo de justicia"*, M. DEBRÉ, loc. cit. En idéntico sentido se pueden ver las opiniones, expresadas en el mismo número de la revista, de E. SULLEROT. E. GONZÁLEZ ha puesto ya de manifiesto la existencia de esta paradoja, cfr. *Familia e impuestos*, pág. 16.

[104] *"El hijo, en ese caso, <ya no valdría más que media parte>, dicen con gran sencillez"*. SULLEROT, *"Evolution sociologique..."*, cit., pág. 13.

[105] *"L'inégalité des ménages..."*, cit., pág. 23.

[106] Rev. Population et Avenir, n.º 611, enero-febrero, 1993; pág. 6.

## 3. Otros métodos

Las restantes posibilidades de dejar atrás los efectos indeseables derivados de la acumulación de rentas familiares se dirigen a modificar cada una de las coordenadas del problema impuesto, bien llevando a cabo sólo una acumulación parcial de la renta gravable. En estos dos grupos pueden resumirse las sugerencias doctrinales y las fórmulas acogidas por los diversos ordenamientos que se apartan de los ya mencionados sistemas de promediación.

### *3.1. Diversidad de tarifas*

El empleo de tarifas diferenciadas -para contribuyentes individuales y para unidades familiares- constituye una técnica recomendada desde hace tiempo[107]. Quizás su tratamiento teórico más extenso y riguroso sea el contenido en el Informe CARTER, que recomienda este sistema para gravar de modo diverso las diferentes unidades impositivas que contempla. Obviamente, la progresividad de la escala que contiene los tipos de gravamen aplicables a las rentas familiares acumuladas crece más lentamente que la prevista para el contribuyente singular. Sin embargo, en pura teoría, la existencia de una tarifa doble es una característica únicamente formal del impuesto, no reveladora en sí misma de ningún criterio determinado acerca de la respectiva carga tributaria de los diversos sujetos. Los tipos de ambas escalas pueden reflejar, en efecto, cualquier relación deseada entre los diferentes gravámenes, incluida la del <splitting>. No obstante, la aplicación de una doble tarifa cobrará pleno sentido cuando no se limite a ser la expresión formal de un criterio automático sino que se utilice, precisamente por su flexibilidad, para obtener la imposición relativa deseada en cada caso por el legislador.

Como modalidades de este sistema pueden señalarse la utilización de una compensación en la tarifa y el establecimiento de un recargo para los contribuyentes solteros. En el primer caso se procede a compensar directamente la progresividad de la tarifa, según la situación familiar del contribuyente. Esta compensación puede instrumentarse mediante una reducción porcentual de los tipos de gravamen aplicables. En el segundo caso -conocido en algunos ordenamientos como "recargo por solte-

[107] La resolución del Congreso de la IFA de 1955 contenía ya la afirmación de que la acumulación de la renta familiar no es un medio técnico condenable, cfr. Cahiers..., cit., vol. XXX. Cfr. también O. OLDMAN y R. TEMPLE, *"Étude comparée de l'imposition des personnes mariées"*, cit., Rev. Sc. Fin., 1959, pág. 573.

ría"[108]- se trata de aplicar un recargo, mediante un aumento porcentual de los tipos, para los contribuyentes individuales. En este supuesto, la referencia para determinar la carga tributaria son los contribuyentes casados, calculándose la del resto a partir de la única escala existente que corresponde, precisamente, a dichos sujetos.

*3.2. Acumulación parcial*

Ciertamente, los sistemas de acumulación parcial representan un compromiso entre los dos extremos de la agregación total y de la separación. Frente a la acumulación total consiguen un tratamiento más favorable para las rentas de trabajo de la mujer; frente a la imposición separada pura tienen la ventaja de suprimir el incentivo para el fraccionamiento del patrimonio entre los cónyuges.

La preferencia por la igualdad de trato de la mujer trabajadora puede conducir a la más común de estas fórmulas intermedias en la que las rentas ganadas de la mujer son gravadas separadamente[109]. En este sentido, suelen denominarse rentas ganadas todas las que no provienen del capital, es decir, las del trabajo, tanto dependiente como independiente, y las de carácter empresarial. De este modo, esta acumulación parcial se dirige no sólo a compensar el trato de disfavor atribuible a la acumulación, sino también, en muchos casos, a dar un tratamiento especial a las rentas no ganadas y a atenuar los efectos negativos que sobre la incorporación de la mujer al trabajo puede suponer un alto gravamen de sus rentas.

Lógicamente, este método tiene el grave inconveniente de que la carga tributaria soportada por la familia se hace depender de la composición de la renta total obtenida por sus miembros, con el conocido efecto de que dos familias con igual renta global pueden soportar un

[108] Este sistema fue introducido en España en la reforma tributaria de 22 de diciembre de 1940, consistiendo en la elevación de un 30 por 100 de los tipos cuando el contribuyente era soltero. Estuvo vigente hasta 1967, año en que entró en vigor la reforma de 1964.

[109] Es el sistema de tributación familiar que propone el Informe LODIN, de Suecia. Se fundamenta en no perjudicar las rentas de trabajo de la mujer casada y en el régimen económico matrimonial. Su recomendación dice: "*En la imposición sobre la renta se ha adoptado la valoración separada sólo con respecto a las rentas salariales. Las demás son gravadas conjuntamente, principalmente debido a que el principio de régimen de bienes gananciales que prevalece en Suecia significa que, por lo que a la situación del patrimonio de los esposos se refiere, es de importancia subordinada cuál de los esposos posee formalmente los bienes*". Cfr. S. O. LODIN, *Impuesto progresivo sobre el gasto*, Estocolmo, 1978. Trad. esp. del IEF, 1983, pág. 349.

impuesto de diferente cuantía y llevaría en algunos casos a un elevado impuesto por matrimonio; además se introduciría complejidad en su administración. La consideración separada de los ingresos del trabajo y la agregación de las rentas de capital de ambos cónyuges a la renta de trabajo más alta, sería difícil de defender con base en los principios fiscales. Tal combinación podría justificarse con razones políticas o sociales, no con razones fiscales.

Otras variantes de la acumulación parcial son:

- La acumulación optativa, con tarifa única: se aplicaría la tarifa del que obtiene superiores ingresos a las rentas de los restantes miembros de la familia, si optan por ella. Es otra forma de limitación de la progresividad con respecto a la acumulación pura, pero no evita los efectos perjudiciales señalados a toda acumulación parcial.

- La no acumulación con cuota íntegra única: sería similar a una tributación separada, con las ventajas e inconvenientes de ésta, que estudiaremos en el próximo epígrafe. La diferencia con ella es que en la presente existe una cuota única, que permite evitar la duplicidad inequitativa de deducciones.

*e) La tributación separada de los cónyuges*

La tributación separada, también denominada independiente o individual, consiste en que marido y mujer tributan cada uno por sus rentas propias. En este caso desaparece, por tanto, la acumulación de las rentas familiares y los problemas que ésta presenta. Pero bajo el establecimiento del individuo como unidad contribuyente del impuesto sobre la renta podría detectarse la opinión de que estamos ante un impuesto de individuos, en el que no hay por qué tener en cuenta sus circunstancias familiares. No ha de suceder así en todos los casos, pues con la tributación separada es compatible la aplicación de deducciones en la base, o en la cuota, por razón de cargas familiares; estas deducciones, es justo reconocerlo, existen en muchas legislaciones europeas donde rige la tributación separada.

En cualquier caso, el empleo de la tributación individual supone el desconocimiento de la concepción de la familia como <unidad económica> y la no consideración tributaria de las mencionadas <economías de escala> derivadas de la convivencia familiar.

Este sistema de tributación plantea el problema de la correcta determinación de los ingresos que corresponden a cada cónyuge. Un sector doctrinal sostiene en este punto la primacía de las normas del Derecho Tributario, por su autonomía de calificación de los hechos jurídicos; otros autores señalan que, en principio, debería ser el Derecho común el que determine a cuál de los miembros de la familia corresponde cada rendimiento. En el Tercer Capítulo expondremos las consecuencias de una u otra opción, y las de la adopción del primer criterio en el Derecho español.

Por otra parte, tanto en el ámbito doctrinal como en la realidad del Derecho comparado, al hablar de tributación independiente es necesario hacer dos matizaciones:

- En primer lugar, respecto a su alcance, puede ser total o parcial, según se extienda a la totalidad de las rentas obtenidas por los miembros de la familia o, por el contrario, coexista con un régimen de acumulación establecido para determinados rendimientos. Cabe destacar que el criterio más extendido es el de la tributación individual de las rentas de trabajo frente a la acumulación de las rentas patrimoniales del matrimonio[110].

- En segundo término, cabe su existencia bien con carácter obligatorio y general, bien facultando al contribuyente para elegir entre este sistema y el de acumulación. Incluso pueden dictarse normas encaminadas a hacer obligatoria la tributación independiente cuando haya cesado la convivencia conyugal o hasta una cuantía dada de rentas, previéndose un régimen de acumulación para las que superen tal límite.

A continuación estudiamos los perfiles más característicos de este sistema señalando los principales criterios impulsores de su creciente adopción en el Derecho comparado así como algunos problemas específicos que su empleo suscita.

### 1. Criterios impulsores de su creciente aceptación

En los últimos años puede observarse en los países de nuestro entorno cultural una clara tendencia a pasar de un sistema obligatorio de tributación conjunta o familiar a un sistema de persona física como unidad contribuyente -al menos, para las rentas del trabajo- o, en otros casos, a un sistema en el que pueda optarse por la tributación individual[111]. Así, ya en 1977, el sistema de tributación individual estaba per-

[110] Cfr. *"El tratamiento de la unidad familiar en los sistemas impositivos y de transferencia en los países miembros de la OCDE"*, OCDE, París, 1977, n.º 5.

[111] Esta tendencia queda suficientemente expresada con la evolución que se observa en el seno de la IFA: mientras en el Congreso de Amsterdam (1955) se decantó por el sis-

mitido en diecisiete paises de la OCDE, siendo obligatorio, al menos para algunos grupos de rentas, en trece.

Si la común disposición de las rentas dentro del matrimonio constituía el fundamento económico del sistema de tributación conjunta, no sorprende que sea precisamente la misma estimación -aunque en sentido contrario- la empleada para fundamentar la imposición individual. En este sentido, se manifiesta el Informe ASPREY que el hecho de compartir los gastos en el matrimonio no es de ninguna manera universal; en algunos puede ser normal que ambos cónyuges sigan pautas completamente separadas de gasto y disfrute de sus ingresos. La obligación de que tribute conjuntamente la unidad familiar sería injusta para unos; la adopción obligatoria del sistema de contribución individual sería injusta para otros; ofrecer la elección entre dos bases es, por lo menos, mejor que no dar ninguna[112].

La tributación individual, en su modalidad de separación sólo de rentas salariales, puede evitar la excesiva progresividad de la acumulación de igual forma que la corrección de ésta por el <splitting>: mas la tributación separada discrimina las rentas y sólo resulta aliviada la progresividad del impuesto sobre las rentas ganadas[113]. No obstante, entendemos que no es hoy muy atendible este argumento porque no existe una clara fundamentación a la necesidad de penalizar a las rentas de capital; por otro lado, dadas las circunstancias económicas de ocupación laboral del momento en el que escribimos, no es necesario tomar medidas para favorecer la entrada en el mercado de trabajo de nuevos trabajadores.

Un minucioso examen de las ventajas concedidas por la tributación separada ha sido llevado a cabo, por N. A. BARR[114] utilizando los criterios de eficiencia económica, equidad horizontal y equidad individual,

---

tema de acumulación corregida, en el Congreso de Madrid (1972) concluye: *"La cuestión de si los miembros de una familia deben tributar conjunta o separadamente debe decidirse dentro de cada país prestándose atención a factores tales como las formas de vida, las tradiciones y las condiciones internas de tipo social, económico y político"*. Cfr. Cahiers..., vol. 57a, pág. I/96.

[112] Cfr. Informe ASPREY, o. c., cap. 10, n.° 19.

[113] *"Si el factor trabajo debe recibir un trato de favor, el sistema <splitting>, utilizado en ciertos países, no es válido porque aunque ataca el problema de la progresividad en la acumulación de rentas, lo hace de un modo genérico, sin atender al origen de los rendimientos, beneficiando también, por tanto, a las rentas de capital"*. Cfr. BURGOS BELASCOAIN, *"La unidad contribuyente en el impuesto..."*, cit., pág. 150.

[114] En *"The taxation of married women's incomes"* I y II, en British Tax Review, 1980, n.° 5 y 6.

compara el comportamiento -ante ellos- de las dos grandes opciones de imposición conyugal.

En primer lugar, el criterio de eficiencia ecomómica ha sido entendido como reducción *"al mínimo de la pérdida de bienestar provocada por los impuestos"*, aceptando el presupuesto de *"que la disminución del esfuerzo laboral reduce el nivel de bienestar de la colectividad"*[115]. Si es analizado el efecto de la tributación separada sobre los ingresos percibidos por el trabajador secundario se concluye en la superioridad de este sistema, ya que -como señala BARR-, dicha renta, en un método de acumulación, es tasada al tipo marginal de la del trabajador primario; en un sistema de promediación de la base, el tipo de gravamen sería el mismo; y, en el sistema que comentamos, por tratarse de una renta menor (secundaria) el tipo es necesariamente inferior al que grava la renta del perceptor principal, lo cual se traduce en una mayor propensión marginal al trabajo.

En segundo lugar establece el criterio de la equidad horizontal basándose en tres índices:

a) El impuesto de dos personas, con igual renta antes y después del matrimonio, debe permanecer inalterado tras la celebración del matrimonio.

b) Dos matrimonios con idéntica renta deben pagar idéntico impuesto, resultando indiferente la proporción en que aquélla sea obtenida por los cónyuges.

c) El aumento de impuesto correspondiente al aumento de una renta debe ser siempre el mismo, independientemente de que se refiera al cónyuge que obtenga la más alta o la más baja[116]. Obviamente, la tributación independiente cumple el primero de los tres índices citados[117]. Se resuelven así, de modo radical, las objeciones hechas a los métodos de imposición conjunta relativas a la discriminación de los casados frente a los solteros con igual renta[118].

---

[115] E. GONZÁLEZ, *Familia e impuestos*, o. c., pág. 67.

[116] Estos índices, señalados por BARR (cfr. *"The taxation ..."*, cit., pág. 400), coinciden con los tres primeros criterios enumerados por el Informe MEADE.

[117] Para BURGOS éste es el fundamento de la creciente adopción del sistema de tributación separada: *"En diversos países de la OCDE, la comparación de la situación fiscal de la pareja casada y la de la pareja que vive en común en unión libre sin ningún tipo de vínculo formal, ha sido objeto de debate público, de donde ha salido un mayor número de defensores de la imposición separada"*. Cfr. cit., pág. 144.

[118] Sin embargo, como ya sabemos sólo los métodos de acumulación alcanzan los objetivos b) y c) mencionados por BARR. Por lo que respecta al b), su incumplimiento es considerado deseable por el autor inglés, habida cuenta de los costes que originaría en el terreno de la eficiencia económica. Cfr. *"The taxation ..."*, cit., págs. 405 y ss.

Finalmente, y bajo la denominación equidad individual, agrupa este autor dos criterios que han resultado decisivos para la amplia adopción de la tributación individual en los últimos años:

- De una parte, se consideran incluidas en dicho argumento de equidad las consideraciones acerca de la igualdad de los sexos que, efectivamente, son recogidas en su integridad mediante este sistema de tributación[119]. En especial, los aspectos más frecuentemente denunciados desde la óptica feminista en los métodos de imposición conjunta -acumulación de las rentas de la mujer, desgravación por matrimonio concedida al marido, escasa o nula actuación de la mujer casada frente a la Hacienda- desaparecen al configurar a ambos cónyuges como contribuyentes independientes[120]. En este sentido existen recomendaciones procedentes de estudios gubernamentales; el denominado "Libro verde" sobre la fiscalidad del matrimonio señala que dicho criterio *"está estrechamente relacionado con el de la igualdad de los sexos; las esposas podrían mantener en secreto sus propios ingresos y sus asuntos fiscales respecto de sus maridos y éstos respecto de sus esposas"*[121].

- De otra parte, la exigencia de una completa intimidad financiera entre los cónyuges, que constituiría el segundo aspecto de la mencionada equidad individual, es atendida exclusivamente desde los postulados de

---

[119] Se hace eco de este motivo E. REUTERSWÄRD, relator general del Congreso de la IFA de 1972: *"Lo que actualmente se pone en duda en muchos círculos es la justificación de la tributación conjunta como tal. El debate se desarrolla, frecuentemente, teniendo en cuenta las concepciones vinculadas a la expresión <liberación de las mujeres>"*. Cfr. Cahiers..., cit., vol. 57a, pág. I/89.

[120] Al respecto, puede leerse en el Informe ASPREY: *"El derecho a la tributación individual siempre se ha reconocido en Australia. En un momento en que la mujer juega un papel económico y social cada vez mayor, la supresión de este derecho se consideraría sin duda como un paso atrás. Y los reparos no vendrían sólo de parte de las mujeres; también los hombres podrían oponerse a una fusión universal y obligatoria de sus asuntos fiscales con los de sus esposas (...) en este problema intervienen las actitudes sociales respecto a la independencia de los sexos más que las consideraciones puramente económicas"*. (Cfr. o. c., n.º 16). En el mismo sentido, M. J. McINTYRE: *"Desde mi punto de vista, la declaración conjunta obligatoria con una sola escala de tipos es el sistema de tributación familiar menos justo analizado corrientemente. Es especialmente inadecuado en una sociedad que lucha por la igualdad entre los sexos, ya que obliga a dos personas casadas a pagar el impuesto como si fueran un solo individuo"*. Cfr. *"La declaración individual..."*, cit., nota 28.

[121] Cfr. *"La imposición sobre el marido y la mujer"*, o. c., n.º 7. *"Algunos* -añade- *podrían conceder más importancia a la necesidad de este requisito que otros; hay también quienes sostienen que más deseable sería un sistema conjunto en el que no hubiera ningún secreto entre marido y mujer y en el que recayera igualmente sobre ambos la responsabilidad de declarar sus ingresos globales y pagar el impuesto"*.

la tributación individual. En definitiva, en la decisión a favor de la tributación individual concluyen argumentos diversos. Si el punto de partida era el de un sistema de tributación conjunta no acompañado de algún método de promediación de la base, los efectos indeseables que se originan sirven de poderoso motivo para optar por una tributación separada de las rentas familiares. Y aun cuando se parta de un supuesto en el cual el exceso de progresividad derivado de la acumulación venga corregido, quedan por invocar a favor del sistema de separación los mencionados argumentos de equidad individual: igualdad de los sexos e intimidad financiera entre los esposos.

## 2. Problemas específicos de la tributación individual

Nos referimos en este apartado a dos cuestiones que sin duda deben ser minuciosamente contempladas por el legislador que se incline por establecer el principio de la separación en la tributación familiar: de un lado, la necesidad de impedir el denominado fenómeno de la "división ficticia de rentas"; de otro la especial complejidad que plantea la correcta imputación de las deducciones de carácter familiar a las rentas de cada uno de los esposos.

Sin embargo, antes de analizar ambos extremos, es imprescindible señalar el más notorio obstáculo que, desde el punto de vista de la equidad, encuentra el sistema de tributación separada. Este consiste en que, si se gravan separadamente las rentas de los cónyuges, la carga tributaria global sobre la familia dependerá, dado el tipo progresivo, de la distribución de la renta total entre aquéllos. Como es obvio, el máximo impuesto corresponderá al supuesto en el cual las rentas se obtengan por un solo cónyuge y el mínimo corresponderá al de igualdad entre las rentas de marido y mujer[122]. El resultado -matrimonios con igual renta global sufren impuestos de cuantía diferente- es inevitable desde el momento en que se opta por evitar discriminaciones entre individuos y no entre grupos familiares. En nuestra opinión, constituye el más grave inconveniente del sistema el cual, aunque en sí mismo no conlleva la falta

[122] "*A partir de las tres proposiciones clásicas en materia de equidad horizontal* (las enunciadas por BARR y MEADE, antes citadas) *se llega a la conclusión de que el sistema de tributación separada respeta escrupulosamente la proposición primera, pero contradice abiertamente la segunda y la tercera. Lo cual ciertamente no da un balance muy positivo para este sistema de imposición desde la perspectiva de la equidad horizontal*". Cfr. E. GONZÁLEZ, *Familia e impuestos*, cit., pág. 68.

de equidad apuntada -ya que se aleja voluntariamente de los vínculos familiares que unen a algunos contribuyentes- da origen a que, en definitiva, una misma cantidad de renta familiar sea gravada de modo distinto en función de cómo sea obtenida por los miembros de la familia[123]. Este es, asimismo, el fundamento del primero de los problemas específicos que pasamos a tratar.

### *2.1. La redistribución de la renta sobre los cónyuges*

Como pone de relieve PALAO, la imposición individual permite la disminución del impuesto total sobre la familia mediante una redistribución de la renta entre sus miembros[124]. Las actuaciones tendentes a distribuir con otra u otras personas la renta que, sin ellas, hubiese sido gravada a un tipo superior, se denomina habitualmente "división de rentas". Mediante ella, los propietarios de bienes tienen a su disposición oportunidades para disminuir el gravamen de las que carecen los que perciben principalmente rentas del trabajo. Y, probablemente, estos últimos se verán sometidos a una mayor carga impositiva resultante de la pérdida de ingresos experimentada por el Tesoro a consecuencia de dichas actuaciones.

Respecto a las medidas empleadas para impedir estas actuaciones existen dos interesantes referencias en sendos estudios generales reiteradamente citados. Por una parte, en el Informe ASPREY se apunta que no siempre es posible promulgar las leyes destinadas a impedir la evasión fiscal en un lenguaje que cumpla los objetivos ideales de simplicidad y precisión. La mayoría de las normas de la ley tributaria abarcan tantos y

[123] I. MANZONI estima en un 50 por 100 superior el impuesto debido por un matrimonio cuya renta es obtenida sólo por un cónyuge; asimismo, señala las diferencias producidas cuando trabajan los dos, según la proporción de sus ingresos. Por último, advierte de la magnitud de estas diferencias en el caso de que la misma renta sea obtenida también por otros miembros de la familia. Cfr. "*Cumulo dei redditi e legittimità costituzionale ...*", cit., pág. 2062. El informe ASPREY recoge también una expresiva tabla en la que, en tres niveles de renta, refleja el impuesto a pagar en cuatro situaciones diferentes de obtención de la misma. Cfr. n.º 18, Tabla 10 (a).

[124] Cfr. ob. cit., pág. 13 donde añade que "*la admisibilidad de estas operaciones de reparto de la renta es inherente al sistema mismo de la imposición individual, pero a condición de que tales negocios jurídicos no sean simulados y entrañen una voluntad seria de aceptar sus consecuencias jurídicas. Esto no sucede cuando, por ejemplo, el control sobre el bien transmitido sigue estando en manos del transmitente. La comprobación de la seriedad y validez fiscal de estos negocios jurídicos supone una pesada carga para la Administración y constituye una fuente de litigios entre ésta y los contribuyentes*".

tan variados supuestos que, para incluirlos todos, se necesita una redacción muy profusa. Además, el ingenio y la complejidad de los procedimientos utilizados en la evasión fiscal obligan a adoptar medidas suficientemente amplias que permitan combatirlos, pero la concisión va reñida normalmente con la amplitud de comprensión. Por último, señala el Informe, debe tenerse en cuenta que, al configurar una normativa legal suficientemente general como para evitar la evasión fiscal, existe siempre el peligro de penalizar a aquellos que tienen causa justificada para realizar un acto de buena fe que, realizado por otras personas, tendría como fin alcanzar un resultado que debe evitarse[125].

También es ilustrativa la experiencia que, al respecto, recoge el Informe CARTER. Señala que ya desde la creación del Impuesto sobre la Renta en Canadá se previó la posibilidad de que se recurriese a la división de la renta, disponiendo que la renta procedente de bienes transferidos por una persona a su cónyuge o a un miembro de la familia sería considerada como renta del cedente y no del cesionario, a menos que se pruebe que la cesión no tenía por fin evitar el impuesto. Con el tiempo -añade- una constante presión motivada por el alza de los tipos de imposición y por la dificultad, desde el punto de vista administrativo, de distinguir entre las transacciones efectuadas de buena fe y las que tienen por fin evitar el impuesto, ha tenido como resultado ampliar progresivamente el alcance de la disposición inicial[126]. Concluye este Informe en que el sistema actual -la tributación independiente- está falto de la más elemental equidad si se comparan familias en paridad de situación y en que las tentativas de impedir los abusos han dado libre curso a anoma-

---

[125] Vid. o. c. Capítulo II "La división de rentas", n.º 6. En todo este Capítulo del Informe australiano puede verse un extenso tratamiento del tema. Señala, como medios más utilizados en la redistribución de rentas, la participación en sociedades, fideicomisos, sociedades colectivas, concesión de préstamos, entrega de donativos y relaciones laborales. Diseña (n.º 8 y ss.) un planteamiento normativo en el que, distinguiendo entre hijos menores, cónyuges y otros familiares, indica que cuando los ingresos de los cónyuges provengan de donaciones entre ellos, deberían gravarse con un tipo impositivo basado en la renta acumulada teórica. Asimismo se propone que la renta no proveniente del trabajo personal del hijo menor sea gravada a un tipo impositivo determinado en principio mediante acumulación de su renta a la renta del padre o a la renta de la madre si dicha renta fuera mayor.

[126] Cfr. Capítulo 10. "*En el presente* -señala- *las disposiciones de la ley engloban no solamente las transmisiones entre cónyuges, sino también las que se efectúan por cualquier persona a otras menores de diecinueve años, así como ciertas transferencias en fiducia. No se admite la deducción de un sueldo pagado por una persona a su cónyuge en una copropiedad o una sociedad colectiva y se concede al Ministro el poder discrecional de atribuir a uno de los cónyuges la renta de una sociedad colectiva entre marido y mujer*".

lías graves y fomentado el rigorismo. Precisamente desde esta perspectiva se postuló en su momento la configuración de la familia como unidad contribuyente, señalando algunos autores el absurdo en el que se incurre si el principio de la tributación separada se lleva al extremo: habría que gravar como renta las cantidades percibidas por un miembro de la familia, en concepto de sustento, de otro miembro familiar. Ahora bien, no debe considerarse totalmente absurdo este planteamiento, pues sí suelen producir desgravación las pensiones pagadas al cónyuge separado o divorciado, y éste a su vez debe tributar por ellas; si no se tiene este hecho en cuenta en las demás familias, puede producirse una discriminación en contra de éstas si se adopta un sistema tributario de acumulación.

### *2.2. La asignación de las deducciones personales y familiares*

En principio, un sistema de tributación separada absoluta llevaría a que cada cónyuge aplicase a sus rentas aquellas deducciones de carácter personal que el impuesto le concede. Así, los cónyuges no podrían transferirse entre sí los excesos de estas deducciones que no pudiesen utilizar debido a la pequeña cuantía de la renta. Del mismo modo se debería proceder con las deducciones que tuviesen su origen en las circunstancias familiares, pues aun cuando se hubiera determinado en qué cuantía corresponden a cada cónyuge, la adopción de la tributación separada discriminaría contra aquellas unidades familiares en que sólo uno de los cónyuges obtuviese renta[127]. Por este motivo se considera más adecuada la transferibilidad de las deducciones entre los cónyuges. Esta puede ser total o parcial: en el primer caso se admite la posibilidad de transferencia total de las deducciones entre los cónyuges; en el segundo, sólo una parte de las minoraciones correspondientes a un cónyuge pueden ser aprovechadas por el otro.

Especial consideración se dedica a este tema en el ya citado "Libro verde" inglés sobre la fiscalidad del matrimonio. Para valorar las ventajas relativas de uno y otro régimen de transferibilidad emplea cuatro criterios: equidad -en función de la repercusión relativa de la imposición entre los distintos tipos de familias-, incentivos al trabajo -fundamentalmente respecto al de la mujer casada trabajadora-, intimidad entre los

[127] Estos problemas llevan a BURGOS a afirmar que en la tributación separada es más difícil graduar el impuesto en función de las cargas familiares. Cfr. "*La unidad contribuyente...*", cit., pág. 142 .

cónyuges, costes administrativos y coste en ingresos[128]. Precisamente estos dos últimos aspectos pueden ser también considerados como obstáculos nada desdeñables, no sólo por la transferibilidad o no de las deducciones, sino en cuanto que la implantación del sistema de separación puede llevar consigo una mayor complejidad en la gestión y liquidación del tributo y unos menores rendimientos obtenidos a su través, en buena parte debido a la supresión de la acumulación de rentas familiares. Sin embargo, creemos que, desde la perspectiva en que estamos estudiando el problema, las dificultades más significativas son las que han quedado expuestas.

### *f) Conclusión*

Después del análisis de los sistemas posibles, hasta ahora, de tributación familiar, intentaremos hacer un balance de todo lo expuesto.

La primera idea en la que encontramos concorde a toda la doctrina es la que señala que no existe una única solución óptima para todas las cuestiones planteadas: las soluciones a algunos de los problemas que se presentan están contraindicadas para otros[129]. Por tanto, habrá que elegir el sistema de tributación en función de los efectos que produce, cuando éstos coincidan con los objetivos que se desee alcanzar; este deseo no puede estar guiado por razones estrictamente tributarias, antes bien, nos introduce en el complejo tema de la extrafiscalidad del impuesto. Así lo indica PALAO[130]. Por otro lado, las circunstancias sociales y las ideas políticas son lo suficientemente cambiantes como para que podamos

[128] Vid. cit. n.º 68 y ss., donde, obviamente, el discurso transcurre a través del sistema de deducciones vigente en Inglaterra y las propuestas de modificación contenidas en el Informe.

[129] OLDMAN y McINTYRE así lo expresan: "*Se tiene ahora generalmente la opinión de que no puede considerarse ningún modelo de imposición de la familia sin sacrificar alguno de los cuatro objetivos de nuestro impuesto personal sobre la renta*": progresividad, equidad horizontal entre parejas, eliminación de los "impuestos sobre el matrimonio" y "sobre permanecer soltero". Cfr. "*Imposición de la familia...*", cit., pág. 211.

[130] "*Estas diferencias, en el fondo inconciliables, entre los sistemas que estamos estudiando, sugieren ya que la elección entre ambos, como sucede con tantas otras alternativas que se presentan en el ámbito de la fiscalidad, tiene caracteres propios de una elección de base ideológica y política, acerca de la cual no puede decidirse con argumentos exclusivamente racionales. Se ha afirmado por una destacada especialista alemana* (KULLMER) *que <naturalmente, la decisión acerca de si debe elegirse como unidad fiscal el individuo o la familia no puede, a fin de cuentas, calificarse de correcta o errónea>*". Cfr. "*La familia en la imposición...*", cit., pág. 11.

constatar el cumplimiento de la afirmación de BITTKER: "*Cualquier reforma impositiva, producida por las tendencias sociales actuales, será tan particular y transitoria como las leyes a las que sustituyen*"[131].

En ocasiones los tratadistas han llegado a una conclusión fatal, como es el caso del Libro Verde británico: "*Cualquier <solución> crearía tantos problemas como los que resolvería*"[132]. Esta idea puede conducir a adoptar posturas muy escépticas y, en todo caso, inclina a buscar una solución de compromiso entre los diversos sistemas.

No obstante opinamos que sí se puede llegar a alguna certeza, admitida por toda la doctrina. En primer lugar nos parece conveniente reconocer la dificultad inherente al presente tema, dificultad que no debemos entender, sin embargo, como imposibilidad de llegar a una solución para cada caso concreto. Es lo expresado por REUTERSWÄRD: "*La elección entre tributación conjunta y tributación independiente debe basarse en una consideración comparativa de un gran número de factores que resultan difíciles de evaluar. Las condiciones varían enormemente en los distintos países. Parece que apenas hay ninguna posibilidad de formular ninguna recomendación general sobre esta cuestión. Tendrá que decidirse separadamente en cada país, tomando en consideración las formas de vida, las tradiciones, las condiciones internas de carácter social, económico y político y otros factores*"[133].

En segundo lugar, es general el rechazo que se hace al sistema de acumulación obligatoria, pura y simple de las rentas de la unidad familiar[134]. McINTYRE llega a afirmar: "*Desde mi punto de vista, la declaración conjunta obligatoria con una sola escala de tipos es el sistema de tributación familiar menos justo analizado corrientemente*"[135].

Por lo tanto, es necesario acudir a algún medio corrector del sistema de la acumulación, o adoptar la tributación separada de los cónyuges. La comparación entre ambas posibilidades nos inclina decididamente por la

---

[131] "*La imposición federal sobre la renta y la familia*", citado por OLDMAN y McINTYRE, "*Imposición de la familia...*", cit., pág. 199.

[132] "*Libro Verde*" *La imposición sobre el marido y la mujer*, o. c., pág. 88.

[133] Relación general del Congreso de la IFA de Madrid, 1972. Cfr. Cahiers de Droit..., vol. 57a, cit., pág. I/92.

[134] Una exposición de casos en los que la acumulación es muy contraproducente la hace SOUILLAC, en "*Le cumul des revenus...*", Cahiers de Droit..., vol. 28, pág. 140.

[135] Cfr. "*La declaración individual...*", cit., nota 28. El Informe CARTER -paladín de la acumulación- establece la necesidad de adoptar una tabla de tipos específica para la tributación de los cónyuges. Cfr. conclusión número 4 del Capítulo X, "Unidades impositivas".

acumulación corregida, dado que así se consigue la igualdad horizontal: idéntico trato fiscal a las familias con los mismos ingresos globales, como consecuencia del hecho habitual de la puesta en común de las rentas de sus miembros. Además se impide la elusión de impuestos que puede venir por la redistribución intrafamiliar de la renta. De otra parte se logra una simplificación administrativa, pues se reduce el número de declaraciones. No obstante, en nuestro modelo ideal de tributación debe existir la posibilidad de hacerlo separadamente, para aquellos pocos casos en los que se desee que prevalezca la intimidad fiscal dentro del matrimonio, para quienes no deseen un mayor gravamen para la renta secundaria o para aplicarla a situaciones de crisis matrimonial; en este último caso con deducción, para quien la paga, de la renta que se transmita al cónyuge, tributando éste por la misma.

De entre los métodos de corrección de la acumulación consideramos más idóneos el <splitting> y el <quotient familial>. Son posibles otros métodos pero, o bien adolecen de complejidad, o bien no resuelven completamente el problema. El hecho de que los miembros de una familia compartan sus rentas para hacer frente de modo conjunto a sus necesidades vitales, implica la existencia de unas transferencias de rentas entre ellos. Esta situación es captada de modo adecuado por los métodos de corrección citados, de ahí su idoneidad. En todo caso es conveniente poner un techo a la cuantía de renta a la que se apliquen, de manera que alcancen sólo a aquella que se emplee para satisfacer las necesidades básicas; las rentas que superen esta cuantía no cabe suponer que se ponen en común en la vida familiar ordinaria.

Puede advertirse una virtualidad técnica, además de fáctica, en estos métodos de corrección de la acumulación: operan en la base imponible; el hecho imponible (la obtención de renta, en este impuesto) queda reflejado con su dimensión más adecuada[136], pues el <splitting> y el <quotient> hacen una distribución ideal de la renta entre los miembros de la familia, que son los perceptores de hecho de la renta.

Finalmente, entre los citados <splitting> y <quotient familial>, preferimos el método de <quotient>, pues considera hasta sus últimas consecuencias la idea expresada de transferencia intrafamiliar de renta[137] y

---

[136] *"La base imponible es una magnitud cuantificadora del elemento objetivo o material del hecho imponible (<expresión cifrada del presupuesto de hecho>, decía concisa y magistralmente A. D. Giannini)".* J. L. PÉREZ DE AYALA y E. GONZÁLEZ, *Curso de Derecho Tributario*, tomo I, pág. 271, (6.ª ed.).

[137] R. DRAKE observa a este respecto: *"Este sistema es una versión del <splitting>,*

resulta más ceñido al principio de la capacidad contributiva. Tiene el inconveniente, que hemos de señalar, de que se pueden introducir con facilidad cambios en la cuantía del divisor. Así, una pequeña reforma puede producir grandes cambios en la fiscalidad entre familias[138].

## III. La consideración de las circunstancias familiares en el impuesto

### A) Fundamento

Puede decirse que éste es el segundo tema relevante planteado por el hecho familiar en la tributación personal sobre la renta, después de la configuración de la unidad contribuyente. La naturaleza personal del impuesto exige que se consideren las circunstancias personales y familiares del contribuyente para recoger adecuadamente su verdadera capacidad de pago. Este es el fundamento sobre el que descansan habitualmente las decisiones del legislador tributario relativas al traslado al seno del impuesto de dichas circunstancias.

El tema plantea numerosos puntos abiertos a la discusión, no sólo respecto a lo que podríamos denominar cuestiones de detalle, sino también respecto a su misma concepción y supervivencia.

Con carácter previo cabe decir una palabra acerca de las relaciones que ligan a este segundo aspecto de la tributación familiar con el ya analizado de la unidad contribuyente y de sus efectos en la base del impuesto. Puede sostenerse que estamos ante dos cuestiones técnicamente independientes, susceptibles de análisis y soluciones diferenciadas. Sin embargo, el sistema francés del <quotient familial>, antes analizado, aporta tanto una solución al problema de la acumulación como al de la consideración de las circunstancias familiares del contribuyente. De ahí que, en rigor, la presente cuestión es independiente de la elección entre persona o familia como unidad contribuyente, pero cabe la posibilidad de dar, mediante un único instrumento, respuesta a ambas cuestio-

*más sofisticada pero más justa, pues es un instrumento o método que no solamente atenúa la progresividad del impuesto que soporta la unidad familiar por acumulación de sus rentas, sino que también permite una adecuación del gravamen a las cargas familiares del contribuyente".* (*"El sujeto pasivo y la unidad familiar"* en XXXIV Semana de Estudios de Derecho Financiero (1986), I.E.F., Madrid, 1989).

[138] Es el caso francés, donde se da el llamado <efecto perverso> del cociente, por el que dos separados, divorciados o viudos, con hijos, resultan mejor tratados fiscalmente si viven juntos que si contraen matrimonio.

nes -la agregación de las rentas familiares y la consideración de las frecuentemente denominadas cargas de familia- que aparecen, en principio, como netamente distintas. Por otra parte puede señalarse que tanto en la tributación separada como en la tributación conjunta se planteará la cuestión que ahora estudiamos, aun existiendo lógicas diferencias en ambos casos[139].

Una última observación, preliminar, cabría hacer respecto a la diversa delimitación del grupo familiar que, usualmente, se lleva a cabo. En efecto, el gravamen de la renta familiar se restringe en la práctica -en los sistemas de tributación conjunta- a la consideración de la renta de los esposos y, no siempre, a la de los hijos o menores bajo su tutela. No se abarca la renta de otras personas -que incluso pueden convivir con el contribuyente bajo su mismo techo, sean o no parientes- sin consideración alguna a la intensidad de las relaciones económicas que en la práctica guarden dentro del hogar esas personas entre sí. Por el contrario, a la hora de tener en cuenta las circunstancias familiares en el impuesto, aparece diseñado con frecuencia un ámbito más amplio en el cual encuentran cabida otras personas, además de las que forman la denominada familia <nuclear>. Es decir, parece perseguirse, en la realidad económica, el concepto de <persona a cargo del contribuyente> con una lógica amplitud que, en ocasiones, es más difícil alcanzar con la adecuada precisión desde un punto de vista jurídico. En cualquier caso, aquí sólo interesa dejar constancia de las diversas configuraciones que, de la familia, suelen realizarse en los distintos momentos en que las normas del impuesto aluden a sus miembros.

## B) Concepto

En una consideración sustancial del tema podemos comenzar definiendo, con BRACCINI, los *<deberes económicos familiares>* como aquellas obligaciones, establecidas por la ley, que tienen un contenido de carácter netamente económico o susceptible de ser valorado económicamente y que se caracterizan por provenir del <status familiae> y encon-

[139] Ya hemos señalado al estudiar la tributación separada, y como uno de sus problemas específicos, las dificultades a que podía dar lugar la asignación de las deducciones basadas en las circunstancias familiares. Y basta la mención efectuada en el texto al sistema del cociente familiar francés para poner de manifiesto los diversos modos en que puede plantearse y resolverse este tema en un sistema de tributación familiar conjunta.

trar en el ámbito de la familia el lugar de su cumplimiento. Constituyen, según este autor, *"la función económica de la familia como institución destinada a la satisfacción de algunas necesidades -crianza de la prole, mantenimiento de los hijos durante sus estudios, etc.- que por opción política, resultan ajenas al programa de intervención directa del gasto público"*, pero que debido a su relevancia social, son consideradas de interés público, a través de la técnica jurídica del status[140]. Este hecho de la vida social, cuya percepción resulta evidente, deberá encontrar un adecuado reflejo en el ordenamiento jurídico. En este sentido sigue teniendo vigencia la opinión de TROTABAS cuando afirmaba que las razones que llevan al legislador a tener en cuenta las cargas familiares no son en absoluto de orden sicológico o sentimental sino, por el contrario, de justicia abstracta objetiva; la ley del impuesto no es un medio jurídico de incentivar la natalidad o de venir en ayuda de las familias numerosas, pues no tiene más que fines puramente fiscales en este punto. En las reducciones y deducciones por cargas de familia, añade este autor, lo que el legislador valora para atenuar el impuesto no es el hecho de haber tenido hijos, es decir, haber cumplido un deber social, sino, objetivamente, el hecho de tener actualmente, en las condiciones previstas por la ley, personas a su cargo[141]. Desde el ámbito de la justicia distributiva parecen pues suficientemente claras tanto la existencia de unos deberes familiares de contenido económico como la atención que la ley tributaria debe prestar -en aras de los más característicos principios impositivos- a la existencia de esos previos deberes que conlleva la presencia de personas a cargo del contribuyente. Con todo, como señala E. GONZÁLEZ, *"el concepto de <cargas familiares>, como el de <compensación de cargas familiares>, que frecuentemente le acompaña, no son conceptos jurídicos de contornos precisos"*[142]; proceden de la actividad asistencial y actúan de ordinario en la zona límite entre el final de la situación de necesidad y el inicio de la capacidad para contribuir: *"No repugna su uso dentro del Derecho Tributario, siempre que se le prive de*

[140] Cfr. R. BRACCINI, *"Osservazioni sulla rilevanza tributaria dei doveri economici familiari"*, en Dir. Prat. Trib., 1977, n.º 5, pág. 1225.

[141] Cfr. L. TROTABAS, *"La famille et l'égalité fiscale dans les impôts français sur les revenus"* en Rev. Sc. Leg. Fin. 1927, pág. 443. Añade en el mismo trabajo otra serie de razones en favor de la misma tesis. Así, el que las personas a cargo del contribuyente soportan una determinada cantidad de impuestos indirectos por lo que es justo -señala- restablecer la igualdad fiscal permitiendo una restitución en los impuestos directos, similar a dicha cifra. Cfr. págs. 444-445.

[142] E. GONZÁLEZ, *Familia e impuestos*, cit., pág. 73.

*su inicial connotación carencial y se le conecte al principio de capacidad contributiva"*[143].

Desde un punto de vista económico podrían invalidarse las anteriores conclusiones en el momento en que se asimilen teóricamente los gastos originados por los miembros de la familia a los restantes gastos de consumo del contribuyente[144]. Esto sería admitir tácitamente, señala LAURÉ, que los gastos de un contribuyente ocasionados por su mujer, sus hijos u otras personas a su cargo, le producen la misma satisfacción que cualquiera otra clase de gastos[145]. Sin embargo, reconoce este autor que el contribuyente no tiene la misma iniciativa en sus gastos familiares que en sus restantes gastos: no puede escoger algunas personas a su cargo, tales como sus ascendientes; además, si la existencia de una familia proporciona satisfacciones, son de orden moral: el bienestar material, concluye, varía en sentido inverso de las cargas familiares[146]. En nuestra opinión, la pretendida asimilación de unos y otros gastos queda exclusivamente en el ámbito de lo hipotético pues, desde el momento en que determinados gastos son exigidos legalmente a favor de algunos miembros de la familia, aparece con nitidez la diferenciación con otros gastos puramente discrecionales. Señala VOGEL que el no aprecio de esta distinción se puede apoyar en la calificación como <utilización de ingresos> de toda cantidad que no pueda considerarse ingreso y en el entendimiento de que ninguna <utilización de ingresos> reduce la capacidad para contribuir; concluye que el no tomar en cuenta las cargas familiares *"no se fundamenta, por tanto, en esa especie de argumentación, sino que se presupone"*[147].

La limitación de la capacidad para contribuir es afirmada así por el Informe CARTER, *"los cónyuges que tienen hijos a su cargo pueden*

[143] E. GONZÁLEZ, ibídem.

[144] Cfr. J. C. SCHOLSEM, *"La famille ..."*, cit., pág. 49.

[145] La explicación de esta idea y su refutación a través de algunos ejemplos vistosos puede encontrarse en O. OLDMAN y M. J. McINTYRE, *"Imposición de la familia..."*, cit., págs. 218-219.

[146] Cfr. M. LAURÉ, *Tratado Política Fiscal*, Editorial de Derecho Financiero, Madrid, 1960, pág. 157.

[147] K. VOGEL, *"Consideraciones sobre la obligación de manutención..."*, cit., página 402. Este autor afirma rotundamente: *"Una normativa que pretenda ignorar esto; que ignore, desde el punto de vista de la imposición sobre la renta, los gastos de manutención que superan o exceden del subsidio a los hijos; que trata a los padres -casados y solteros- de igual forma que los que no tienen hijos; una regulación así, en suma, es posible que se mantenga dentro del ámbito de la discrecionalidad del legislador, pero, desde luego, no se corresponde con las exigencias de la justicia fiscal"*. Cfr. idem, pág. 406.

*afectar a los gastos discrecionales una parte menor de sus rentas que los matrimonios sin hijos. Cuantos más hijos tengan, menor es la fracción de renta que pueden afectar a los gastos discrecionales*"[148].

En definitiva, podemos concluir con E. GONZÁLEZ que en este punto se da uno de los insólitos acuerdos de toda la doctrina, tanto anglosajona como centroeuropea, dentro de la tributación de la renta familiar: "*La necesaria consideración de las cargas familiares a efectos de determinar la renta disponible*"[149].

Una vez constatada la relación entre cargas familiares y capacidad contributiva, son necesarias dos operaciones para dotarla de efectos prácticos en la economía del contribuyente: medir dicha relación, para traducirla a términos cuantitativos y hallar el medio técnico adecuado que permita su aplicación. A ambas cuestiones dedicamos, respectivamente, los siguientes epígrafes.

## C) Criterios de medición

Inicialmente podemos decir que el criterio mejor sería encontrar aquel mecanismo que revelara, en cada caso concreto, en cuánto repercute cada incidencia familiar en la capacidad contributiva. Nos parece inmediata la evidencia de que es utópico seguir dicho modo de proceder[150]. Habrá que conformarse con hallar una regla objetiva que exprese el valor medio de las cargas familiares. Las tres principales reglas que ha elaborado la doctrina son las siguientes:

1. La valoración de los gastos medios que supone la manutención de cada miembro de la familia.

2. La valoración variable de los gastos medios en función del nivel de la renta familiar.

3. La fijación de un mínimo vital familiar, intocable por los impuestos.

---

[148] Cfr. op. cit., Capítulo VII, pág. 19 (en la trad. esp. cit.).

[149] Cfr. "*La tributación de las rentas familiares en los Derechos alemán e italiano*", cit., pág. 376.

[150] Escribe E. GONZÁLEZ: "*Se ha llegado a la conclusión de que, ante la considerable dificultad teórica -y mayor dificultad práctica- de encontrar criterios de medición que sirvan para valorar en cada caso la disminución de capacidad contributiva experimentada como consecuencia del incremento de cargas familiares, lo más adecuado sería operar con otros criterios generales y objetivos, que respondan al principio de las rentas medias.*" Cfr. *Familia e impuestos*, cit., pág. 82.

Estas reglas pueden utilizarse alternativa o acumulativamente.

En cuanto a la primera regla, existen estudios que confirman y cuantifican la disminución de la capacidad económica del grupo familiar conforme aumenta su tamaño. En un mismo nivel de renta, escribe BREJON DE LAVERGNÉE, los gastos totales de una familia aumentan continuamente con su tamaño, aunque en medida inferior a la proporcional, y los gastos marginales descienden por escalones, cuando el tamaño de la familia pasa de uno a dos componentes, de dos a cuatro, y de cuatro a seis. Para distintos niveles de renta, pone de relieve cómo el coste de mantenimiento de una persona más es relativamente menos importante en la parte superior que en la inferior de la escala[151]. Asimismo VOGEL señala cómo una pareja con dos hijos consume tres veces la cantidad del soltero, que toma como unidad, y efectúa un análisis (según las disposiciones tributarias que rigen en Alemania) tendente a poner de relieve las proporciones de renta disponible considerando diversos niveles de renta y distintos tamaños de familia[152].

La segunda regla responde a la cuestión del criterio para la disminución del impuesto: si debe ser consecuencia de la consideración de cada miembro de la familia como consumidor de una renta mínima o, por el contrario, se debe calcular la renta que consume en función del nivel económico de la unidad contribuyente. Así lo plantea A. SIMÓN: *"En el primer caso, la reducción de la carga tributaria habría de ser igual en iguales circunstancias familiares para cualquier nivel de renta en que*

---

[151] Cfr. *"Pour une réforme du quotient familial"*, cit., pág. 345. Presenta la siguiente tabla:

| Tamaño de la familia | 1 | 2 | 3 | 4 | 5 | 6 |
|---|---|---|---|---|---|---|
| Coste total de mantenimiento | 1 | 1.7 | 2 | 2.3 | 2.45 | 2.6 |
| Coste marginal | 1 | 0.7 | 0.3 | 0.3 | 0.15 | 0.15 |

[152] Vid. K. VOGEL, *"Consideraciones sobre la obligación de manutención en el Impuesto sobre la Renta"*, Hac. Púb. Esp., n.º 94, 1985, pág. 393. Publicado originalmente en DStR, 1977, págs. 31 a 39. Presenta los siguientes datos:

| Renta familiar | 1.000 DM | 1.900 DM | 3.300 DM | 5.800 DM |
|---|---|---|---|---|
| Dos hijos | 66% | 63% | 61% | 59% |
| Cuatro hijos | 59% | 52% | 52% | 45% |
| Seis hijos | 58% | 48% | 48% | 39% |

*se encontrase situado el contribuyente. En el segundo caso, la reducción de la carga tributaria para iguales circunstancias familiares estaría en función del nivel de renta del contribuyente y, de adoptarse esta solución, podría defenderse tanto que la reducción debería disminuir al aumentar la renta como que la misma debería crecer con la renta*"[153]. Este último punto de vista ha sido sostenido por LAURÉ, para quien es insuficiente la disminución del impuesto mediante la determinación de cantidades fijas. En su opinión, equivale a "*no considerar más que los gastos que corresponden al mínimum vital de la persona a cargo, sin tener en cuenta la disminución de bienestar económico que el jefe de familia sufre al procurar a la persona a su cargo un ritmo de vida superior a ese mínimo*"[154]. La posición contraria se apoya en la inadmisibilidad de que los hijos de un contribuyente de elevadas rentas "*cuesten más caros a la comunidad que el hijo de familia modesta*"[155].

La tercera regla resuelve el problema que LANG formula así: a través del criterio de capacidad subjetiva, deben tomarse en cuenta los gastos de mantenimiento necesarios para el contribuyente y su familia, gastos que hay que cubrir inevitablemente y que por eso no son disponibles para el pago de los impuestos[156]. Tradicionalmente se ha articulado esta exigencia a través del reconocimiento de una exención impositiva hasta que se alcance una determinada cantidad de renta, la necesaria para la subsistencia de cada individuo. La doctrina alemana ha construido, en los últimos años, el concepto de mínimo vital familiar exento de impuestos: está constituido por la suma de los mínimos materiales necesarios

[153] Cfr. "*La tributación de las rentas familiares...*", cit., pág. 134.

[154] Cfr. *Tratado...*, cit., pág. 158. Añade: "*En otro aspecto esta solución es demasiado generosa, porque viene a significar que el mínimum vital de un grupo de personas es igual al mínimum vital unitario multiplicado por el número de personas que integran el grupo. En realidad a medida que aumenta el número de personas que componen el grupo, aumenta también, pero en menor proporción, el mínimum vital de ese grupo*".

[155] La expresión es de J. C. SCHOLSEM, quien, sin embargo, reconduce el problema al fundamento mismo de la progresividad: "*El nacimiento de un hijo reduce en primer lugar el ahorro y los gastos de lujo, sostenidos por la renta gravada a los tipos más altos. Por ello, no parece extraño que la deducción recaiga sobre esos tramos de renta*". Cfr. "*La famille et l'impôt sur le revenu*", cit., pág. 50.

[156] Cfr. J. LANG, "*Tributación familiar...*", cit., pág. 410. Así formula E. GONZÁLEZ esta idea en dos principios que, si bien refiere al sistema alemán, bien pueden considerarse extensibles a casi todos los países: "*1.º) Sólo puede ser gravada la renta disponible. 2.º) en consecuencia, no puede ser satisfecho un impuesto personal a costa de reducir la capacidad de alimentarse del contribuyente, de su esposa o de sus hijos*". Cfr. "*La tributación de las rentas familiares en los Derechos alemán e italiano*", Hac. Púb. Esp., n.º 94, 1985, pág. 371.

para la subsistencia de cada uno de los miembros de la familia, suma que es necesaria por el hecho de que dichos miembros han de tributar conjuntamente. En concreto LANG propone, para la tributación de la renta familiar, la adopción de un <splitting> real familiar limitado a las comunidades alimenticias establecidas por ministerio de la ley, y a él se le añadiría un mínimo vital familiar exento para los gastos no alimenticios[157].

En definitiva, estamos ante el tema de la valoración cuantitativa de las reducciones impositivas que se han de practicar. Si bien podrían barajarse otros muchos factores de interés -número de personas a cargo, condiciones de estas personas (edad, invalidez, etc.)- nos parece que el que hemos apuntado es el de mayor carga teórica y, por tanto, de mayor influencia en la toma de decisiones concretas al respecto. Así, parece que frente a la consideración del nivel de renta, que era habitual en el pasado, en la actualidad la tendencia dominante resulta ser más bien la de conceder reducciones fijas, comunes a todos los niveles de renta. Quizá como un paso más, a causa de la insatisfacción ante los resultados conseguidos, parece perfilarse en el horizonte el deseo de una total supresión de la consideración tributaria de las cargas familiares, cubriéndose este objetivo mediante transferencias directas, situándose por tanto el problema fuera de los estrictos límites del ámbito tributario.

## D) Modos de adecuación del impuesto a las circunstancias familiares

Para obtener de modo idóneo el fin al que se pretende reducir el impuesto en la medida de la disminución sufrida por la capacidad contributiva- las técnicas que se describen a continuación presentan, como característica común a todas ellas, la de ser instrumentos capaces de reflejar las concretas circunstancias familiares en la determinación del gravamen. Aunque señalemos sólo las más frecuentes, su variedad manifiesta tanto el común deseo de lograr plenamente el objetivo apuntado como la inexistencia de una fórmula única, cualitativamente superior respecto a las restantes. En este sentido opina GOTA LOSADA que *"no hay argumentos teóricos capaces de decidir cuál es el sistema más per-*

---

[157] Se obtendría ese mínimo por la suma de los *"gastos de manutención que surgen regularmente mediante un sistema de cantidades fijas para las necesidades básicas, alojamiento y calefacción, para las necesidades a prevenir, para la demanda adicional de educación, tanto de los mayores como de los físicamente disminuidos, etc."*. Cfr. *"Tributación familiar"*, cit., pág. 433.

*fecto, porque todos tienen inconvenientes"*[158]. Pasando de las técnicas concretas a la cuestión de fondo, LAURÉ escribe que *"la imposición equitativa de los contribuyentes que tienen diferentes situaciones de familia plantea un problema de tan delicada solución que ninguna legislación se ha dado todavía perfecta"*[159]. En efecto, dado que en el camino hacia esa solución se entremezclan consideraciones muy diversas -de un lado, apreciaciones económicas y opciones políticas; de otro, limitaciones técnicas y exigencias de sencillez y claridad en la aplicación-, el resultado final viene dado por la elección, en cada ordenamiento, de una de las posibles modalidades existentes, quizás con la añadidura de alguna leve modificación en su original estructura y, desde luego, con la libre apreciación de los aspectos cuantitativos inherentes a la fórmula escogida.

En primer lugar, ya quedó indicada más arriba una fórmula concebida, no sólo para paliar los efectos indeseables que la progresividad origina sobre las rentas acumuladas de los componentes de la familia, sino también para compensar las mayores cargas que conlleva la constitución de una familia. Nos referimos al cociente familiar, utilizado en Francia. Su vertiente de sistema que disminuye el impuesto según la situación familiar, reposa sobre la evaluación del número de veces por el cual se multiplican los gastos de una persona aislada cuando adquiere cargas de familia y mantiene un bienestar material constante para ella y para las personas a su cargo[160]. Podemos conceptuarlo como un método que reduce la progresividad del impuesto en razón de las circunstancias familiares del contribuyente. Su peculiar modo de lograrlo, a través de un divisor variable mediante el que se fracciona la base imponible, le otorga especificidad respecto a otras técnicas que operan simplemente, bien sobre la base, bien sobre la escala de gravamen o bien sobre la cuota. Sobre su valoración nos remitimos a lo ya expuesto anteriormente[161].

Una segunda técnica es la propuesta por el Informe CARTER[162] a la que ya también aludimos al tratar de la tributación conjunta. La utiliza-

---

[158] Cfr. *Tratado del Impuesto sobre la Renta*, Vol. I, pág. 123.

[159] Cfr. *Tratado* ..., cit., pág. 157.

[160] M. LAURÉ se muestra partidario de este método en su ya citado *Tratado* ..., pág. 158. Asimismo J. C. SCHOLSEM se pregunta *"¿Qué otro modo de proceder puede resultar más sencillo que el consistente en dividir la renta de la familia por el número de bocas a alimentar, calculando el impuesto correspondiente a cada parte, antes de multiplicarlo por el número de partes?"*. Cfr. *"La famille et l'impôt sur le revenu"*, cit., pág. 46.

[161] Cfr. supra, el epígrafe "Quotient familial: concepto y análisis".

[162] Cfr. o. c., Vol. II, pág. 19.

ción de diversas escalas puede no limitarse únicamente a distinguir entre contribuyentes individuales y familias; en efecto, señala la Comisión, el método más sutil para tener en cuenta las diversas circunstancias familiares sería adoptar escalas de tipos de gravamen diferentes para las unidades de imposición que tienen un hijo, dos hijos, tres hijos, etc. Sin embargo, como sus mismos valedores ponen de relieve, estas escalas supletorias suscitarían en el contribuyente dificultades que no se justificarían por las pequeñas diferencias que contemplan[163].

Las restantes posibilidades pasan por omitir el impuesto o bien reducirlo de diversos modos, operando tanto en la base como en la cuota[164]. Básicamente cabe hablar de cuatro modalidades diferenciadas:

a) Exención: es la omisión del impuesto en el caso de que no se aprecie capacidad contributiva en el perceptor de renta. Como señalamos en el epígrafe anterior, sólo puede ser detraída por el impuesto la renta disponible para este fin por el sujeto. Éste ha de satisfacer en primer lugar sus necesidades vitales; si su renta no supera ese mínimo necesario carece de capacidad para tributar y se suele utilizar el instrumento técnico de la exención para evitar el gravamen sobre sus rentas. El uso de la exención es compatible con las demás técnicas[165], si bien, como más adelante señalamos, la prestación responde a una situación de necesidad y la exención revela simplemente ausencia de capacidad contributiva[166].

b) Deducciones en la base: consiste en restar de la renta imponible una determinada cifra. Esta técnica implica la reducción de la progresividad porque el tipo impositivo aplicable es el correspondiente a la base

[163] Debido a esta objeción, la Comisión CARTER finaliza rechazando el sistema propuesto. Cfr. ibídem.

[164] Resumimos aquí las descripciones llevadas a cabo por A. GOTA LOSADA (*Tratado ...*, cit., pág. 117), S. COLMENAR VALDÉS (*"El sujeto: la unidad familiar"*, Rev. Der. Fin. Hac. Púb., n.º 142, págs. 690-691), J. ANTÓN PÉREZ, J. DÍAZ MALLEDO y J. A. GARCÍA MARTÍN (*"La unidad contribuyente"*, cit., págs. 168-169) y M. J. LAGARES CALVO (*"La unidad contribuyente ..."*, cit., págs. 73 y ss.). Desde una perspectiva más amplia, aluden a estos métodos H. M. GROVES, *Federal Tax Treatment of the Family*, cit., Capítulo II y J. C. SCHOLSEM, *"La famille et l'impôt..."*, cit., páginas 47 y ss.

[165] *"Salvo la opción por deducciones en la base o en la cuota, todas las demás son compatibles entre sí. Es más, lo normal es que coexistan prestaciones sociales, exenciones y deducciones en la base o en la cuota"*. Cfr. E. GONZÁLEZ, *Familia e impuestos*, cit., pág. 85.

[166] *"La distancia que media entre necesidad y ausencia de capacidad contributiva es ciertamente muy sutil. De aquí que la discusión doctrinal y opción legislativa entre transferencias directas e instrumentos fiscales suele plantearse, en concreto, entre prestaciones sociales y exenciones fiscales"*. Cfr. E. GONZÁLEZ, ibídem, pág. 86.

que resulta de restar la cifra fijada legalmente. Esta cifra puede ser la obtenida al aplicar un determinado porcentaje a la base imponible o, bien, puede consistir en una cantidad fija. Observa PALAO TABOADA que el empleo de una cantidad fija tiene su fundamento en la necesidad de sustraer al impuesto una cantidad mínima, indispensable para el mantenimiento de la familia e independiente del nivel de rentas, aunque variable según las cargas familiares. Por su parte, la utilización de un porcentaje puede considerarse inspirada en la idea de que las cantidades destinadas al mantenimiento de la familia crecen con la renta[167].

La crítica dirigida a esta técnica es que la disminución de impuesto a que da lugar está vinculada al nivel de renta del contribuyente. En efecto, aun en el caso de cantidad fija a deducir, el importe de la disminución impositiva será tanto mayor cuanto más elevado sea el tipo de gravamen que correspondería aplicar antes de practicar la deducción. Puede así decirse que la reducción a que este sistema da lugar es igual al resultado de multiplicar la cantidad deducida por el tipo marginal correspondiente. Existen también opiniones favorables a este efecto[168] en la línea de considerar que esta crítica es consecuencia de un entendimiento no recto de la base imponible: las deducciones en la base contribuyen a una mejor cuantificación del hecho imponible -la obtención de renta en el impuesto que nos ocupa- pues no cabe considerar como obtenida por el sujeto, en virtud de las razones expuestas al comienzo del presente epígrafe, la renta que ha de dedicar al sostenimiento de las cargas familiares.

c) "Desgravación o exención con progresividad", en terminología de GOTA LOSADA[169]; opera de modo similar a la deducción en la base. Consiste en aplicar a unas cantidades, fijadas legalmente para las cargas familiares, el tipo medio efectivo de gravamen y el resultado deducirlo de la cuota. Esta medida significa que se exime una parte de la renta imponible pero sin disminuir o reducir la progresividad tan fuertemente como lo hacía el método anterior. En efecto, sólo si el impuesto fuese proporcional el valor de la disminución de la carga impositiva sería idéntico al de la disminución originada por la desgravación, ya que para los impuestos proporcionales coinciden los tipos medios y marginales;

[167] Cfr. cit, pág. 20.

[168] Así, GROVES observa que es difícil escapar a la conclusión de que la deducción creciente con la renta *"es la culminación racional del enfoque clásico de la capacidad de pago."* Cfr. *"Federal Tax ..."*, cit., pág. 34.

[169] *Tratado...*, cit., vol. I, pág. 117.

pero, al tratarse de un impuesto progresivo, el tipo marginal es superior al tipo medio, por lo que la cuota a satisfacer cuando se aplica una deducción en la base es inferior a la debida en el caso de aplicarse una desgravación de idéntico valor nominal. De todos modos recibe también la crítica antes señalada, que sólo puede paliarse mediante la limitación de sus efectos a partir de un determinado nivel de rentas.

d) Deducciones en la cuota: como indica su propia denominación se trata de restar de la cuota unas cantidades, ordinariamente fijas, determinadas legalmente, en atención a las cargas familiares. Doctrinalmente se objeta que, en general, tiene este método el inconveniente justamente contrario al anterior pues, especialmente si la función de la progresividad se desplaza con rapidez, supone aceptar que los gastos suplementarios por familia no aumentan con el nivel de renta. En consecuencia, puede decirse que no representan adecuadamente la participación de los miembros dependientes de la familia en el nivel de vida del contribuyente sino, más bien, una estimación mínima o media del valor de la disminución de la capacidad tributaria como consecuencia de las cargas familiares. Como también ha sido puesto de relieve[170], para que este método resultase plenamente satisfactorio debería llevar consigo la posibilidad de un reembolso -instauración de un impuesto negativo sobre la renta- cuando la deducción concedida sobrepase la cantidad en principio exigible. Las deducciones en la cuota fue la modalidad finalmente recomendada por el Informe CARTER para tener en cuenta los gastos procedentes de las obligaciones familiares de los padres. La elección se lleva a cabo por la simplicidad del método y considerando que la imperfección inherente a la deducción de cantidades fijas resulta razonable por jugar a favor de las familias de renta modesta. Finalmente debe señalarse que este método es el más apropiado para, mediante la utilización de cantidades variables, atender con más exactitud a las diversas circunstancias familiares[171].

## E) Especial consideración de las transferencias directas

La mención del empleo de transferencias directas para cubrir las necesidades familiares viene exigida por su utilización creciente, aunque

[170] Cfr. el trabajo de SCHOLSEM, pág. 48.

[171] Así en el supuesto de conceder deducciones crecientes según el número de personas dependientes. Respecto a las diversas posibilidades de variación de las deducciones en la cuota con relación a la renta, vid. LAGARES CALVO, cit., págs. 74-75.

todavía minoritaria, en los ordenamientos más desarrollados. Suponen, precisamente, la exclusión del ámbito tributario de esta cuestión[172]. Únicamente podría enmarcarse dentro de una concepción amplia del impuesto que abarcase estas prestaciones como impuestos negativos sobre la renta. En cualquier caso, la supresión de toda reducción del impuesto en razón de las cargas familiares y su sustitución por un sistema de transferencias puede considerarse como una innovación que afecta a los mismos principios sustentadores de ambas soluciones: en cierto modo, se trata de cambiar el principio de capacidad de pago por el de bienestar social en la consideración de la situación familiar[173].

Las consideraciones que fundamentan esta alternativa son, de una parte, el deseo de simplificar el sistema impositivo, eliminando el mayor número posible de reducciones y minoraciones en las figuras tributarias[174]; de otra, suele expresarse el deseo de que también familias con bajos niveles de renta reciban estas ayudas -familias que no podrían quizá beneficiarse totalmente, o ni siquiera en parte, de las deducciones previstas-. El paso de las desgravaciones fiscales a las transferencias en efectivo también tiene como efecto reducir las diferencias entre contribuyentes con el mismo número de hijos pero con distinto nivel de renta; incluso si las transferencias en efectivo son gravables, la cuantía neta relativa de las mismas será mayor para los grupos de contribuyentes de

---

[172] "*La opción, no excluyente, entre un sistema de transferencias directas y la utilización de los instrumentos fiscales, inicialmente reposa en la idea de que las prestaciones sociales responden al principio de necesidad, en tanto que el Derecho Tributario se construye a partir del principio de capacidad contributiva*". Cfr. E. GONZÁLEZ, *Familia e impuestos*, cit., pág. 87.

[173] "*Entre las prestaciones familiares y las reducciones de impuesto por cargas de familia* -escribe J. C. SCHOLSEM- *han existido siempre lazos estrechos. Pero, hasta el presente, la concepción dominante era afirmar que estos medios de la política familiar tenían fundamentos y objetivos distintos, aunque complementarios: las prestaciones familiares compensan un déficit y las reducciones de impuesto por persona a cargo evitan una incidencia fiscal que no corresponde a una capacidad contributiva real*". Cfr. "*La famille et l'impôt sur le revenu*", cit., pág. 52.

[174] Esto no impide que las prestaciones originen problemas nuevos en el orden tributario, sobre todo porque exigen un adecuado tratamiento fiscal: "*Ayudaría mucho al recto entendimiento de la justicia fiscal que de la suma total de gastos necesarios para la subsistencia, que es donde comienza la capacidad contributiva, se dedujeran las cantidades percibidas a título de ayuda o subvención (prestaciones sociales). Si estas cantidades ya hubieran tributado, el control de los perceptores sería más fácil y la posibilidad de resultar mejor tratado vía prestaciones sociales que vía mercado, es decir, trabajando, se haría más difícil*". *Cfr.* E. GONZÁLEZ, *Familia e impuestos*, pág. 73. Es la misma postura expresada por LANG, cfr. "*Tributación familiar*", cit., pág. 415.

bajo nivel de renta que tengan hijos a su cargo, que para los contribuyentes con un nivel de renta elevado[175].

Incluso el empleo de transferencias directas puede tener indirectamente un efecto recaudatorio, especialmente si las subvenciones han de tributar, pues esto permite que la Administración tributaria ejerza un control sobre los perceptores de estas rentas[176].

Frente a estas argumentaciones -a la que podría añadirse la de un mayor "sentimiento" de protección inmediata a la familia- cabe aludir a la existencia de un motivo extratributario en el cambio de deducciones fiscales por transferencias directas: el Estado asume la obligación de asegurar a todas las personas y familias el mínimo material necesario para que desarrollen su vida: así lo expresan J. C. SCHOLSEM[177] y F. NEUMARK[178].

[175] Cfr. *"El tratamiento de la unidad familiar en los sistemas impositivos y de transferencias en los países miembros de la OCDE"*, cit., n.º 45. A continuación se señala que *"el hecho de que una mayoría de países hayan pasado al sistema de transferencias en efectivo no debe considerarse separado del paso del sistema de tributación conjunta al de tributación individual, ya que este último nivel de renta en la que ambos cónyuges trabajan, y los gobiernos pueden considerar que tales familias no deberían recibir, en su calidad de padres, la ventaja adicional de reducir su deuda tributaria más que los padres con niveles de renta bajos"* (n.º 46).

[176] *"La reforma preconizada implicaría que numerosas familias que hoy escapan al impuesto -sin duda muchas centenas de millares- serían integradas en el sistema fiscal por la sujeción a impuesto de las prestaciones"*. M. LAGRAVE, *"Une forme d'impôt négatif: les conditions de ressources affectant les prestations familiales"*, Rev. Fr. Fin. Pub., n.º 14, 1986, pág. 109.

[177] *"La eliminación radical de las reducciones de impuesto por cargas de familia no parece, sin embargo, plenamente coherente más que en una sociedad que socialice la carga de los hijos, no solamente mediante transferencias directas sino también mediante la gratuidad de numerosos servicios. Las obligaciones de alimentos de los padres respecto a sus hijos serían así vaciadas de su contenido económico y no ejercerían ninguna influencia sobre su capacidad contributiva. La solidaridad familiar sería así desplazada por una solidaridad más amplia, de carácter colectivo. En tal sociedad, la familia habría desaparecido del ámbito del impuesto sobre la renta"*. Cfr. *"La famille et l'impôt sur le revenu"*, cit., pág. 53.

[178] *"Las disposiciones en cuestión expresan el afán, que también se puede constatar prácticamente en todos los países, de que sea la comunidad ahora la que, al menos en parte, soporte las cargas que antes se consideraban con toda naturalidad como propias del individuo o de la familia"*. Cfr. *Principios de la imposición*, o. c., pág. 192. *"En cualquier caso,* señala PALAO TABOADA, *es claro que tanto las desgravaciones fiscales como las ayudas familiares o cualesquiera otros instrumentos de política de población, por lo que a los hijos se refiere, deben formar un conjunto armónico y obedecer a principios unitarios"*. Cfr. *"La familia ..."*, cit., pág. 37.

# Capítulo II

# PRINCIPIOS CONSTITUCIONALES SOBRE LA IMPOSICIÓN DE LA RENTA FAMILIAR

## I. Cuestiones generales

En este Capítulo II adoptamos una perspectiva ya netamente jurídica en la que se debe hacer referencia, en primer lugar, a los principios que rigen la vida de todos los tributos. En el estudio de cualquier parte del ordenamiento impositivo es inevitable tratar estos principios, según han sido elaborados por la doctrina y recogidos en los textos legales[179]. No haremos una exposición sistemática de todos los principios tributarios, sino que circunscribimos nuestro trabajo a aquellos que afectan de modo directo a la tributación de la renta familiar. Además, como nos encontramos en una fase de examen del Derecho positivo, nos ocupamos solamente de los incorporados al ordenamiento jurídico, haciendo un resumen a los efectos de la presente investigación.

En nuestro ámbito jurídico los citados principios tributarios suelen estar constitucionalizados, que rigen junto con los demás principios constitucionales[180]. Dada la primacía jurídica de la Constitución, es necesario conocer qué ordena esta norma en el terreno tributario. El motivo de esta exposición es la ulterior comprobación de en qué medida las normas sobre fiscalidad de la familia se ajustan, o no, a la Constitución. Refiriéndonos al Derecho positivo español, los principios constitucio-

---

[179] La función de los principios de la imposición ha sido descrita por NEUMARK como *"la obtención de una especie de guías u orientaciones para una política fiscal racional"*. Cfr. *Principios de la imposición*, o.c., pág. 29.

[180] Es oportuno reseñar la distinción que anota RAMALLO: *"Hay que distinguir aquellos principios que se refieren estrictamente a la materia tributaria y que la Constitución ha recogido, es decir, principios tributarios constitucionalizados, de otros principios constitucionales que, no haciendo referencia expresa o no siendo privativos de la materia financiera, le son aplicables, es decir, principios constitucionales directamente relacionados con la materia financiera"*. Cfr. J. RAMALLO, *"Derecho Constitucional y Derecho Financiero"*, en Revista de Direito Tributário, Brasil, n.º 15, 1981; pág. 14.

nales aplicables a la tributación de la renta familiar son los de igualdad, intimidad y protección a la familia. El principio tributario constitucionalizado, por excelencia, que resulta aplicable a nuestra materia, es el de imposición conforme a la capacidad contributiva.

En el capítulo segundo del Título I de la Constitución se encuentran los derechos a la igualdad, intimidad y tributar conforme a la capacidad contributiva, los cuales, según los artículos 9.1 y 53.1, vinculan a todos los poderes públicos. Seguiremos el método de realizar una exposición sucinta de su elaboración en la doctrina española y en la doctrina extranjera de mayor influencia en España. Examinamos después de qué manera han sido recogidos en la Constitución y comprobaremos si las normas sobre tributación de la familia se ajustan o no a la norma constitucional. Explicación que será más detenida en el principio de igualdad por haber merecido una doctrina científica y jurisprudencial muy amplias, y en el de capacidad contributiva, por su índole netamente tributaria.

Los derechos fundamentales de este capítulo gozan de una especial protección que se manifiesta en la posibilidad de fundar los recursos de amparo y de inconstitucionalidad contra leyes y disposiciones con fuerza de ley, y la cuestión de inconstitucionalidad que pueden plantear los órganos judiciales, cuyo conocimiento y resolución corresponde al Tribunal Constitucional. En consecuencia, queda revelada la importancia de la recepción de los principios tributarios en la Constitución, como ha subrayado la doctrina[181]; aunque constatamos la existencia de un sector doctrinal que defiende la misma validez para los principios de la imposición aunque no estuvieran constitucionalizados[182].

Es preciso realizar una observación, antes de entrar en el estudio de los principios y juzgar a su luz la legislación fiscal: no se puede identificar tributación ideal con tributación constitucional. Por tanto, es importante distinguir entre normas impositivas que se ajusten a la Constitución, sean o no las que convienen para una tributación óptima, y aquellas normas que serían las integrantes de un sistema tributario ideal; sin duda éstas serían constitucionales, pero no es legítimo hacer recaer sobre

[181] L. M. ALONSO GONZÁLEZ señala: "*La constitucionalización de estos principios les otorga un refuerzo especial, a efectos prácticos, superior al que posiblemente se les atribuiría si se hubieran quedado en meros principios del Derecho.*" Cfr. *Jurisprudencia constitucional tributaria*, IEF, Madrid, 1993; pág. 30.

[182] La fuerza de los principios queda clara en expresión de MARTÍN QUERALT: "*Los principios tributarios son elementos interpretativos, informadores del ordenamiento, vinculan al legislador y tienen eficacia derogatoria.*" Cfr. "*Interpretación de normas tributarias y Derecho Constitucional*", en Cron. Trib., n.º 64, 1992, pág. 59.

ellas el juicio inverso: que sólo son constitucionales las normas tributarias ideales. Es necesario tener presente este doble plano[183].

También se debe hacer referencia a otro tema de carácter general que se plantea en la aplicación de las normas constitucionales: el de si su eficacia puede ser inmediata o no, dicho en otros términos, si las normas constitucionales son programáticas o inmediatamente vinculantes. En Italia ORLANDO, GIANNINI y GRIZIOTTI postulan que las normas jurídicas de la Constitución son vinculantes, no programáticas, garantizadas por una <Corte Costituzionale> que declara la inconstitucionalidad de las leyes que vayan contra ellas. La jurisprudencia constitucional italiana dejó pronto bien clara la inmediata efectividad de las normas constitucionales en la Sentencia 1/1956, de 14 de junio[184].

En el ordenamiento español, la eficacia reforzada de los Derechos y Libertades, regulados en el Capítulo segundo del Título Primero de la Constitución -entre los que se encuentran los aludidos principios tributarios- se puede colegir de su artículo 53.2, que establece un procedimiento sumario y el recurso de amparo para los mismos, mientras que para los principios regulados en el Capítulo tercero establece, en el artículo 53.3, una posibilidad limitada de alegación ante los Tribunales ordinarios.

El Tribunal Constitucional se pronunció, coherentemente con este planteamiento, sobre la eficacia de las normas constitucionales que podrían calificarse de programáticas, en la Sentencia (STC) de 2 de febrero de 1981, Fundamento Jurídico (F.J.) 1.º[185]. Antes de que el Tri-

[183] La razón de esta advertencia se funda en el claro juicio de CASADO OLLERO: "*El tratamiento de las cuestiones de legitimidad y control constitucional debe efectuarse sin dogmatismo alguno y con exquisita prudencia. Afirmación que es sobre todo oportuna en materia tributaria, donde habrá que agotar todas las opciones interpretativas antes de lanzar el anatema de inconstitucionalidad sobre un precepto que puede no casar con esquemas dogmáticos preestablecidos*". Cfr. "*El principio de capacidad y el control constitucional de la tributación indirecta (II)*", Rev. Esp. Der. Fin., 1982; pág. 235.

[184] Así lo recoge N. d'AMATI en la exposición de las decisiones jurisprudenciales que se refieren a la concepción de la capacidad contributiva. Cfr. "*Schema costituzionale dell'attività impositiva*", Dir. Prat. Trib., 1964; pág. 481. Para el estudio de la jurisprudencia constitucional tributaria italiana, cfr. G. MARONGIU, "*L'applicazione dei principi costituzionali in materia tributaria*", Dir. Prat. Trib., 1962; pág. 251. Cfr. también ABBAMONTE, *Principi di Diritto Finanziario*, Nápoles, 1975; pág. 85, nota 9.

[185] "*El hecho de que nuestra norma fundamental prevea, en su artículo 53.2, un sistema especial de tutela de las libertades y derechos (...) no es sino una confirmación de carácter específico del valor aplicativo -y no meramente programático- de los principios generales enunciados en la Constitución*". Del mismo modo se pronuncian la STC 16/1982 de 28 de abril y la STC 81/1982, de 21 de diciembre.

bunal Constitucional español iniciara su andadura, la doctrina ya auguraba su *"labor dogmática tendente a delimitar el nuevo contenido atribuible a institutos básicos"*[186]. Tarea cuya importancia el paso del tiempo no ha hecho sino confirmar[187].

## II. El Principio de Igualdad

### A) Definición

El principio de igualdad ha sido tradicionalmente recogido en los ordenamientos jurídicos occidentales. Su reconocimiento específico en el ámbito tributario se produjo con posterioridad. En una resolución de 25 de marzo de 1937 el Consejo de Estado francés aplicó el principio de igualdad ante el impuesto, deducido del derecho a la igualdad reconocido en el artículo 13 de la Declaración de Derechos del Hombre y del Ciudadano de 1789. A pesar de la duda sobre su vigencia, el Consejo de Estado dictaminó que el principio más general de igualdad ante las cargas públicas está en la base de todo el Derecho Administrativo moderno[188].

Es útil partir de una definición del principio de igualdad para conocer las consecuencias que se derivan de su aplicación dentro de un sector del ordenamiento. Circunscrito a la órbita tributaria, NEUMARK lo enuncia de este modo: *"De acuerdo con el principio de igualdad de la imposición, las personas, en tanto estén sujetas a cualquier impuesto y se encuentren en iguales o parecidas condiciones relevantes a efectos tributarios, han de recibir el mismo trato en lo que se refiere al impuesto respectivo"*[189].

---

[186] Cfr. J. MARTÍN QUERALT, *"La Constitución Española y el Derecho Financiero"*, en Hac. Púb. Esp., n.º 63/1980; pág. 119. Señala MARTÍN DELGADO: *"Nuestra formulación constitucional tiene otras funciones que las simplemente recordatorias de ese deber general de contribuir."* Cfr. *"Los principios de capacidad económica e igualdad en la Constitución Española de 1978"*, Hac. Púb. Esp., n.º 60/1979; pág. 63.

[187] J. MARTÍN QUERALT, *"Reflexiones en torno a la adecuación de las tasas a la Constitución"*, Palau 14, Rev. Val. Hac. Púb., n.º 4, 1988; pág. 3.

[188] Cfr. SIREY, *"Analyses de notes de Jurisprudence"*, en Rev. Scien. Lég. Fin., tomo XXXV, n.º 2, abril, 1937. Por la época en que se produce la resolución el referido Derecho Administrativo comprende también el Derecho Financiero y Tributario.

[189] Cfr. *Principios...*, o. c., pág. 159.

La doctrina realiza actualmente una interpretación integradora del principio de igualdad, atribuyéndole una efectividad material[190]. Conviene advertirlo así pues anteriormente sólo se reconocía este principio de igualdad <ante la ley> con un contenido formal[191].

## B) El Principio de Igualdad en Derecho Comparado

Los antecedentes con más relieve de la regulación del principio de igualdad en la Constitución Española de 1978, a los que une una innegable similitud, son los que reconocen este mismo derecho en las Constituciones alemana e italiana.

La Ley Fundamental de Bonn de 1949 establece en el artículo 3.º:

*"1) Todos los hombres son iguales ante la ley.*

*2) El hombre y la mujer gozan de los mismos derechos.*

*3) Nadie podrá ser perjudicado ni favorecido a causa de su sexo, ni su ascendencia, su raza, su idioma, su patria y origen, su credo y sus opiniones religiosas y políticas".*

Por su parte, la Constitución italiana de 1947 reconoce este derecho también en el artículo 3: "*Todos los ciudadanos tienen igualdad de derechos sociales y son iguales ante la ley, sin distinción de sexo, de raza, de lengua, de religión, de opiniones políticas y de condiciones personales y sociales.*

*Es misión de la República remover los obstáculos de orden económico y social que, limitando de hecho la libertad y la igualdad de los ciudadanos, impiden el pleno desenvolvimiento de la personalidad humana*

---

[190] El actual principio de igualdad es un mandato a los tres poderes del Estado. Y por consiguiente veta asimismo la discriminación producida por la ley: vincula al legislador". Cfr. J. A. SARDINA PÁRAMO, "*Algunas reflexiones sobre la igualdad ante la ley como razonamiento aporético*", en "*El principio de igualdad en la Constitución española*", IX Jornadas de Estudio. Dirección General del Servicio Jurídico del Estado; Madrid, 1991; pág. 187.

[191] En este sentido citamos a R. ACOSTA ESPAÑA: "*El principio de igualdad (...) exige una determinada estructura formal en la hipótesis de la ley*". Reconoce como principios tributarios formales, distintos de los materiales, a los de competencia, legalidad e igualdad. Cfr. "*Los principios constitucionales del Derecho Tributario español*", en Rev. Der. Fin. Hac. Púb., n.º 65-66, 1966; pág. 1265. Aunque expresa su perplejidad J. BANACLOCHE: "*Nos extraña que un principio <tan revolucionario como el que excluye del mundo de la fiscalidad los privilegios> en frase de Acosta, tenga sólo la consideración de principio formal*". Cfr. "*Hacienda y los principios tributarios constitucionales*", en Cron. Trib., n.º 31, 1979, pág. 36.

*y la efectiva participación de todos los trabajadores en la organización política y social del país"*[192].

La doctrina italiana ha asignado, sin duda, a la igualdad el carácter de inviolabilidad que el artículo 2 confiere a algunos derechos y ha subrayado que la igualdad reconocida en la Constitución, como se desprende claramente de su tenor, es no sólo la formal ante la ley, sino que pretende también una igualdad material[193].

Paralelamente a los términos en que se redacta la Constitución, es importante el entendimiento que de ellos haga el Tribunal competente para aplicarlos[194].

## C) La igualdad en la Constitución Española

En la Constitución Española, suprema norma jurídica de nuestro ordenamiento, se encuentra reconocida la igualdad en numerosos artículos. Así establece el artículo 1: *"España se constituye en un Estado social democrático de Derecho, que propugna como valores superiores de su ordenamiento jurídico la libertad, la justicia, la igualdad y el pluralismo político"*.

El artículo 9.2 establece un criterio para la eficacia práctica de la igualdad: *"Corresponde a los poderes públicos promover las condiciones para que la libertad y la igualdad del individuo y de los grupos en que se*

[192] Los textos constitucionales extranjeros están tomados de *Constituciones españolas y extranjeras*, edición de J. DE ESTEBAN, Madrid, 1979.

[193] A. BERLIRI incluye el derecho a la igualdad entre los derechos inviolables absolutos. Cfr. *"Appunti sul fondamento e il contenuto dell'art. 23 della Costituzione"*, en *Studi in onore di Achille Donato Giannini*, Giuffrè, Milano, 1961; pág. 151. Esta línea sigue ABBAMONTE, quien precisa que pueden ser sacrificados por la imposición sólo aquellos derechos limitables; los absolutamente inviolables no pueden ser afectados por ésta; por tanto la ley impositiva no puede quebrar el principio de igualdad. Cfr. *Principi di Diritto Finanziario*, Nápoles, 1975; pág. 87.

[194] Sobre este aspecto observa E. GONZÁLEZ: *"Aunque es digno de relieve el partido que ha sabido sacar la jurisprudencia constitucional alemana de la parca redacción del artículo 3.º de su texto constitucional, justo es reconocer el carácter técnicamente más completo en medios y propósitos del artículo 3.º de la Constitución italiana."* Por su parte califica a la doctrina de la <Corte Costituzionale> italiana, en cuanto al principio de igualdad como bastante precisa. Cfr. *"Aportaciones que cabe esperar del Tribunal Constitucional en materia tributaria a la vista del Derecho Comparado"*, en *El Tribunal Constitucional*, IEF, Madrid, 1981; pág. 1197. Cfr. ibídem, la opinión de VOGEL sobre la doctrina del Tribunal Constitucional alemán del mismo modo que ha hecho el autor español.

*integra sean reales y efectivas; remover los obstáculos que impidan o dificulten su plenitud y facilitar la participación de todos los ciudadanos en la vida política, económica, cultural y social".*

El Título primero de la Constitución se denomina *"De los derechos y libertades fundamentales"*. Su Capítulo segundo, *"Derechos y libertades"*, está encabezado por el artículo 14 que reconoce la igualdad en sentido clásico -la igualdad formal- con una fórmula general al inicio, refiriéndose después a circunstancias concretas: *"Los españoles son iguales ante la ley, sin que pueda prevalecer discriminación alguna por razón de nacimiento, raza, sexo, religión, opinión o cualquier otra condición o circunstancia personal o social"*. En este artículo tendrán fundamento todas las demandas sobre la igualdad, aunque ordinariamente conectarán este artículo, genérico, con los respectivos artículos que reconozcan un derecho fundamental específico. En las páginas que siguen pasamos revista a algunos de los problemas que suscita la aplicación de éstos cuya solución se revela como presupuesto necesario para la correcta aplicación de la igualdad a la tributación de la renta familiar.

### *a) La igualdad, ¿principio o derecho fundamental?*

Dada la diversidad de artículos de la Constitución que se refieren a la igualdad, su diferente encuadramiento sistemático y la distinta protección otorgada a las respectivas instituciones, cabe preguntarse si la igualdad es sólo un principio general del ordenamiento o un verdadero derecho fundamental, subjetivo. En este punto la doctrina no ha sido pacífica[195]. La respuesta indicará la virtualidad que este principio lleva en sí.

GARRIDO FALLA ha planteado bien el problema cuando señala que la Constitución Española regula la igualdad de un modo peculiar: el artículo 1 enuncia el principio; el artículo 14 consagra el derecho a la igualdad y entre ambos está el artículo 9.2, <precepto puente>, con eficacia jurídica más que discutible, que consagra la igualdad real y es complementario del artículo 14[196].

---

[195] Cabe resumir las posiciones doctrinales existentes en las dos expresadas. Cfr. J. M. PABÓN DE ACUÑA, *"Problemática del principio constitucional de igualdad"*, en *"El principio de igualdad en la Constitución Española"*, o.c., pág. 26.

[196] Cfr. F. GARRIDO FALLA, *"Comentarios a la Constitución Española"*, Ed. Civitas, Madrid, 1981; pág. 90.

Quienes sostienen que lo correcto es hablar del principio de igualdad, y no la consideran derecho fundamental (JELLINEK, DE CASTRO, BASILE, LORCA NAVARRETE, GÁLVEZ[197]), se basan en que no tiene definido un ámbito normativo propio, pues no está reservada a ninguna relación jurídica en particular sino que se aplica a todas en general. En el caso español se apoyan principalmente en los siguientes argumentos:

1. La igualdad nunca puede invocarse de modo abstracto, sino que hay que referirla a una situación concreta, en la que se alegue la desigualdad en relación con otro derecho, cualquiera de los que pueda dar lugar al recurso de amparo. Esta afirmación es rebatible si se considera que la referencia a la situación concreta es presupuesto de cualquier demanda.

2. Los artículos que consagran la igualdad (9 y 14) se encuentran fuera de la Sección *"De los derechos fundamentales y de las libertades públicas"* y no es una materia incluida entre las que, por imperativo del artículo 81, necesitan ley orgánica para su desarrollo. No obstante opinamos que no está justificada una interpretación tan restrictiva basándose en cuestiones puramente formales.

Para otros autores (PECES-BARBA, CANO MATA, RODRÍGUEZ PIÑERO, PÉREZ LUÑO, SUÁREZ PERTIERRA, SUAY RINCÓN) la igualdad es un verdadero derecho fundamental, que suelen contemplar con una doble vertiente: como principio y como derecho jurisdiccionalmente recurrible; el potencial normativo del principio de igualdad quedaría desvirtuado si la Constitución lo hubiera configurado sólo como un principio.

Por las refutaciones que anteriormente hemos hecho se evidencia nuestra postura a favor de la consideración de la igualdad como derecho subjetivo autónomo. Consideramos que la jurisprudencia constitucional ha sido, al fin, suficientemente expresiva en este mismo sentido para dar por resuelta esta cuestión en nuestro ordenamiento. No obstante, la postura de nuestro Tribunal Constitucional ha sido vacilante. En las resoluciones en materia de igualdad se pueden apreciar dos épocas. En la primera, desde los inicios de su labor, el Tribunal utiliza un concepto formal de igualdad, acudiendo únicamente al art. 14. En este período ha

---

[197] Citamos, por todos, a GÁLVEZ: *"No se ha pretendido situar la igualdad como uno más entre los derechos o libertades que se proclaman, sino como uno de los presupuestos necesarios para la efectividad de aquéllos"*. Comentario al artículo 14 en *"Comentarios a la Constitución Española"*, coord. GARRIDO FALLA, o. c., pág. 183.

ignorado, generalmente, el carácter de derecho fundamental de la igualdad y en alguna ocasión lo ha negado[198]. En una segunda época, a partir de 1982, aplica un concepto, no de igualdad formal, sino de igualdad material, poniendo en juego, además del art. 14, el art. 1 y el art. 9.2. En este momento el TC afirma el carácter de derecho fundamental y subjetivo de la igualdad, aunque no sin vacilaciones[199].

### *b) ¿Uno o varios principios de igualdad? Solución Jurisprudencial. La Igualdad Tributaria.*

Una cuestión conectada con la anterior es la que se deriva de la existencia de diversas especificaciones del principio de igualdad a lo largo del articulado de la Constitución.

La recepción concreta del principio de igualdad en el ámbito tributario se produce en el art. 31.1: "*Todos contribuirán al sostenimiento de los gastos públicos de acuerdo con su capacidad económica mediante un sistema tributario justo inspirado en los principios de igualdad y progresividad que, en ningún caso, tendrá alcance confiscatorio*".

Si no se admite como derecho autónomo el recogido en el art. 14, deberá admitirse un derecho a la igualdad en aquellas materias o situaciones concretas a las que la Constitución se refiere en otros artículos. Pero si se admite como derecho independiente el de la igualdad del artículo 14, se plantea el problema del valor jurídico de la expresión de la igualdad en otros artículos.

Coherentemente con nuestra postura, antes reseñada, de tener a la igualdad del art. 14 como verdadero derecho subjetivo, consideramos las demás referencias a la igualdad como meras especificaciones del mismo que, si bien podrían calificarse como redundantes, su mención se ha entendido oportuna para disipar las posibles dudas de su aplicación en algunos sectores concretos del ordenamiento. Por tanto, el que no pueda solicitarse el amparo constitucional en virtud del art. 31 no obstaculiza que se pueda pedir invocando el artículo 14.

---

[198] Cfr. la STC 76/1983, de 5 de agosto, sobre la LOAPA, en cuyo F.J. 2 dice: "*La igualdad reconocida en el artículo 14 no constituye un derecho subjetivo autónomo existente por sí mismo*".

[199] Así en la STC 49/1982, de 14 de julio, define a la igualdad como "*el derecho subjetivo a obtener un trato igual*". Podemos citar otros ejemplos, como la STC 142/1985, de 23 de octubre, la STC 162/1985, la STC 8/1986, de 21 de enero (F.J. 4.º), y la STC 125/1986, de 22 de octubre (F.J. 1.º).

A pesar de que diversos pronunciamientos del Tribunal Constitucional parecen admitir la existencia de dos principios de igualdad distintos, uno el recogido en el artículo 14 y otro el del artículo 31.1[200], hay otros pronunciamientos del Tribunal Constitucional en sentido contrario[201]. La doctrina entiende que se trata, en definitiva, de evitar un uso fraudulento del art. 14, que permita la vía del recurso de amparo en muchos supuestos, en los que no tendría cabida por ser de aplicación el art. 31, o bien, de impedir que se fuerce el inicio de un proceso de inconstitucionalidad por quien no está legitimado para ello[202].

Hacer una distinción entre la igualdad del artículo 14 y la del 31.1 es erróneo, pues existe un sólo principio de igualdad: el que manda tratar de modo igual a los que son iguales. Si bien el principio de igualdad es susceptible de múltiples especificaciones, éstas no vienen a introducir nuevos principios. Su razón de ser, como ya expresamos más arriba, es solamente cautelar, para evitar que el principio quedara inaplicado en algunos casos, en materia tributaria entre otros. Debemos anotar que el Tribunal Constitucional se ha pronunciado claramente por la aplicación de la igualdad tributaria, en concreto sobre la tributación familiar, en la Sentencia 209/1988, de 10 de noviembre, F.J. 6.º: *"En la materia tributaria es la propia Constitución la que ha concretado y modulado el alcance de su artículo 14 en un precepto (art. 31.1), cuyas determinaciones no pueden dejar de ser tenidas aquí en cuenta"*.

---

[200] Así se desprende del tenor de la Sentencia 27/1981 (F.J. 4.º) y STC 19/1987, de 17 de febrero, F.J. 4.º.También en el Auto del Tribunal Constitucional de 22 de febrero de 1993 y en la STC 53/1993, de 15 de febrero, que repite la misma fórmula: *"Deben rechazarse aquellas demandas de amparo en las que, so pretexto de la invocación formal del art. 14 CE y sin un enlace subsumible en el marco de este precepto, lo que realmente se denuncia es una vulneración de los principios de capacidad económica, de justicia, igualdad y progresividad del art. 31.1"*.

[201] El Auto 230/1984 (F.J. 2.º) establece una identidad entre la igualdad del art. 14 y la del art. 31.1, permitiendo la vía de amparo contra las normas que vulneren el principio de igualdad en materia tributaria.

[202] *"Sobre todo, lo que no admite el Tribunal es abrir el portillo del art. 14 para que, de forma indiscriminada y apriorística, la invocación rituaria del art. 14 -y la consiguiente lesión del principio constitucional de igualdad- propicie un pronunciamiento acerca de la constitucionalidad de las normas tributarias"*. J. MARTÍN QUERALT, *"Recurso de amparo en materia tributaria; acotaciones al Auto del Tribunal Constitucional de 22 de febrero de 1993"*, en Palau 14, Rev. Val. Hac. Púb., n.º 18/1992; págs. 134-135. También critica MARTÍN QUERALT la ausencia del cauce procesal adecuado para estos casos, previsto en el mismo art. 53.2: *"La Ley 62/1978, de 26 de diciembre, de Protección Jurisdiccional de los Derechos Fundamentales de la Persona constituye, no se olvide, un remedio provisional."* cit., pág. 136. Cfr. también ESCRIBANO, *La configuración jurídica del deber de contribuir*, Ed. Civitas, Madrid, 1988; pág. 263.

## D) Contenido del Derecho a la Igualdad

### *a) El trato jurídico igual*

El principio de igualdad jurídica, que tratamos, tiene como contenido esencial el que la ley, y consecuentemente su aplicación, establezcan un régimen jurídico igual para los supuestos de hecho iguales; como corolario, la diferencia en el trato jurídico debe estar justificada por un motivo razonable. La traducción práctica de este principio exige descubrir el modo concreto de producirse el trato jurídico igual para los supuestos de hecho iguales, y resolver las diversas cuestiones que surgen a la hora de llevar a cabo ese mandato constitucional.

Una primera descripción de los efectos de la actuación del principio de igualdad lo da el Tribunal Constitucional, cuando señala que el artículo 14 de la Constitución, en conexión con el principio de igualdad del artículo 1, establece *"un derecho fundamental de la persona a no sufrir discriminación jurídica alguna, esto es, a no ser tratada jurídicamente de manera diferente a quienes se encuentren en su misma situación, sin que exista una justificación objetiva y razonable de esa desigualdad de trato"*[203].

Hemos señalado más arriba que, en sintonía con otros ordenamientos, la igualdad que propugna la Constitución Española no se limita a la igualdad formal. Pero es necesario apreciar que con una perspectiva jurídica, el principio de igualdad consiste en la paridad ante el Derecho. Aunque esta idea tiene un indudable contenido nivelador, no deja abolidas las diferencias entre los hombres; se puede decir que prohíbe la discriminación pero no la diferenciación[204].

El texto del artículo 14 prohíbe las discriminaciones jurídicas, no las diferencias sociales sin relevancia jurídica. La prohibición de la discrimi-

[203] Cfr. STC 8/1986, de 21 de enero, F.J. 4.º.

[204] El Tribunal Constitucional, en muchas Sentencias, explica cómo ha de entenderse el principio constitucional de igualdad. Cfr. la STC 179/1985, de 19 de diciembre,: "*El* Tribunal Constitucional *declara, entre otras muchas, en sus Sentencias de 14 y 28 de julio de 1982, que la igualdad jurídica o ante la ley a que se refiere el artículo 14 no significa la igualdad material o económica real y efectiva, sino que a los supuestos de hecho iguales deban serle aplicados unas consecuencias jurídicas que sean iguales también*". Dice la ya citada STC 8/1986, de 21 de enero, F.J. 4.º: "*El derecho fundamental que el artículo 14 de la Constitución (...) lo es ante la ley y ante la aplicación de la ley. Lo que no protege dicho precepto constitucional, como derecho fundamental, es la legítima aspiración a la igualdad material o de hecho, frente a desigualdades de trato que no derivan de criterios jurídicos discriminatorios, sino de otras circunstancias objetivas y razonables*".

nación no impide que exista un trato distinto para situaciones objetivamente diferentes. La diferenciación se funda en elementos de carácter objetivo, mientras que la discriminación se basa en motivos arbitrarios o se origina por circunstancias de carácter subjetivo[205].

La jurisprudencia del Tribunal Constitucional ha perfilado claramente el contenido del derecho a la igualdad, en una doctrina constante y reiterada. Ha establecido los dos puntos esenciales para el respeto a este principio: la necesidad de un tratamiento jurídico igual a los supuestos iguales y la justificación de la diferencia que se establezca. La primera Sentencia que formula este criterio es la 49/1982, de 14 de julio, F.J. 2.º: *"A los supuestos de hecho iguales deben serles aplicadas unas consecuencias jurídicas que sean iguales también y que para introducir diferencias entre los supuestos de hecho tiene que existir una suficiente justificación de tal diferencia, que aparezca al mismo tiempo como fundada y razonable, de acuerdo con criterios y juicios de valor generalmente aceptados"*.

Esta misma doctrina la ha explicado el Tribunal Constitucional desde distintas perspectivas. Tanto cuando se trata de enjuiciar supuestos de hecho iguales como supuestos de hecho distintos. Referida al primer caso se encuentra la STC 125/1986, de 22 de octubre (F.J. 1.º): la igualdad del artículo 14 comporta *"la imposibilidad de que reciban un trato jurídicamente diferente situaciones jurídicas o supuestos de hecho que han de ser reconocidos como iguales, por coincidir en ellos los mismos elementos, o por carecer de la necesaria trascendencia jurídica aquellos que permitieran considerarlos como distintos"*. Desde el punto de vista de supuestos de hecho diferentes, la Sentencia 81/1982, de 21 de diciembre, admite *"la existencia de disciplinas normativas diferentes, siempre que los supuestos de hecho a los cuales tales normativas deban aplicarse sean asimismo diferentes, y para enjuiciar la diferencia entre los supuestos de hecho debe partirse del carácter razonable, y teleológicamente fundado, del factor a través del cual la diferenciación se introduzca"*.

El reconocimiento expreso, por parte del Tribunal Constitucional, de un caso de desigualdad de hecho no contrario a la Constitución, se encuentra en la STC 8/1986, de 21 de enero, F.J. 7.º: *"Se trata, por el contrario, de una desigualdad de hecho producida por la aplicación no dis-*

[205] La discriminación es definida por GÁLVEZ como toda distinción perjudicial a pretexto de hechos no imputables al individuo y que deben ser irrelevantes desde el punto de vista social-jurídico o a pretexto de pertenecer a categorías colectivas genéricas. Cfr. o. c., pág. 184.

*criminatoria de una norma jurídica cuyo contenido tampoco vulnera el derecho fundamental invocado."* En la misma Sentencia sienta el criterio sobre el papel que el Tribunal Constitucional debe jugar en la consecución de la igualdad material: *"No es de la competencia de este Tribunal, y menos aún en la resolución de un recurso de amparo, determinar las medidas concretas que el legislador debe adoptar en cumplimiento del deber de promoción de la igualdad real y efectiva que les impone el artículo 9.2 CE."* (F.J. 7.º). Lo cual le ha procurado alguna crítica por parte de la doctrina[206], crítica nada acertada, a nuestro juicio, pues la distinción entre la igualdad ante la ley, que ha descrito reiteradamente el Tribunal, y la igualdad material, no puede considerarse reductiva. La labor del Tribunal Constitucional no puede ser nunca legisladora, y este límite no supone que se vacíe de contenido su tarea de velar porque se respete en todo caso la igualdad jurídica. Podemos notar, por último, que en esta Sentencia, que resuelve un supuesto de igualdad tributaria, el Tribunal se refiere a la igualdad del art. 14, no lo hace en ningún momento al invocado art. 31.1, que especifica el derecho a la igualdad en el ámbito tributario.

### *b) Lesión de la igualdad*

Un aforismo descriptivo de la aplicación de la igualdad es: tratar igualmente supuestos iguales; tratar diferenciada y adecuadamente supuestos desiguales[207].

En el caso español, el Tribunal Constitucional ha afirmado reiteradamente que no procede la vía de amparo para exigir un derecho a la

---

[206] Así comenta ESCRIBANO: *"La afirmación contenida en el referido F.J. 7.º desconcierta tanto más cuanto deja vacío de contenido el también mencionado F.J. 4.º*, (donde se distingue entre la igualdad jurídica y la igualdad material o de hecho), *ello no obstante el carácter asimismo formalizador y reductivo de su planteamiento"*. Cfr. *La configuración jurídica del deber de contribuir*, Ed. Civitas, Madrid, 1988, pág. 273.

[207] Según esto, se pueden concebir las formas de lesión a la igualdad como hace PABÓN: *"1. Lesión de la igualdad por discriminación: cuando la norma o el acto tratan diversamente dos situaciones iguales.*

*2. Lesión de la igualdad por indiferenciación: cuando se tratan de igual modo situaciones realmente diferentes"*. J. M. PABÓN DE ACUÑA, *"Problemática del principio constitucional de igualdad"*, en *"El principio de igualdad en la Constitución Española"*, o. c., pág. 31.

diferenciación; sí lo ha estimado, en cambio, en un caso en recurso de constitucionalidad[208].

Coherentemente con todo lo expuesto, se pueden determinar cuatro requisitos o elementos que deben darse simultáneamente para que exista una desigualdad inconstitucional:

1.- Que se aporte un término de comparación[209].

2.- Que el término de comparación no sea ilegal. Se puede denominar este requisito como el principio de relevancia legal del precedente[210].

3.- Que la desigualdad constituya una verdadera discriminación, es decir, perjuicio para uno de los supuestos. Se puede considerar requisito esencial para apreciar la lesión de la igualdad y aparece recogido en todas las Sentencias citadas[211].

4.- Falta de justificación de la desigualdad de trato entre los dos términos comparados. Este es un concepto indeterminado, difícil de apreciar en la práctica[212].

---

[208] Sentencia 71/1982, de 30 de noviembre, sobre cuestión de constitucionalidad de la ley del País Vasco de defensa del consumidor.

[209] Algunos ejemplos de jurisprudencia constitucional tributaria en los que queda patente la necesidad de presentar el término de comparación: el Auto 301/1985, de 8 de mayo: los recurrentes no indican *"en ningún momento en qué han sido ellos discriminados y respecto de quienes"*; la STC 111/1991, de 20 de mayo, F.J. 3.º: *"El obstáculo para apreciar la violación de la igualdad proclamada por el artículo 14 C.E. radica en la no aportación por la recurrente de un supuesto que pudiera servir como término válido de comparación, y en el que, como reconoce el Abogado del Estado, se hubiera reconocido por Sentencia del Tribunal Supremo derecho a la exención del Impuesto sobre las Rentas del Trabajo personal, ejercicio 1977"*. También la STC 54/1993, de 15 de febrero, F.J. 2.º: *"El demandante no demuestra en qué modo ha sido vulnerado su derecho a la igualdad ante la ley por haber sido objeto de un trato fiscal distinto respecto de otros contribuyentes en situación idéntica a la suya, toda vez que no consta -y nada alega el recurrente sobre ello- que al practicarse las liquidaciones sobre el impuesto municipal sobre incremento de valor de los terrenos, se hayan aplicado a otros contribuyentes las correcciones monetarias que el demandante de amparo reclama para sí"*.

[210] El Tribunal Constitucional lo ha expresado, p. ej., en la STC 37/1982, de 16 de junio: *"La equiparación en la igualdad, que por propia definición puede solicitar el ciudadano que se sienta discriminado, ha de ser dentro de la legalidad y sólo ante situaciones idénticas que sean conformes al ordenamiento jurídico, pero nunca fuera de la legalidad"*. También podemos citar la STC 43/1982: *"El principio de igualdad ante la ley no puede transformarse en una exigencia de trato igual a todos, fuera de la legalidad"*.

[211] Por ejemplo la Sentencia 110/1984, de 26 de noviembre, sobre una pretendida desigualdad en la actividad inspectora.

[212] La STC 179/1985, de 19 de diciembre, establece que *"para introducir diferencias entre los supuestos de hecho, tiene que existir una suficiente justificación de tales diferencias, que aparezcan al mismo tiempo como fundadas y razonables, de acuerdo con criterios y juicios de valor generalmente aceptados"*. También la Sentencia del Tribunal Constitucional 128/1987, de 16 de julio, resuelve un recurso de amparo en idénticos términos.

Los criterios que el Tribunal Constitucional ha utilizado para saber si está justificado o no un diferente trato jurídico son[213]:

1. Test de la diferencia de la consecuencia jurídica[214].
2. Test de la relevancia[215].
3. Test de la razonabilidad[216].

Al hilo de los cuales se puede determinar el concepto de justificación que enerva una discriminación.

En conclusión, el trato jurídico desigual se justifica, por tanto, bien por existir una desigualdad de hecho, bien por la exigencia de aplicar otros principios o valores constitucionales. Pero la diferencia de trato no podrá ser entonces arbitraria, precisamente porque viene exigida la aplicación de otros principios distintos, como los de capacidad contributiva, progresividad, etc., cuya aplicación habrá de ser preponderante en algunos casos[217].

La doctrina del Tribunal Constitucional sobre la igualdad ha sido resumida por el mismo en la Sentencia 76/1990, de 26 de abril (F.J. 9.º), que consignamos por su evidente interés: "*a) No toda desigualdad de trato en la ley supone una infracción del art. 14 de la Constitución, sino que dicha infracción la produce sólo aquella desigualdad que introduce una diferencia entre situaciones que pueden considerarse iguales y que carece de una justificación objetiva y razonable;*

*b) el principio de igualdad exige a iguales supuestos de hecho se apliquen iguales consecuencias jurídicas, debiendo considerarse iguales dos supuestos de hecho cuando la utilización o introducción de elementos diferenciadores sea arbitraria o carezca de fundamento racional;*

*c) el principio de igualdad no prohíbe al legislador cualquier desigualdad de trato, sino sólo aquellas desigualdades que resulten artificiosas o injustificadas por no venir fundadas en criterios objetivos y suficientemente razonables de acuerdo con criterios o juicios de valor generalmente aceptados;*

---

213 Cfr. E. ALONSO GARCÍA, "*El principio de igualdad del art. 14 de la CE*", en Rev. Adm. Púb., vol I, n.º 100-102, 1983.

214 El Tribunal Constitucional dejó claro este criterio ya en los comienzos de su labor, en la STC de 10 de julio de 1981.

215 El Tribunal Constitucional lo recoge en el Auto 230/1984, de 11 de abril, y en la Sentencia 83/1984, de 24 de julio, F.J. 2.º.

216 El Tribunal Constitucional lo emplea por vez primera en la Sentencia 103/1983, de 22 de noviembre, y posteriormente en la 63/1984, de 21 de mayo.

217 Cfr. STC 58/1986, de 14 de mayo.

*d) por último, para que la diferenciación resulte constitucionalmente lícita no basta con que lo sea el fin que con ella se persigue, sino que es indispensable además que las consecuencias jurídicas que resultan de tal distinción sean adecuadas y proporcionadas a dicho fin, de manera que la relación entre la medida adoptada, el resultado que se produce y el fin pretendido por el legislador superen un juicio de proporcionalidad en sede constitucional, evitando resultados especialmente gravosos o desmedidos".*

Como sucinta conclusión se puede extractar la siguiente:

La igualdad es un concepto multívoco: es susceptible de ser considerada como valor, como principio del ordenamiento jurídico y como derecho subjetivo, fundamental; lo cual implica que ha de ser aplicada a diversísimas relaciones jurídicas. Podrá invocarse junto a otro derecho y revestir la forma de exigencia de no discriminación.

La igualdad prohíbe la discriminación entre los iguales y la indiferenciación entre los desiguales. La igualdad, en ocasiones, especialmente por la aplicación de otros principios constitucionales, exige un trato desigual a los sujetos desiguales, siempre que éste se encuentre debidamente justificado por las circunstancias de los casos o sujetos afectados.

## III. El Principio de Capacidad Contributiva

### A) Planteamiento

El principio de tributación conforme a la propia capacidad contributiva presenta numerosos problemas susceptibles de examen. Aquí no entramos en terrenos que no tengan una consecuencia inmediata en la tributación de la renta familiar; únicamente reseñamos la necesidad de tener en cuenta las circunstancias del sujeto pasivo para evaluar su aptitud para tributar. Es casi innecesario indicar que entre las circunstancias que pueden modificar la capacidad contributiva, las familiares ocupan un lugar destacado.

Por otro lado, este principio ha gozado de un desarrollo doctrinal muy amplio. Dado el carácter instrumental que para nuestra investigación tiene su estudio, nos limitaremos a exponer lo más caracterizado del principio, con expresión del apoyo doctrinal que ha recibido, sin ignorar que el debate que se ha suscitado ha sido por lo general más extenso.

Parece conveniente realizar una aclaración semántica. En nuestro idioma los términos capacidad económica y capacidad contributiva se refieren a realidades diferentes. El primero puede entenderse ajeno al terreno normativo, referido a un presupuesto de hecho de la norma. El segundo, en cambio, tiene un componente jurídico y puede considerarse con propiedad como expresión que designa un concepto técnico-jurídico[218]. No obstante muchos autores adoptan como sinónimos los términos capacidad económica y capacidad contributiva, designando éste a la misma capacidad económica pero en el ámbito tributario[219].

Por otra parte, puede calificarse de equívoca la expresión capacidad contributiva, como capaz de referirse, a la postre, a una capacidad no estrictamente económica. Opinamos que este riesgo bien puede ser considerado un mal menor, dentro de la precisa distinción entre la capacidad económica y contributiva como dos realidades consecutivas.

También cabe decir que la capacidad contributiva supone aptitud para pagar impuestos, y bien pueden carecer de ella algunos sujetos que sí tengan cierta capacidad económica, pero que sea igual o inferior a la necesaria para la subsistencia.

## B) El principio de capacidad contributiva en la doctrina

La recepción del principio de capacidad contributiva en el artículo 53 de la Constitución italiana de 1947 ha tenido gran importancia en su desarrollo doctrinal y como precedente de Derecho positivo[220].

---

[218] M. CORTÉS DOMÍNGUEZ lo explica pormenorizadamente: "*La capacidad contributiva engloba en su seno la referencia a una serie de elementos éticos, sociológicos, políticos y económicos. Por el contrario, la expresión <capacidad económica> se refiere tan sólo a la titularidad de un cierto grado de riqueza manifestada a través del gasto, del patrimonio o de la renta. En consecuencia, no es igual utilizar una formulación u otra.*" Cfr. "*El futuro de los sistemas fiscales. Los principios generales tributarios*", XVI Semana de Estudios Financieros, EDERSA, Madrid, 1968; pág. 99.

[219] Defiende esta postura LASARTE, cfr. "*La formulazione della legge ed il principio di capacità contributiva*", Dir. Prat. Trib., 1965; pág. 507.

[220] Para conocer precedentes de este principio, cfr. P. YEBRA MARTUL-ORTEGA, *La justicia fiscal y el impuesto sobre la renta*, Ed. Universidad de Santiago de Compostela, 1973; págs. 76 y ss.

El artículo 53 de la Constitución italiana queda redactado de la siguiente forma: "*Todos están obligados a concurrir a los gastos públicos con arreglo a su capacidad económica*"[221].

Se puede advertir que no existe un precepto paralelo en la Ley Fundamental de Bonn, por lo que no podemos encontrar aquí un claro antecedente de otros ordenamientos; si bien la doctrina germana ha admitido el principio de capacidad contributiva y ha recurrido a otros artículos para dotarlo de apoyatura constitucional[222].

Tras estas previsiones constitucionales las posturas doctrinales que se han adoptado sobre el principio de capacidad contributiva son, en síntesis:

1.- Positivistas: que niegan valor jurídico a todo principio no inmanente en la ley positiva.

2.- No positivistas, que reconocen la necesidad de una justicia fiscal más allá del Derecho positivo, pero no integrada por la capacidad contributiva, bien por ser un criterio utilitarista, o bien por considerarlo como criterio no conectado con la justicia.

3.- Es criterio demasiado impreciso; es necesario sustituirlo por otros más concretos.

4.- Ya está contenido en un principio superior: la justicia.

5.- Es presupuesto lógico de la justicia fiscal[223].

Por tanto, la concepción sobre la capacidad contributiva está relacionada con la construcción que se haga de todos los principios.

Es muy relevante el discurso doctrinal que concibe al principio de capacidad como un criterio constitucional de la justicia tributaria. Tradicionalmente se ha realizado la conexión entre los distintos principios tributarios y la justicia, dado que ésta puede considerarse, no

[221] "*Nuestra Constitución* ha sido *excesivamente sobria al disciplinar las relaciones tributarias entre el Estado y los entes menores y los ciudadanos. Sólo dos disposiciones limitan los poderes fiscales del Estado: el art. 23 y el 53*". Cfr. A. DE VALLES, "*Limiti costituzionali alle leggi tributarie*", Dir. Fin. Sc. Fin., 1958; pág. 10.

[222] Explica la razón MARTÍNEZ LAGO: "*La Constitución alemana de Bonn no ha recogido el principio de la capacidad contributiva por entender suficiente el principio general de igualdad establecido en el artículo 3.º*". Cfr. "*Una interpretación constitucional de la funcionalidad de la capacidad económica como principio informador del ordenamiento financiero*", Rev. Esp. Der. Fin., n.º 55, 1987; pág. 400.

[223] Cfr. PÉREZ DE AYALA, "*Las cargas públicas: principios para su distribución*", Hac. Púb. Esp., n.º 59/1979; págs. 89-90.

como un principio más, sino como la finalidad de todos ellos. La justicia es un <prius> para el Derecho positivo[224] y la capacidad económica, uno de sus presupuestos de hecho, juega un papel destacado en la formulación del Derecho para el logro de la justicia tributaria.

La realización de la justicia implica la medición y valoración de sus presupuestos de hecho, y uno de los criterios científicos de su especificación lo constituye la capacidad contributiva, que permite dicha cuantificación y se revela así como un instrumento necesario para la consecución de la justicia[225].

Para un sector importante de la doctrina, en su momento mayoritario, la capacidad contributiva, como criterio exclusivo de justicia, era el concepto clave del Derecho Tributario, considerada como la forma específica de actuar el principio de igualdad en el campo tributario[226].

De la doctrina española, es interesante consignar la postura de SÁINZ DE BUJANDA, que ha sido pionero en cuanto a la recepción del principio de capacidad contributiva, que lo considera como especificación de los de generalidad e igualdad[227]. También la de CORTÉS DOMÍNGUEZ, quien hace un intento de sistematizar el ordenamiento tributario y adivinar sus principios, para concluir que el de capacidad contributiva es el prisma más idóneo y jurídicamente más lógico para plantear los principales problemas del ordenamiento tributario; con expresión que hizo época, llega a afirmar que *"el prin-*

[224] *"Lo primero que ha de proclamarse por el tributarista es la existencia, en el plano del ser, de un ideal de justicia fiscal objetiva, anterior a la norma de Derecho positivo, puesto que ésta no es sino la <forma> en la que se manifiesta la conducta humana (jurídica) dirigida a la realización de aquel valor jurídico."* Cfr. PÉREZ DE AYALA, *"Estudio preliminar"* a la *Introducción al Derecho Presupuestario* de E. GONZÁLEZ, EDERSA, Madrid, 1973; pág. XLVI.

[225] Es necesario que la cuota tributaria *"se fije según la proporción entre recursos y necesidades de cada persona. Pero esta proporción es la que expresa el moderno concepto de capacidad económica"*. Cfr. PÉREZ DE AYALA, *"Las cargas públicas..."*, cit., pág. 95.

[226] Así lo explica PALAO: *"Se pretende erigir al concepto de capacidad contributiva en fundamento dogmático del Sistema tributario y en medida de la justicia de los tributos, con arreglo a la cual aplicar el principio de igualdad, el cual viene así a ser concretado para el ámbito tributario por el de capacidad contributiva"*. Cfr. *"Apogeo y crisis del principio de capacidad económica"*, en Estudios en Homenaje al profesor FEDERICO DE CASTRO, Tecnos, Madrid, 1976. pág. 391.

[227] Cfr. *Notas de Derecho Financiero*, Madrid, 1964; tomo I, vol 2.º, pág. 184.

*cipio de capacidad contributiva es verdadera estrella polar del tributarista"*[228].

A la concepción de la capacidad contributiva como especificación del principio de igualdad se puede llegar a través de diversos recorridos argumentales.

Por una parte, además del principio de igualdad formal, existe otro de igualdad material, que aplica la solidaridad, y contiene la obligación de remover los obstáculos que la impidan. Este principio de solidaridad encuentra una de sus más efectivas aplicaciones en el campo tributario, pues basta poner en práctica correctamente el principio de capacidad contributiva para lograr la igualdad material[229]. De esta manera el principio de capacidad contributiva se erige en una especificación del de igualdad.

Mas la clave de la autonomía del principio de capacidad contributiva reside principalmente, en nuestra opinión, en que el principio de igualdad se aplica a los casos en que hay identidad entre los supuestos de hecho, mientras que el de capacidad es el criterio para juzgar adecuadamente los casos de supuestos de hecho diferentes[230]. Por tanto, el principio de capacidad contributiva despliega su eficacia en un último reducto de imposición arbitraria, no cubierta por el principio de igualdad. Lo cual es la razón de que en el Derecho Tributario el principio de capacidad prevalezca sobre el de igualdad.

En consecuencia es necesario identificar el ámbito propio del principio de capacidad, que excede el de igualdad. La capacidad con-

[228] "*El principio de capacidad contributiva en el marco de la técnica jurídica*", Rev. Der. Fin. Hac. Púb., n.º 60, 1965; pág. 989. E. GONZÁLEZ sentencia con claridad el tema de la relación entre los principios de capacidad contributiva e igualdad: "*La igualdad de trato requerida no tiene más punto de apoyo, si se quiere dotar de un contenido razonable a dicho principio, que la referencia a la capacidad económica de los sujetos llamados a contribuir al sostenimiento de los gastos públicos*". Cfr. "*Reflexiones en torno a los principios de capacidad contributiva e igualdad*", Rev. Ars Iuris, n.º 3/1990, de la Escuela de Derecho de la Universidad Panamericana, página 53.

[229] "*El instrumento fiscal está entre los más idóneos para perseguir fines de igualdad a través de la redistribución de las rentas. Tales fines se realizan ante todo mediante una correcta aplicación del principio mismo de la capacidad contributiva*". Cfr. POTITO, "*L'ordinamento tributario italiano*", Ed. Giuffré, Milán, 1978, página 19.

[230] En este sentido se pronuncia MANZONI que, si bien advierte el punto de contacto entre ambos principios, reconoce su distinción y la mayor amplitud del principio de capacidad. Cfr. "*Il principio della capacità contributiva nell'ordinamento costituzionale italiano*", Torino. Ed. G. Giappichelli, 1965, pág. 20.

tributiva está formada en realidad por elementos políticos y económicos y, por tanto, es imposible perfilar una noción abstracta de la misma y cuantitativamente exacta. Además es difícil comparar un caso de tributación con otro, dado que algunos elementos que se incluyen en la capacidad contributiva sólo son susceptibles de una percepción libre y mudable[231]. Solamente son posibles apreciaciones fragmentarias de la capacidad contributiva, esto lleva a que exista sólo una imposición de parciales manifestaciones de la capacidad, sin aplicar un concepto global de capacidad contributiva, que no se ha logrado formular.

En relación a su contenido, este principio ha sido objeto de profusos estudios doctrinales, de donde podemos deducir como sus caracteres los de presupuesto, límite y medida de la imposición. En primer lugar, la capacidad contributiva se construye sobre un índice de capacidad económica, lo cual revela la necesidad de un presupuesto económico para la imposición. Por otra parte, la capacidad contributiva también constituye un límite a la potestad de imposición. Por último, la capacidad es la causa jurídica de la imposición y su medida o parámetro.

La capacidad económica debe existir siempre como presupuesto de la imposición; al menos en la aplicación de las normas tributarias que tienen un fin fiscal, a diferencia de las normas tributarias que tienen finalidad político-social en las que se implanta la imposición por un motivo distinto de la existencia de una riqueza gravable. Pero este elemento económico es su presupuesto, es condición necesaria pero no suficiente para agotar el principio de capacidad contributiva; para integrarlo es necesario reconocer otros aspectos de su contenido[232].

El principio de capacidad contributiva establece un límite absoluto y otro relativo a la potestad tributaria. Corresponden a la distinción que formula GIARDINA entre el concepto de capacidad económica absoluta -como aptitud abstracta para concurrir a las car-

[231] *"Piénsese, por ejemplo, en la importancia actual de la composición de la familia del sujeto pasivo"*. Cfr. LASARTE, *"La formulazione della legge..."*, cit., página 511.

[232] Un autor en el que cobra singular relieve este elemento es GAFFURI, que toma la fuerza económica como núcleo del concepto de la capacidad contributiva, quien también reconoce la necesidad de integrarlo con otros datos que no sean meramente económicos, como las circunstancias personales del sujeto. Cfr. *Attitudine alla contribuzione*, Ed. Giuffrè, Milán, 1969, pág. 94.

gas públicas- y el de capacidad económica relativa -como criterio que ha de orientar la determinación de la concreta carga tributaria-[233].

La capacidad contributiva puede aparecer como un elemento exigido en el concepto de impuesto, pues desempeña la función de revelar los límites que tiene la potestad impositiva del legislador; si bien conviene respetar los márgenes de actuación del legislador, pues aquella limitación no ha de ir más allá de lo indispensable[234].

En definitiva, el límite, absoluto y objetivo, de la capacidad contributiva se refiere al hecho imponible, que ha de ser índice revelador de riqueza. Esta riqueza debe ser efectiva, real; por lo que el principio de capacidad contributiva excluye la posibilidad de que se grave una riqueza presunta o ficticia, retroactiva y el impuesto no podrá ser confiscatorio.

### *a) El mínimo exento como límite de la imposición*

Puede haber una capacidad económica apta sólo para el sustento del sujeto pasivo y de las personas a su cargo, pero que no alcance para hacer frente a otros gastos públicos; es decir, quien goza solamente de lo indispensable para vivir, tiene capacidad económica, pero no capacidad contributiva[235]. Lo cual funda la justificación del mínimo exento de imposición, en cuya determinación incide la pertenencia del sujeto pasivo a una familia, pues este hecho puede condicionar la disponibilidad de sus rentas[236].

---

[233] Cfr. E. GIARDINA, "*Le basi teoriche del principio della capacitá contributiva*", Ed. A. Giuffré, Milán, 1961.

[234] PALAO a este propósito señala: "*La tensión entre la exigencia de limitar al legislador y la imposibilidad de coartarle en sus opciones políticas, que es el verdadero punto crucial de toda esa problemática*". Cfr. "*Apogeo y crisis...*", cit., pág. 384.

[235] Lo expresa con claridad MOSCHETTI: "*La posesión de una renta no superior a lo que es estrictamente necesario para la existencia, o el consumo de un bien de primera necesidad, en lugar de demostrar capacidad contributiva manifiestan un estado de necesidad. La aptitud para contribuir a los gastos públicos comienza sólo después de que hayan sido satisfechas las necesidades personales y familiares*". Cfr. "*El principio de capacidad contributiva*"; estudio, traducción y notas: J. M. CALERO GALLEGO y R. NAVAS VÁZQUEZ, Madrid, 1980, IEF, pág. 267.

[236] Señala FANTOZZI: "*En relación a este punto, la Corte ha declarado ilegítima la imputación al marido de las rentas del cónyuge que no estén bajo su disponibilidad jurídica y la exclusión de la esposa de toda subjetividad tributaria.*" Cfr. *Diritto Tributario*, o. c., pág. 35.

Es una afirmación arraigada en la doctrina la no imponibilidad de este mínimo vital: las cantidades destinadas a satisfacer las necesidades ineludibles para la vida de las personas no pueden ser gravadas. De aquí surge una, en realidad primera, idea para la delimitación de la capacidad contributiva[237].

Una vez establecida la necesidad de un mínimo exento, es necesario cuantificarlo. Esta valoración dependerá de cada sociedad y de cada momento histórico. El concepto de mínimo vital y su regulación no es ciertamente un tema tributario; se ha de acudir a otras ramas del ordenamiento, como el Derecho Civil, para encontrar su régimen legal básico y sus formulaciones doctrinales. Por otra parte, si las necesidades vitales del individuo aparecen garantizadas por el Estado, el mínimo exento deberá apreciarse de modo muy distinto a como se haría en un Estado absolutamente liberal[238].

Una cuestión esencial en la determinación de las dimensiones del mínimo vital es la toma en consideración, no sólo de los gastos necesarios para la vida del sujeto pasivo individual, sino de los correspondientes a las personas que estén económicamente a su cargo[239].

De modo paralelo a la moderna doctrina y jurisprudencia civiles sobre la prestación de alimentos, la doctrina tributaria señala que los gastos incluidos en el mínimo exento no son sólo los necesarios para la subsistencia física de las personas, sino los correspondientes al desarrollo de una vida con plenitud y dignidad[240].

---

[237] Así MANZONI considera incluida la exención del mínimo vital en la formulación constitucional del principio de capacidad, cfr. *Il principio della capacità...*, o. c., pág. 75. Por el contrario, GIARDINA no admite el principio de capacidad contributiva como fundamento de la exención de la renta mínima. Cfr. *Le basi teoriche...*, o. c., pág. 212.

[238] *"El problema que este principio plantea es de valoración; el nudo gordiano está en determinar su contenido, o mejor, su amplitud; (...) el nivel de riqueza que debe ser eximida de todo gravamen... La dimensión de este mínimo de existencia va a depender de cómo esté configurado el sistema financiero del Estado y de cuáles sean las actividades que se desarrollan por el mismo"*. Cfr MARTÍN DELGADO, *"Los principios de capacidad económica e igualdad..."*, cit., pág. 70.

[239] Como ejemplo, por todos, citamos las reflexiones de MANZONI: *"No es concebible un derecho al mínimo vital que no se extienda al entero ámbito familiar."* Cfr. *Il principio della capacità...*, o. c., pág. 75.

[240] MARTÍNEZ LAGO indica qué conceptos integran el mínimo vital. Cfr. *"Una interpretación constitucional..."*, cit., pág. 427.

*b) La capacidad contributiva como medida de la imposición*

La capacidad contributiva es además causa y medida de la imposición. Cualquier hecho puede ser presupuesto de impuesto si el legislador lo considera índice de riqueza capaz de justificar una prestación tributaria; ahora bien, si se expresa esta posibilidad de modo genérico, referida al sistema tributario en conjunto o a un impuesto en abstracto, pero no a una prestación en particular, se encuentra la causa jurídica de la imposición[241].

La capacidad contributiva desempeña también la función de graduar la cuota impositiva. La medición de la capacidad económica permite tener un criterio para comparar las diversas situaciones de los contribuyentes y determinar la cuota justa. Para ello ha de fijarse especialmente en las circunstancias personales del sujeto: además del mencionado mínimo vital, es necesario tener en cuenta la atención a los deberes económicos del contribuyente, reforzados en ocasiones por mandatos de la Constitución y las leyes, como es el caso de las cargas familiares[242]. A pesar de la dificultad para determinar una adecuada medida de la capacidad en términos cuantitativos, el legislador tributario no puede renunciar a ajustar, lo más exactamente posible, la cuota impositiva a la dimensión de la capacidad contributiva[243].

En coincidencia sustancial con la exposición de los autores que podríamos encuadrar en la doctrina clásica sobre el principio de capacidad contributiva, concluimos que los elementos del principio de capacidad contributiva son:

[241] PÉREZ DE AYALA y GONZÁLEZ explican la capacidad contributiva como una aptitud con dos vertientes: Por un lado *"la capacidad como causa del impuesto: La aptitud del ciudadano para soportar el impuesto (en general, sin referirse a alguno concreto)"*. Por otro lado existen las aptitudes del ciudadano para soportar el impuesto, no en abstracto, sino cada uno, concreto y determinado. Cfr. *Curso...*, pág. 177.

[242] En este sentido matiza adecuadamente MOSCHETTI: *"Para que el concurso a los gastos públicos se adecúe a la capacidad contributiva, es necesario no sólo gravar todos los recursos patrimoniales antes indicados, sino también tener en cuenta la situación personal y familiar del contribuyente"*. Cfr. *El principio...*, o. c., pág. 265. También D'AMATI: El principio de capacidad contributiva *"lleva a definir las condiciones de imponibilidad prevalentemente en relación a las situaciones subjetivas (personales y patrimoniales) de cada contribuyente"*. Cfr. *"La perequazione tributaria"*, cit, pág. 484.

[243] *"No significa solamente que la imposición debe operar en presencia de capacidad contributiva y en los límites de ésta, sino también que el monto del tributo debe ser equiparado a tal capacidad"*. Cfr. MANZONI, *Il principio della capacità...*, cit., pág. 14.

1. El presupuesto económico, sobre el que la imposición ha de recaer, que sea índice de capacidad objetiva.

2. El límite que la capacidad contributiva impone a la potestad tributaria del legislador; ayuda así a fijar los márgenes de la tributación de cada sujeto, evita el impuesto confiscatorio y constituye una garantía para la propiedad privada.

3. La efectividad de la relación existente entre el sujeto gravado y el presupuesto de hecho, que no será ficticia, y a la magnitud de esta relación se atenderá para determinar la cantidad de la cuota impositiva.

4. En una dimensión colectiva, el principio establecerá el justo reparto de las cargas públicas en la sociedad y la aplicación de la solidaridad.

A partir de los elementos citados, se puede elaborar una definición de la capacidad contributiva. Su concepto habrá de recoger sus vertientes subjetiva y objetiva y dos caracteres que han sido exigidos por la doctrina, conjunta o alternativamente: los de ser instrumento para la solidaridad y garantía para la propiedad.

La capacidad contributiva es el principio por el que la imposición se adecúa a la aptitud económica personal y familiar del sujeto, en virtud de gravar hechos económicos, indicativos de una riqueza cierta y actual, que no resulta anulada por la imposición, de modo que produce un reparto socialmente justo en el pago de los gastos públicos.

## C) La crisis del principio de capacidad contributiva

En la concepción clásica, la capacidad contributiva funciona como criterio básico del ordenamiento tributario, pero se encuentran contradicciones entre la teoría y su plasmación práctica[244]; uno

[244] Según MARTÍN DELGADO, que las expone sistemáticamente, estas contradicciones pueden consistir en: "*a) Que el hecho imponible no siempre expresa la capacidad económica que el tributo quiere gravar.*

*b) Que la base imponible no siempre es el objeto de la medición o el resultado de medir un hecho imponible.*

*c) Que el hecho imponible no siempre indica capacidad económica para sus titulares a pesar de que son obligados al pago del tributo*". Cfr. MARTÍN DELGADO, "*Los principios de capacidad contributiva e igualdad...*", cit., pág. 86.

de los casos donde se hacen más patentes es en el uso del tributo con fines extrafiscales. Advertidas estas antinomias por la doctrina, algunos autores han abandonado el empeño de erigir este principio en único criterio de justicia tributaria y reducen su función.

La manifestación más clara de la crisis del principio de capacidad es la pérdida de la hegemonía de que gozaba como criterio supremo e indiscutible en la ordenación del sistema tributario, función en la que ahora entran otros principios tributarios[245].

E. GONZÁLEZ sintetiza el punto conflictivo de la relación entre los principios de igualdad y capacidad y muestra el partido que toman otros autores de la doctrina italiana: *"Siendo, naturalmente, la cuestión de fondo determinar si el principio de capacidad contributiva es una mera especificación o concreción del principio de igualdad (ABBAMONTE, FALSITTA, POTITO), o si por el contrario, el principio de capacidad contributiva exige un tratamiento autónomo (MICHELI, MANZONI, FEDELE), debiendo, en este último caso, señalarse qué novedades aporta respecto al principio de igualdad"*[246].

El autor, no sólo de entre los españoles, que ha tratado con más detalle la crisis del principio de capacidad contributiva ha sido PALAO. La causa de su situación crítica, según PALAO, reside en habérsele conferido un papel rector para todo el ordenamiento tributario que no puede desempeñar, como se ha revelado en la práctica por la aparición de diversos problemas en su aplicación[247].

En algunas nuevas formulaciones, la capacidad contributiva deja de ser la traducción de la igualdad en el campo fiscal. Sus funciones son desempeñadas directamente por el principio de igualdad: puesto que el principio de capacidad contributiva implica la admisión de unos límites materiales al legislador, que están ya incluidos en la idea

---

[245] *"Lo que nos importa destacar aquí es que (...) el principio de capacidad contributiva deja de presidir solitario la tributación y pasa a compartir su antiguo terreno con otros principios, especialmente el de igualdad"*. Cfr. PALAO, *"Apogeo y crisis..."*, cit., pág. 404.

[246] Cfr. *"Aportaciones que cabe esperar..."*, cit., pág. 1202.

[247] *"La razón fundamental del fracaso de las doctrinas de la capacidad contributiva, en sus formulaciones dogmáticas, es el intento, metodológicamente erróneo, de hallar en el concepto de capacidad contributiva un criterio exclusivo para determinar la igualdad o diversidad de las situaciones a efectos de la imposición."* Cfr. *"Apogeo y crisis..."*, cit.; pág. 410.

de igualdad material[248]. De aquí deriva la innecesariedad de la formulación positiva del principio de capacidad contributiva.

A las consideraciones sobre la crisis de la capacidad contributiva hacemos varias objeciones.

No parece satisfactorio el argumento de que a través de la igualdad material, ya se encuentra recogido el principio de capacidad contributiva, sin que sea necesaria la mención expresa de ésta. No siempre el respeto de la capacidad contributiva es una exigencia de la igualdad material. Sin su enunciado cabría calificar como justas muchas normas que fueran contrarias a la capacidad contributiva[249]. Sin embargo, con su mención se evita este riesgo y el de una posible interpretación de preceptos tributarios contraria al principio de capacidad contributiva[250]. Así, entre las opciones legislativas que se puedan admitir por no contravenir los principios superiores del ordenamiento (en el caso español los de libertad, igualdad, justicia y pluralismo político, expresados en el artículo 1.2 de la Constitución) ha de elegirse aquella que sea acorde además con el principio de capacidad contributiva.

Por último, aunque no fuera estrictamente necesario, conviene hacer referencia expresa al principio de capacidad contributiva porque si se incluyese dentro del principio de igualdad, dado el contenido tan amplio que ésta tiene, podría no ser percibido por el aplicador de la norma, perdiéndose así una virtualidad que sí se garantiza, en cambio, con la mención del principio de capacidad contributiva.

---

248 *"La tesis de la igualdad en sentido material, prohibición de discriminaciones arbitrarias a la luz de la común conciencia jurídica, es, por tanto, la única que permite atribuir al principio correspondiente un contenido propio, independiente y supraordinado a sus posibles especificaciones positivas, las cuales entonces no resultan lógicamente indispensables, y son sólo un fortalecimiento del principio general"*. Cfr. PALAO, *"Apogeo y crisis..."*, o. c., pág. 415. La concepción de la capacidad contributiva como *"una manera de formular el principio de justicia con referencia concreta al ámbito tributario (...) tiene el inconveniente de que resulta tautológica"*. Cfr. o. c., pág. 422.

249 MARTÍN DELGADO atribuye una eficacia al principio de capacidad contributiva: *"Lo que el principio consigue es que se excluya cualquier otro principio opuesto"*. Cfr. *"Los principios de capacidad económica e igualdad..."*, cit., pág. 69. Afirmación que esconde, bajo su aparente simplicidad, un importante contenido.

250 A. AGULLÓ señala que el principio de capacidad contributiva establece *"un freno a interpretaciones erróneas del principio de igualdad"*. Cfr. *"Una reflexión en torno a la prohibición de confiscatoriedad del sistema tributario"*, en Rev. Esp. Der. Fin., n.º 36, oct.-dic. 1982, pág. 556.

Por último subrayamos, con el argumento más convincente contra la suplantación del principio de capacidad contributiva por el de igualdad, que es posible respetar la igualdad de trato con un régimen fiscal que sea contrario a la capacidad contributiva, tanto por exceso (porque el sistema fuese confiscatorio para todos) como por defecto (porque gravara a todos por debajo de su capacidad contributiva y no se llegara realmente al sostenimiento de los gastos públicos). La capacidad económica es presupuesto del principio de igualdad, pero más específicamente de la capacidad contributiva. La conclusión de ALBIÑANA es rotunda cuando se enfrenta a la supuesta crisis del principio de capacidad y afirma la necesidad de positivizarlo[251]. La doctrina actual admite la existencia de una evolución en el concepto de capacidad contributiva, amortiguando la severa crítica a este principio y otorgándole más beligerancia[252].

Señalamos finalmente, en cuanto a la armonización de los dos principios, que la distinción entre igualdad y la capacidad contributiva -como una de sus especificaciones-, permite considerar idónea, acorde con el principio de capacidad contributiva, una tributación que persiga positivamente la igualdad[253]. Es decir, hasta ahora el empleo de medios fiscales para la consecución de una finalidad extrafiscal (como lo es la redistribución de la renta o la protección de la

[251] *"La capacidad económica como criterio material de justicia debe constituir el principio básico, esencial, sustantivo, para la aplicación de los demás postulados, y así asegura el señorío de la equidad en el sistema de impuestos de que se trate. Además, en una época en que el principio de capacidad económica se abre paso en la asignación de los gastos públicos, sería el colmo de la incoherencia que se negara su rectoría en la vertiente de los impuestos"*. Cfr. *comentario al art. 31 en "Comentarios a las Leyes Políticas. Constitución Española de 1978"*. Dirigidos por O. ALZAGA VILLAAMIL. EDERSA, Madrid, 1983, pág. 323. Similar idea expresa ESCRIBANO, cfr. *"La configuración jurídica..."*, o. c., pág. 233.

[252] Este planteamiento se observa con claridad, en primer lugar, en la obra de E. LEJEUNE: *"El concepto esencial que se reconoce como fundamento de las nuevas teorías consiste, aun aceptando sin reservas el principio de capacidad contributiva como expresión de justicia tributaria, en el desconocimiento del papel básico ruolo basilare que tal principio desarrollaba hasta ahora"*. Cfr. LEJEUNE, *L'eguaglianza*, en *Trattato di Diritto Tributario*, Ed. Cedam, Padua, 1994, pág. 380. MARTÍN DELGADO expresa *"que conviene volver de nuevo sobre estas consideraciones (...) debemos recordar a GRIZIOTTI, autor con quien no se ha hecho demasiada justicia, y a su intento, mantenido por sus discípulos, de dar una formulación jurídico-tributaria a la capacidad económica"*. Cfr. *"Los principios de capacidad contributiva e igualdad..."*, cit., pág. 67.

[253] Explica MARTÍN DELGADO: *"Es posible realizar un juicio sobre la idoneidad de una determinada situación para ser objeto de imposición tributaria en fun-*

familia) se justificaba en virtud del principio de igualdad, que en este caso constituía una excepción al de capacidad. Pero, según su explicación, la capacidad contributiva habilita, no sólo para pagar un tributo que corresponda proporcionalmente a ella, sino para pagar un tributo superior si tiene una finalidad de igualación social.

La soldadura entre ambos principios, tomando al de capacidad como medida de la imposición, queda expresada con sencillez por PÉREZ DE AYALA y GONZÁLEZ: "*Todos los ciudadanos deben ser tratados fiscalmente en un plano de igualdad, en relación con su capacidad económica*"[254].

## D) El Principio de capacidad contributiva en la Constitución y en la jurisprudencia constitucional

El principio de capacidad contributiva queda recogido en el artículo 31 de la Constitución española de 1978: "*Todos contribuirán al sostenimiento de los gastos públicos de acuerdo con su capacidad económica mediante un sistema tributario justo, inspirado en los principios de igualdad y progresividad que en ningún caso tendrán carácter confiscatorio*".

Este principio también se hallaba incluido en el artículo 3 de la LGT: "*La ordenación de los tributos ha de basarse en la capacidad económica de las personas llamadas a satisfacerlos y en los principios de generalidad y equitativa distribución de la carga tributaria*".

El de capacidad contributiva no ha sido un principio muy alegado en los procesos de constitucionalidad, al contrario de lo que ha sucedido con el principio de igualdad. La doctrina es unánime a la hora de calificar la parquedad de jurisprudencia sobre este principio, tanto en lo que se refiere a cantidad como a contenido[255]. No obstante debemos observar que, al estar recogido en el artículo 31.1 de la

*ción de la capacidad económica, no ya para evitar desigualdades arbitrarias (efecto negativo), sino para realizar concretamente la igualdad (efecto positivo). Se elimina así toda la rigidez del concepto tradicional de capacidad económica, entendida como la medida de lo igual y lo desigual, y se posibilita no ya la igualdad <a través> de la capacidad económica, sino la igualdad <sobre> la capacidad económica.*" Cfr. "*Los principios de capacidad económica e igualdad...*", cit., pág. 93.

[254] Cfr. *Curso de Derecho Tributario*, o. c., pág. 176.

[255] ESCRIBANO anota "*una pacata utilización del principio ante el Tribunal Constitucional*". Cfr. *La configuración...*, o. c., pág. 319.

Constitución, no puede fundamentar una demanda de amparo, pues no es uno de los derechos susceptible de protección por esta vía, según establece el artículo 53.2[256].

En relación con este principio, la primera Sentencia relevante del Tribunal Constitucional es la 27/1981, de 20 de julio. Puede considerarse que contiene el concepto y la definición de capacidad contributiva adoptados por el Tribunal[257].

Al reconocer a la capacidad económica su carácter de presupuesto para la imposición y la necesidad de aplicar otros principios tributarios, como la igualdad y progresividad, sigue una doctrina expuesta ya ampliamente, iniciada por GIARDINA en Italia, continuada en España por PÉREZ DE AYALA[258], MARTÍN DELGADO[259], LEJEUNE[260], ESCRIBANO[261] y LASARTE[262].

Como regla general, para el Tribunal Constitucional (STC 37/1987, F.J. 13.º y STC 221/1992, de 11 de diciembre, F.J. 4.º) basta la existencia de una capacidad económica, aun potencial, para que el principio se considere respetado. No obstante ha exigido que se aprecie estrictamente el principio de capacidad contributiva, con mayor rigor que en otros institutos, solamente en el IRPF[263].

---

[256] Así lo reconocen claramente las STC 53/1993 (*"El art. 31 de la Constitución no figura entre los preceptos constitucionales para los que el art. 53.2 C.E. ha reservado la protección del recurso de amparo"*) y 54/1993, de 15 de febrero, que reproduce el argumento de modo casi literal.

[257] *"Capacidad económica, a efectos de contribuir a los gastos públicos, tanto significa como la incorporación de una exigencia lógica que obliga a buscar la riqueza allí donde se encuentra. Pero el servicio de esta exigencia no asegura, por sí solo, un sistema tributario justo, inspirado en los principios de igualdad y progresividad"*. (F.J. 4.º).

[258] Cfr. *"Las cargas públicas..."*, cit., pág. 90.

[259] Cfr. *"Los principios de capacidad económica..."*, cit.; pág. 66.

[260] Cfr. *"Aproximación al principio constitucional..."*, cit., pág. 119.

[261] Cfr. *"La configuración jurídica..."*, o. c., pág. 261.

[262] Cfr. LASARTE, RAMÍREZ y AGUALLO, *Jurisprudencia del Tribunal Constitucional en materia financiera y tributaria (1981-1989)*, Ed. Tecnos, Madrid, 1990; pág. 90.

[263] Cfr. Sentencia del Tribunal Constitucional 209/1988. La concepción de la capacidad contributiva, que el Tribunal recoge en esta Sentencia, es la de "medida de la igualdad": *"El legislador ha de ordenar la tributación sobre la renta en atención a la capacidad económica que muestren los sujetos pasivos del impuesto, al ser la capacidad, en este ámbito, medida de la igualdad"*. (F.J. 6.º). La STC 45/1989 continúa el mismo espíritu.

## IV. Derecho a la intimidad

### A) Justificación, concepto y contenido

En el ordenamiento jurídico español se reconoce el derecho a la intimidad, bajo la rúbrica *"De los derechos fundamentales y de las libertades públicas"*, en el artículo 18.1 de la Constitución: *"Se garantiza el derecho a la intimidad personal y familiar y a la propia imagen"*. En el n.º 4 se actúa esta garantía con el límite legal en el uso de la informática.

El interés de traer a colación el derecho a la intimidad dentro de la materia de tributación familiar queda de manifiesto por el reconocimiento de una específica intimidad fiscal, que ha sido formulada, especialmente en el plano conyugal, por el Informe ASPREY[264]. Además, la existencia de una intimidad familiar ha sido uno de los argumentos esgrimidos por el Tribunal Constitucional español en los fundamentos jurídicos de las Sentencias 209/1988 y 45/1989, sobre tributación familiar. Ya en este primer momento conviene indicar que la intimidad fiscal familiar puede tener diversos significados, como más adelante estudiaremos.

Se incluye entre los derechos de la personalidad o personalísimos, de origen civilista y de elaboración doctrinal y jurisprudencial, más que legal. De las doctrinas formuladas sobre el derecho a la intimidad se deduce que se pueden dar dos conceptos de la misma. Uno objetivo, según el cual la intimidad es la protección global de la propia personalidad frente a intromisiones ajenas[265], y otro subjetivo,

---

[264] *"El derecho a la tributación individual siempre se ha reconocido en Australia. En un momento en que la mujer juega un papel económico y social cada vez mayor, la supresión de este derecho se consideraría sin duda como un paso hacia atrás. Y los reparos no vendrían sólo de parte de las mujeres; también los hombres podrían oponerse a una fusión universal y obligatoria de sus asuntos fiscales con los de sus esposas. Según el Comité, un cambio en este sentido sería políticamente inaceptable, independientemente de que las mujeres casadas (o los hombres casados) fueran a pagar más o menos impuestos que en la actualidad después del cambio; en este problema intervienen las actitudes sociales respecto de la independencia de los sexos más que las consideraciones puramente económicas"*. Cfr. Informe ASPREY, en *Sistema fiscal y familia*, o. c., pág. 10.

[265] La jurisprudencia del Tribunal Constitucional alemán elaboró esta distinción. DE CASTRO sigue un concepto objetivo de intimidad. Cfr. F. DE CASTRO Y BRAVO, *Temas de Derecho Civil*, Madrid, 1972; pág. 19.

para el que la intimidad es todo aquello que la persona desea mantener en secreto[266].

La Constitución Española no ha definido el concepto de intimidad[267]. Una definición del derecho a la intimidad se encuentra en la Sentencia del Tribunal Constitucional 143/1994, de 9 de mayo, F.J. 6.º: la intimidad consiste *"en la existencia de un ámbito propio y reservado frente a la acción y el conocimiento de los demás, necesario, según las pautas de nuestra cultura, para mantener una calidad mínima de la vida humana"*. También la STC 110/1984, de 26 de noviembre, es esencial en cuanto a la doctrina de la jurisprudencia constitucional sobre este derecho a la intimidad[268].

De la dificultad de deslindar el ámbito de la intimidad da fe el hecho de que se haya discutido si pertenecen o no al mismo los datos relativos a los ingresos económicos de la persona.

El artículo 111.5 de la Ley General Tributaria (LGT) señala que el deber de información de los profesionales *"no alcanzará a los datos privados no patrimoniales que conozcan por razón del ejercicio de su actividad, cuya revelación atente al honor o a la intimidad personal y familiar de las personas"*.

En esta materia la resolución más destacable es la Sentencia del Tribunal Constitucional 110/1984. Puede afirmarse que el Alto Tribunal centra adecuadamente la cuestión: *"El primer problema que se plantea en el presente caso es determinar en qué medida entran dentro de la intimidad constitucionalmente protegida los datos relativos a la situación económica de una persona y a sus vicisitudes"*. (F.J. 3.º). Pero posteriormente pueden encontrarse diversos reparos a esta Sentencia.

---

[266] Cfr. SANTA MICALI, *Fisco e segreto bancario*, Ed. Giuffrè, Milán, 1984; pág. 80.

[267] *"La respuesta a estos silencios sólo puede encontrarse en el relativo grado de desarrollo doctrinal y jurisprudencial, respecto al significado y conceptuación de estos derechos, que haría superflua una descripción en el texto constitucional."* Cfr. J. BERMEJO VERA, *"Premisas jurídicas de la intimidad personal y de la protección de los datos en el Derechos español"*, en *Libro Homenaje al prof. VILLAR PALASÍ*, Ed. Civitas, Madrid, 1989; pág. 150.

[268] En el comentario de J. A. SANTAMARÍA PASTOR el juicio sobre esta sentencia es negativo. Cfr. *"Sobre derecho a la intimidad, secretos y otras cuestiones innombrables"*, Rev. Esp. Der. Cons., n.º 15/1985; págs. 160-161. Cfr. también J. L. MEILÁN GIL, *"El deber de información de los profesionales a la Administración tributaria"*, en Rev. Esp. Der. Fin., n.º 54/1987; pág. 243.

Por un lado, no aparece en la fundamentación jurídica ninguna definición del derecho a la intimidad, ni afirmaciones netas sobre su contenido y su rango en el contraste con otros derechos. El Tribunal acoge un concepto estricto de la intimidad de las personas, del que queda fuera la vertiente económica de la vida[269]. Como afirma con reiteración la doctrina, la argumentación del Tribunal es zigzagueante y llena de vacilaciones[270].

Los pronunciamientos jurisprudenciales reseñados nos compelen a argumentar por qué en el contorno de la intimidad se incluyen también los datos económicos de la persona, aunque esta necesidad no deje de resultar sorprendente. Con mayor motivo cuando con los actuales procedimientos, por ejemplo informáticos, es más fácil obtener una visión conjunta de una persona con la reunión de los datos recabados en distintas ocasiones[271].

Dentro del esbozo que hacemos de la intimidad económica, conviene de entrada señalar que la mera trascendencia de cifras abstractas de ingresos y gastos, saldo de cuenta corriente, valores patrimoniales, etc., puede suponer el conocimiento de la intimidad de la persona; cabe deducir de ellas hechos como el nivel de vida, expectativas de comportamientos personales que dependan de su capacidad adquisitiva y decisiones, de carácter eminentemente familiar, atinentes a la sucesión en la titularidad de sus bienes. Es evidente que, ante la Hacienda, cede en este caso el derecho a la intimidad frente al conocimiento de cifras abstractas; pero conviene advertir que la revelación de estos datos por un funcionario de la Administración tributaria, aparte de la violación de su estatuto profesional, produce una lesión de la intimidad de la persona afectada. Además, se justifica la índole reservada que se debe reconocer a los datos económicos si éstos quedan consignados con carácter global de modo que reflejen

[269] Sobre la cual concluye la misma Sentencia: *"Estos datos (movimientos bancarios) en sí no tienen relevancia para la intimidad personal y familiar del contribuyente, como no la tiene la declaración sobre la renta o sobre el patrimonio"*. (F.J. 5.º).

[270] Dice SANTAMARÍA: *"Tan prolijas y redundantes justificaciones sólo se explicarían si el punto de partida fuese el de que, en efecto, los datos económicos que resultan de las cuentas corrientes forman parte de la intimidad constitucionalmente protegida. Y esto es lo que la Sentencia, de modo inexplicable, se niega a reconocer abiertamente"*. Cfr. *"Sobre derecho a la intimidad, secretos..."*, cit., pág. 163.

[271] Esta es la causa por la que algunos ordenamientos jurídicos han incluido una limitación del uso de la informática para proteger la intimidad, como sucede en el número 4 del mismo artículo 18 de la Constitución Española y el art. 35.2 de la Constitución Portuguesa de 1976.

la actividad económica de las personas, y no un aspecto aislado. Esto sucede en las declaraciones tributarias; también en las cuentas bancarias, que el recurrente en amparo -GARRIDO FALLA- del caso que resuelve la Sentencia 110/1984 denomina *"biografía personal en números"*.

Por otra parte, la divulgación de las personas intervinientes en transferencias dinerarias, aun desconociendo su cuantía o <causa concreta>, basta para afectar al derecho a la intimidad. Así el conocimiento de la identidad del receptor, si se trata de entidades u organizaciones políticas, religiosas o sociales, puede revelar las convicciones de la persona en esas materias, cuya reserva está, por otra parte, protegida en el artículo 16.2 de la Constitución. Si el receptor del pago es profesional relacionado, por ejemplo, con la Medicina o Farmacia, su conocimiento puede significar la revelación de circunstancias de la salud, claramente incluida en la esfera de la intimidad. También, saber quién recibe un pago puede comprometer el honor del que lo hace. En fin, es razonable pensar que la limitación en el conocimiento y la divulgación de datos económicos, al estar protegidos por los derechos antes mencionados (libertad ideológica y religiosa, honor) u otros como el secreto de las comunicaciones y la inviolabilidad del domicilio, tiene mayor fundamento en el derecho a la intimidad, dado que éste engloba a aquéllos y es más amplio aún que la suma de todos ellos, pues basta que un hecho esté relacionado con la vida privada de una persona para que resulte protegido por el derecho a la intimidad.

Por otra parte, la revelación del ejercicio de algunas operaciones económicas puede implicar la puesta en peligro de la libertad y seguridad de la persona; fácilmente se pueden imaginar las posibilidades de sufrir secuestro o extorsión.

La alegación de que las actividades económicas se realizan en el marco de un tráfico jurídico, sometido a su conocimiento por terceros y que exige su publicidad, no resulta acertada, pues no siempre se exige la publicidad de los actos jurídicos, ni siquiera su documentación; o bien ésta en muchos casos reviste una forma privada[272]. Así, en el caso concreto de las cuentas bancarias, dado que su uso es total-

[272] Véase el artículo 1280 del Código Civil donde se enumeran los actos que deberán constar en documento público y por escrito.

mente potestativo, sería injusto -e incluso perjudicial para la seguridad del tráfico- que sus datos se sometan a una publicidad de la que carecerían los mismos hechos si no hubieran quedado reflejados en una cuenta bancaria.

La doctrina es unánime en esta calificación[273].

En conclusión, la Sentencia tendría que haber sentado bien el carácter íntimo de los datos económicos de las personas y, después, que el derecho a la intimidad debe conjugarse con el interés público, con la importante observación del carácter fundamental del derecho a la intimidad.

Sin embargo, el derecho a la intimidad, como todos los derechos subjetivos, no es ilimitado; en concreto se encuentra subordinado al interés público y puede limitarse por esta razón. Así lo reconoce la Exposición de Motivos de la Ley Orgánica de 5 de mayo de 1982 sobre protección civil de los derechos a la intimidad personal y familiar, en la que se dice: "*Los imperativos del interés público pueden hacer que por ley se autoricen expresamente determinadas entradas en el ámbito de la intimidad*". La limitación de los derechos constitucionales ha sido recogida por reiterada jurisprudencia constitucional.

En concreto esta limitación rige para la materia tributaria en virtud de lo que establece el artículo 31 de la Constitución. El párrafo 3.º distingue entre prestaciones personales y patrimoniales para el sostenimiento de los gastos públicos. Como prestación de carácter personal se encuentra la colaboración que el contribuyente debe proporcionar a la Hacienda Pública.

Dentro del deber de colaboración está el deber de proporcionar información a la Administración tributaria. El deber de información cristalizó en el artículo 111 LGT. Dice su número 1, según la redacción que le ha dado la Ley 10/1985: "*Toda persona natural o jurídica, pública o privada, estará obligada a proporcionar a la Administración Tributaria toda clase de datos, informes o antecedentes con trascendencia tributaria, deducidas de sus relaciones económicas, profesiona-*

---

273 "*Con toda evidencia, los datos de la vida privada que se reflejan en las operaciones bancarias de una persona forman parte del ámbito de intimidad constitucionalmente protegido, cuyo respeto ésta tiene pleno derecho a exigir*". Cfr. SANTAMARÍA, "*Sobre derecho a la intimidad, secretos...*", cit., pág. 170.

*les o financieras con otras personas"*. A continuación detalla algunos de esos casos[274].

El mismo artículo 111 de la Ley General Tributaria regula la posibilidad de guardar secreto frente a la Administración tributaria, se refiere principalmente al secreto profesional del que queda excluido el secreto bancario.

En conclusión, consideramos que el derecho constitucional a la intimidad incluye la parcela económica de la vida de la persona. Sin embargo, una limitación del derecho a la intimidad surge por el interés público de la recaudación de tributos. Por tanto, el derecho a la intimidad de datos económicos no puede invocarse ante el Fisco; en este caso prevalece el deber de información tributaria, como límite del derecho a la intimidad.

Ahora bien, la limitación de un derecho fundamental debe ser la mínima necesaria para cumplir la finalidad para la que se reconoce, en este caso el interés público de que se realice la tributación. Una vez satisfecho dicho interés público se debe respetar el derecho a la intimidad; de otro modo cabe reputar arbitraria su limitación, que sería por tanto inconstitucional[275].

### B) La intimidad familiar. Sus dimensiones.

El artículo 18 de la Constitución hace referencia a la intimidad familiar. Se pueden apreciar dos dimensiones de la misma:

a) La propia de los hechos acaecidos en el seno familiar, frente a su divulgación a terceros.

b) La intimidad que puede existir entre los miembros de una misma familia.

---

[274] No obstante, la contraposición entre el derecho a la intimidad y el deber de información no es, para algunos autores, una construcción adecuada. Sucede que, a falta de una construcción jurídica de los límites de la facultad de la Administración para recabar información, se recurre al derecho a la intimidad como límite de aquélla, dado que sí se le puede reconocer alguna eficacia para obtener el respeto a la posición jurídica de los particulares.

[275] La STC 110/1984 reconoce: *"El art. 18.1 de la Constitución hay que entender que impide las injerencias en la intimidad "arbitrarias o ilegales", como dice claramente el art. 17.1 del Pacto de Derechos Civiles y Políticos (Pacto de Nueva York), ratificado por España y con arreglo al cual, de acuerdo con el art. 10.2 de la Constitución, hay que interpretar las normas relativas a los derechos fundamentales que la Constitución reconoce, y entre ellos el derecho a la intimidad personal y familiar"*. (F.J. 8.º).

Por lo que hace referencia a la primera modalidad, la tributación conjunta de las rentas familiares implica que una persona debe declarar los datos económicos de los demás miembros de la familia. Si la tributación conjunta es obligatoria se le impone ese deber de modo ineludible. Cabe preguntarse entonces hasta qué punto es legítimo obligar a una persona a que dé información tributaria acerca de un tercero con quien tiene una relación familiar. Este empleo, imperativo, del vínculo de parentesco con finalidad indagatoria adquiere todos los visos de lesionar la intimidad familiar. Además, con la implantación del delito fiscal, esta materia puede tener derivaciones penales, y no está de más hacer notar el trato más riguroso que sufre el vínculo de parentesco en el ámbito fiscal, en comparación con el que le otorga la Ley de Enjuiciamiento Criminal (LECrim)[276]. Estimamos que un contribuyente puede acogerse al derecho reconocido en el artículo 24 de la Constitución para no revelar datos económicos con trascendencia fiscal relativos a un familiar[277].

Adoptando otra perspectiva se encuentran más razones para no imponer este sacrificio de la intimidad familiar; son dos fundamentalmente:

1. La obligación de facilitar información tributaria se suele imponer a personas ligadas al sujeto pasivo con una relación económica (empleador, entidad bancaria, contratante, etc.), en un plano completamente distinto de la relación familiar. En el ordenamiento español se comprueba con el examen del mentado artículo 111 LGT, que la regula.

2. El interés público, de obtener los datos necesarios para recaudar los impuestos directos, se satisface suficientemente con la declaración separada, también de las personas que estén integradas en una

[276] También PALAO critica la ausencia, que se da con carácter general en las normas tributarias, de la toma en consideración del vínculo familiar en materia del deber de colaboración: "*Las normas tributarias españolas no prevén exenciones al deber de comunicación de datos cuando de éstos pudiera resultar una persecución penal para el propio tercero o para determinados parientes del mismo. Por el contrario, la Ordenanza tributaria alemana concede el derecho a rehusar la información a los parientes próximos del propio sujeto pasivo (pgfo. 101) o al propio tercero requerido, cuando la información entrañe el peligro de una persecución del mismo por un delito o una infracción administrativa (pgfo. 103)*". Cfr. "*La potestad de obtención de información...*", cit., pág. 140.

[277] La Constitución establece en el artículo 24.2, in fine: "*La ley regulará los casos en que, por razón de parentesco o de secreto profesional, no se estará obligado a declarar sobre hechos presuntamente delictivos*".

unidad familiar, del mismo modo que lo está en todos los demás casos de personas que tributan individualmente. El refuerzo que podría obtenerse en algunos casos, por el aprovechamiento de los lazos familiares para conseguir la información, adquiere tintes discriminatorios contra la familia.

Han quedado al margen de estas consideraciones, por la evidencia del problema, las dificultades de cumplir este imperativo, si se carece de una regulación específica, en las situaciones de crisis familiar, ya sea por separación conyugal de hecho o de derecho, o por independencia de los hijos aún menores, en las diversas situaciones previstas por el Derecho.

En cuanto a la intimidad en el seno familiar, se ha barajado también otro concepto distinto de intimidad fiscal, más utilizado en el estudio de la tributación de la renta familiar e incluso esgrimido en las Sentencias del Tribunal Constitucional español sobre la materia. Se trata del derecho de cada cónyuge a que no sean conocidos sus datos fiscales por el otro. Así se encuentra reconocido en el *<Libro verde>* británico *La imposición sobre el marido y la mujer*[278].

El respeto a este deseo de privacidad se lograría solamente con la admisión de la declaración separada de las rentas. Esta posibilidad debe dejarse a la libre elección de los contribuyentes; si bien podría parecer adecuado reservar la tributación separada sólo a los casos en que los cónyuges realicen una disposición independiente de sus respectivas rentas, la comprobación que habría de hacer la Administración tributaria sobre dicho uso separado también sería atentatorio contra la intimidad[279].

Distinto del caso de tributación conjunta, la alusión al derecho a la intimidad puede hacerse en el tema de la posible transferencia de las deducciones. Podría violarse este derecho a la intimidad entre los

---

[278] *"Este criterio está estrechamente relacionado con el de la igualdad entre los sexos. Las esposas podrían mantener en secreto sus propios ingresos y sus asuntos fiscales respecto de sus maridos (y éstos respecto de sus esposas). Algunos podrán conceder más importancia a la necesidad de este requisito que otros; hay también quienes sostienen que más deseable sería un sistema conjunto en el que no hubiera ningún secreto entre marido y mujer, y en el que recayera igualmente sobre ambos la responsabilidad de declarar sus ingresos globales"*. Cfr. *Sistema fiscal y familia*, o. c., pág. 92.

[279] *"Cualquier intento de investigar los acuerdos personales de la vida de las parejas para determinar si de hecho comparten su renta, requeriría una seria invasión de la privacidad"*. Cfr. OLDMAN y McINTYRE, *"Imposición de la familia en un impuesto sobre la renta extensivo y simplificado"*, cit., pág. 215.

esposos si se admite la transferibilidad de aquellas no utilizadas por un cónyuge hacia el otro. Esto implicaría que cada cónyuge tendría que conocer la situación fiscal del otro, en definitiva, sus ingresos y gastos deducibles[280].

La independencia de las personas, con indiferencia de su sexo, abre diversos frentes de críticas a los sistemas tributarios por causa de la intimidad. A las mencionadas en el Informe ASPREY podemos añadir las que recoge el citado <*Libro verde*>[281].

El concepto de intimidad entre los cónyuges no siempre es admitido[282]. Así en las alegaciones del Abogado del Estado en la STC 45/1989, de 20 de febrero[283], señala que se ha de considerar indivisible el concepto <intimidad personal y familiar>, a la luz del artículo 18.1 de la Constitución y la Ley Ogánica 1/1982. Con independencia de las razones aducidas, basadas en la regulación del régimen económico matrimonial, no compartimos la indiferenciación entre ambas dimensiones de intimidad, por la cual la intimidad personal, en principio, abarcaría también los acontecimientos familiares de la persona, y no sería necesario aludir expresamente a una intimidad familiar. En este caso el ámbito de la intimidad, para quien esté integrado en una familia, sería la misma familia, dentro de la cual no podría alegarse un derecho a la intimidad.

No compartimos esta interpretación porque la expresión <intimidad personal y familiar> así entendida sería reductiva y serviría sólo para anular la posibilidad de intimidad de los miembros de la familia entre sí. Por el contrario, el añadido del adjetivo familiar a la intimidad implica, a nuestro entender, que se subraya la reserva que

[280] *"Con el sistema de transferibilidad total de las desgravaciones, el secreto sólo podría lograrse en todos los supuestos si al cónyuge económicamente dependiente se le concediera el derecho a negarse a transferir las desgravaciones no utilizadas".* Cfr. el británico <*Libro verde*> *La imposición sobre el marido y la mujer*, o. c., pág. 113.

[281] *"Las críticas a nuestro sistema tributario como injustamente discriminatorio entre marido y mujer no proceden exclusivamente de las mujeres; algunos hombres se quejan de tener que enterarse de todos los detalles sobre los ingresos de su mujer, examinando toda la correspondencia relacionada con los mismos".* Cfr. o. c., pág. 95.

[282] *"Naturalmente que resulta polémico el mantenimiento de tal criterio, pues algunas opiniones pueden inclinarse por considerar deseable que no exista ningún secreto de esta naturaleza entre los cónyuges, recomendando incluso la firma conjunta de la declaración".* Cfr. MENDOZA OLIVÁN, *Estudio introductorio* a *Sistema fiscal y familia*, o. c., pág. XV.

[283] Antecedente n.º 4, apartado c) in fine.

merecen los acontecimientos producidos en el seno de la familia, sin que su conocimiento por un círculo más o menos amplio de personas (familiares o allegados) suponga que ya no hay lugar para el derecho a la intimidad. Lo que no parece adecuado es reducir, con motivo del reconocimiento de la intimidad familiar, el concepto de intimidad personal, desconociendo la intimidad de cada persona dentro del ámbito familiar.

La intimidad entre los cónyuges sí adquiere importancia, es natural, en los casos de crisis conyugal, en los que no puede pretenderse que uno de los cónyuges facilite los datos de ambos. De todas formas nos parece más relevante el concepto de la intimidad familiar como reserva de los datos económicos familiares frente a terceros, resultando atentatorio a la intimidad la obligación impuesta a un cónyuge, ascendiente o descendiente, de revelar los datos económicos de su pariente.

En conclusión, para respetar el derecho fundamental a la intimidad personal y familiar, debe reconocerse siempre la posibilidad de que cada persona tribute individualmente por sus rentas propias.

## V. El principio constitucional de protección a la familia

### A) Derecho comparado y español. Vigencia en España del concepto de familia de los textos internacionales.

Según el Derecho Comparado las referencias a la familia en las Constituciones son frecuentes. En unos casos se trata de una mención escueta sobre su protección, como en Italia y Alemania. El artículo 31.1 de la Constitución Italiana impone a la República el deber de favorecer a la familia *"con medidas económicas y otras disposiciones, la formación de la familia y el cumplimiento de sus fines, particularmente a las familias numerosas."* El artículo 6 de la Ley Fundamental de Bonn, de 1949, señala: *"El matrimonio y la familia están bajo la protección particular del ordenamiento estatal"*. En otros casos el concepto constitucional es más elaborado, como en el artículo 41.1 de la Constitución de Irlanda de 1937, donde la familia se considera *"la célula natural, primaria y fundamental de la vida en sociedad, como una institución moral que posee derechos inalieables e imprescriptibles, anterior y superior a toda ley positiva"*.

Por último hacemos notar que el artículo 39 de la Constitución Española, sobre protección a la familia, parece directamente inspirado en el artículo 67 de la Constitución Portuguesa de 1976: "*El Estado reconoce la constitución de la familia y asegura su protección*".

Los preceptos de la Constitución Española relacionados con la familia no contienen un concepto expreso de la misma[284]. A falta de éste, ha de examinarse si acaso en la Constitución no existe un concepto implícito de la familia.

En primer lugar destaca el hecho de la regulación constitucional con completa independencia respectiva entre el matrimonio y la familia: el primero se reconoce en el artículo 32 y la protección a la familia está recogida en el artículo 39[285]. Por tanto, el encuadramiento sistemático de la protección a la familia se realiza dentro de los principios rectores de la política social y no con los derechos y deberes de los ciudadanos[286].

Existen otras referencias a la familia en el texto constitucional, como la del derecho al trabajo con remuneración suficiente para cubrir las necesidades personales y de la familia, y otros derechos que serán fácilmente ejercidos en el ámbito familiar, por ejemplo, el derecho a la herencia[287].

---

[284] "*La imprecisión, ambigüedad y obscuridad de los textos fundamentales en los que nuestra Constitución plantea los temas del matrimonio y la familia son de consecuencias imprevisibles, ya que se permite al legislador futuro caminar libremente según los criterios que le dicten su razón y su conciencia, lo que puede conducir a bruscas alternativas*". Cfr. N. MARTÍNEZ MORÁN, "*La familia y su protección constitucional*", en Revista de la Facultad de Derecho de la Universidad Complutense, Madrid, 1978; pág. 144.

[285] "*El tratamiento constitucional de la familia dista de haber recibido aprobación unánime por la doctrina. No parece lógica la separación entre el <ius connubii> (art. 32) y la protección jurídica de la familia (art. 39)*". Cfr. G. GARCÍA CANTERO, "*Conexiones constitucionales entre propiedad, familia y vivienda*", en *El sistema económico en la Constitución Española*, Centro de Publicaciones del Ministerio de Justicia, Madrid, 1994; pág. 710.

[286] "*Resulta harto dudoso que el lugar adecuado para el artículo 39, al menos en su parte más sustantiva (protección jurídica de la familia, protección integral de los hijos y de las madres, deberes de asistencia de los padres), sea el capítulo 3.º. Lo menos que puede decirse es que no hubiera chocado tanto que apareciera sistemáticamente dentro o a continuación del art. 32.*" Cfr. GARCÍA CANTERO, "*Conexiones constitucionales...*", cit., pág. 710.

[287] "*El fundamento sistemático de la inclusión del artículo 39 en este capítulo puede ser considerar a la familia como destinataria de gran parte de las normas protectoras que el capítulo consagra*". Cfr. D. ESPÍN CÁNOVAS, comentario al artículo 39, en *Comentario a las leyes políticas*, o. c., Tomo IV; pág. 20.

La fórmula que usa la Constitución Española sobre protección a la familia podemos calificarla como propia del Estado social de Derecho, que en estas materias hace amplias declaraciones de derechos del individuo, a la vez que diseña una Administración intervencionista, sin reconocer gran protagonismo a la familia[288].

Es de particular importancia el apartado segundo del artículo 10 de la Constitución, por el cual las normas constitucionales españolas tienen una clara referencia a la hora de su interpretación y aplicación: los textos internacionales sobre Derechos Humanos ratificados por España. Quiere esto decir que existe una vía de introducción en España de los preceptos internacionales que les dota de una extraordinaria fuerza y facilita su vigencia en el territorio nacional, pues pueden ser invocados directamente ante los Tribunales españoles y éstos pueden aplicarlos también directamente. El artículo 10 es de especial interés en cuanto a la protección a la familia, pues ésta aparece mencionada en numerosos textos internacionales. En concreto, como valoración paradigmática de la familia en las disposiciones que inspiran la interpretación constitucional, citamos el artículo 16.3 de la Declaración Universal de Derechos Humanos de la Asamblea General de la ONU, de 10 de diciembre de 1948: *"La familia es el elemento natural y fundamental de la sociedad y tiene derecho a la protección de la sociedad y del Estado."*

La familia, sus derechos y su protección han sido recogidos en muchos documentos de Naciones Unidas. Una explicitación de su concepto, sintetizado del implícito en diversas resoluciones, define la familia como *"una institución social de origen natural, basada en lazos de relación derivados del matrimonio, de la descendencia o de la adopción, y constituida, en su forma originaria o nuclear, por los padres, normalmente casados, aunque no necesariamente, y sus des-*

[288] El balance que E. GONZÁLEZ obtiene de la parca redacción del artículo 39 es que: *"apartándose de la Declaración Universal de los Derechos del Hombre, no se reconoce a la familia ningún carácter <natural> o <fundamental> dentro de la sociedad. Es más, tampoco se dice que tenga derecho a ser protegida, sino que, en la línea de la Constitución de 1931, afirma que <los poderes públicos aseguran su protección>. Se tiene la impresión, al leer el texto constitucional, que en la tensión individuo-Estado, los grupos sociales intermedios son los que han llevado la peor parte"*. Cfr., *La familia ante el Fisco*, o. c., pág. 25.

*cendientes, los hijos, unidos por lazos familiares fortalecidos por el amor y el respeto mutuo*"[289].

De entre otros convenios internacionales, al margen de las Naciones Unidas, en los que también se recoge la protección a la familia, señalamos el artículo 23.1 del Pacto Internacional de Derechos Civiles y Políticos de 16 de diciembre de 1966, ratificado por España el 27 de abril de 1977, que establece: "*La familia es el elemento natural y fundamental de la sociedad y tiene derecho a la protección de la sociedad y del Estado*". De modo similar se redacta el artículo 10.1 del Pacto Internacional de los Derechos Económicos, Sociales y Culturales: "*Se debe conceder a la familia, que es el elemento natural y fundamental de la sociedad, la más amplia protección y asistencia posibles, especialmente para su constitución y mientras sea responsable del cuidado y de la educación de los hijos*".

La interpretación de la Constitución a la luz de esos textos ha sido reconocida por el Tribunal Constitucional en la Sentencia 62/1982, de 15 de octubre, doctrina que se repite en la Sentencia 78/1982, de 20 de diciembre.

Sentadas como premisas las indicaciones anteriores, es necesario obtener las conclusiones que nos ayuden a desvelar cómo ha de realizarse la aplicación del principio <favor familiae> en el ámbito de nuestra investigación sobre tributación de la renta familiar.

La primera cuestión trae su causa de la desvinculación entre la regulación del matrimonio y de la familia; consistirá en saber si esta distinción produce secuelas jurídicas. En concreto puede cuestionarse si, en consecuencia, el matrimonio se considera incluido en el concepto <familia> y, por tanto, es acreedor de la protección dispensada a aquélla o no. En otro caso, habría que atender sólo a la existencia de descendencia para considerar formada una familia.

Nos parece acertada la conclusión de incluir dentro del concepto de familia al matrimonio que no tiene descendencia; a éste alcanzará también la prescripción de protección a la familia[290]. Esta opinión

[289] *A. DE GREGORIO, A. DOSIL, F. SECADAS, "El concepto de la familia en los documentos emanados de las Naciones Unidas"*, Conferencia preparatoria del Año Internacional de la Familia (Xunta de Galicia). Santiago de Compostela, julio de 1993; pág. 113.

[290] *"La protección aquí augurada debe extenderse a la celebración del matrimonio. (...) A esta misma conclusión se llega también parcialmente mediante la puesta en relación del artículo 32 con el párrafo primero del artículo 53"*. O. ALZAGA, *La Constitución Española de 1978. Comentario sistemático*, Ed. del

está claramente confirmada por el Tribunal Constitucional en la Sentencia 222/1992, de 11 de diciembre[291].

Como efecto de estas consideraciones la expresión cargas familiares ha de abarcar también aquellas que sean inherentes al matrimonio, y no sólo las que aparecen cuando existe descendencia.

Otra cuestión es si se subordina la protección familiar a la previa existencia de un vínculo matrimonial. En este caso sí tiene relevancia la desvinculación entre la regulación del matrimonio y de la familia, cuyo efecto principal se desprende del propio contenido del artículo 39, cuando dispensa aquella protección a la familia extramatrimonial.

También se debe discernir si la Constitución, en la regulación de la familia, ha establecido algún criterio por el cual se entienda que el principio de igualdad es aplicable también entre familias y no sólo entre los individuos. La respuesta tendrá su importancia para la valoración del sistema de tributación de las rentas familiares. Por una parte la familia no está reconocida como sujeto de derechos, de los cuales sólo pueden ser titulares los individuos o los entes con personalidad jurídica. No obstante, la igualdad en la Constitución no sólo se articula como derecho subjetivo, sino también como principio -como hemos examinado en un epígrafe anterior-, por lo que no es preciso que sea alegado por un titular de derechos.

Por otra parte el argumento favorable a la <igualdad entre familias> encuentra un claro apoyo en el artículo 9.2 de la Constitución, cuando establece como objetivo constitucional *"la igualdad del individuo y de los grupos en que se integra"*. Dentro de los grupos en los que puede integrarse el individuo, destinatarios por tanto de este precepto, como primero y fundamental, se encuentra la familia.

### B) La protección a la familia, ¿es una finalidad extrafiscal del impuesto?

La peculiaridad de la imposición sobre la renta familiar debe consistir principalmente en la aplicación de un trato fiscal adecuado

Foro, Madrid, 1978; pág. 311. También lo entiende así O'CALLAGHAN, cuando habla de los fines de la plena comunidad de vida en el matrimonio: "...*Fundación de una nueva familia, en sentido restringido, integrada de momento por los cónyuges y quizá más tarde por los hijos procreados en dicha relación estable*". Cfr. *Compendio de Derecho Civil*, tomo IV, *Derecho de familia*, Madrid, 1985, pág. 23.

[291] Asegura: "*En el concepto constitucional de familia entra, sin duda, el supuesto del matrimonio sin descendencia*". F.J. 4.º.

a las rentas ingresadas y, además, en la consideración fiscal de los gastos en que se traducen las obligaciones asumidas por la familia.

A este planteamiento responde el esquema que hemos adoptado en el Primer Capítulo de nuestro trabajo. Por un lado, la idoneidad del sistema de tributación de los cónyuges, con la elección entre la unidad familiar y el individuo, resuelve básicamente un problema de capacidad contributiva: si un perceptor de rentas contrae matrimonio varía su capacidad contributiva; a su vez no es indiferente que el otro contrayente disponga o no de rentas, o en qué cantidad.

Por otro lado, la asunción por el perceptor de rentas de cargas familiares es evidente que también modifica su capacidad contributiva. Pero se cruza en este caso una variable: la protección dispensada a la familia por el ordenamiento jurídico puede atemperar o neutralizar dicha disminución de la capacidad contributiva; incluso, teóricamente, sería posible verter a la familia unos beneficios mayores que las cargas soportadas. Este objetivo protector puede alcanzarse utilizando instrumentos fiscales a los que se da una finalidad extrafiscal; en consecuencia la imposición familiar no entrañaría sólo una cuestión fiscal, sino también extrafiscal.

Esta reflexión nos aboca a un tema que se ha debatido ampliamente: la contraposición entre los fines extrafiscales de los tributos y el principio de capacidad contributiva. No obstante, en la actualidad la aceptación del fin extrafiscal para lograr un fin constitucional es casi unánime en la doctrina[292].

Conviene advertir, no obstante, que un tributo extrafiscal, en sentido estricto, es aquél con virtualidad recaudadora despreciable, por importar sólo, como razón de su establecimiento, la corrección que produce en la actividad económica. Así los beneficios otorgados a la familia en el seno del impuesto sobre la renta no convierten a este tributo en extrafiscal, pues entran dentro de las consecuencias extra-

[292] Podemos citar a autores como D'AMATI, GAFFURI, FICHERA, LA ROSA, MAFFEZZONI, MICHELI, MOSCHETTI. Por todos, cfr. MANZONI, "*Il principio della capacità contributiva...*", o. c., pág. 90. En contra de su admisión cfr. E. RUSSO, *La esenzione fiscale*, Boll. Trib., 1975; pág. 1180. En España P. YEBRA, siguiendo la postura que antes había adoptado SÁINZ DE BUJANDA, aprueba la utilización del tributo con fines económicos y sociales "*sin que por ello se produzca una contradicción con el principio de capacidad contributiva sino, incluso, todo lo contrario, una mejor adecuación a éste*". Cfr. "*Comentarios sobre un precepto olvidado: el artículo 4 LGT*", Hac. Púb. Esp., n.º 32/1975, pág 184.

fiscales que se deben reconocer como efecto ordinario de los impuestos[293].

Dentro del Derecho positivo español, la Constitución resuelve este problema al reconocer el artículo 31, junto con el de capacidad contributiva, otros principios constitucionales tributarios y al situar el citado artículo 39 en el Capítulo de *"Los principios rectores de la política social y económica"*: una aplicación coordinada de estos principios admitirá el uso del tributo como uno de los medios para su realización[294].

La jurisprudencia constitucional ha seguido una línea clara de reconocimiento de los fines extrafiscales. El fundamento para declarar su compatibilidad con el principio de capacidad contributiva se sienta en la Sentencia 27/1981, de 20 de julio, y ya se expresa de modo manifiesto en la Sentencia 37/1987, de 26 de marzo[295].

En relación con la tributación de la familia, cabe concluir la admisión del principio de protección a la familia como un fin extrafiscal del impuesto sobre la renta. El principio de proteccion a la familia implica, como mínimo, que, dada la inevitabilidad de los efectos económicos secundarios en la imposición sobre la renta, deben adoptarse, entre las soluciones posibles, aquellas que produzcan los efectos más beneficiosos para las personas que se encuentren integradas en una familia.

[293] *"Añadiría que constituye una ilusión jurídica, más que tributaria, la existencia de tributos que respondan exclusivamente a una concepción meramente fiscal"*. Cfr. MICHELI ,*"Profili critici in tema di potestà d'imposizione"*, en Riv. Dir. Fin., 1964, pág. 28. PALAO por otra parte subraya la imposibilidad *"de separar los fines fiscales de los extrafiscales"*, además *"estos últimos pueden constituir irrenunciables exigencias éticas"*. Cfr. *"Apogeo y crisis..."*, pág. 394.

[294] El desarrollo de esta construcción constitucional se puede considerar realizado por el artículo 4 de la Ley General Tributaria que dice: *"Los tributos, además de ser medios para recaudar ingresos públicos, han de servir como instrumentos de la política económica general, atender a las exigencias de estabilidad y progreso sociales y procurar una mejor distribución de la renta nacional"*.

[295] *"Basta que dicha capacidad económica exista, como riqueza o renta real o potencial en la generalidad de los supuestos contemplados por el legislador al crear el supuesto, para que aquel principio constitucional quede a salvo"*. Señala que, caso de que existan en el tributo, a los fines extrafiscales *"no se opone el principio de capacidad económica establecido en el art. 31.1 de la Constitución, pues el respeto a dicho principio no impide que el legislador pueda configurar el presupuesto de hecho del tributo teniendo en cuenta consideraciones extrafiscales"*. Cfr. F.J. 13º.

## C) Contenido de la protección

En el estudio del contenido de la protección a la familia, desde el primer momento, es necesario distinguir dos conceptos distintos: la ausencia de perjuicio y la protección[296].

En primer lugar, es contrario a la protección de la familia cualquier trato que directamente la perjudique. Este sentido tiene, dentro del terreno tributario, un principio a veces enunciado por la doctrina: el de neutralidad fiscal del matrimonio. Pero este criterio no constituye de por sí la consumación del principio de protección, sino que es más bien un requisito previo a la misma o un primer grado de su aplicación.

Para la plena vigencia del principio de protección a la familia no basta no perjudicarla, sino que es necesario favorecerla positivamente. De esta manera el principio de protección absorbe el aforismo de la neutralidad del matrimonio, pero postula además una mayor intensidad en la consideración de la familia.

Ahora bien, ¿de qué manera se ha de favorecer a la familia? Se tratará, esencialmente, de permitir a las personas que la componen el desarrollo de su vida familiar y garantizar a la propia familia la obtención de sus fines propios. No se puede entender que la protección a la familia legitime la adopción de medidas perjudiciales, a modo de imposición de castigos, a los que viven en una situación extrafamiliar o extramatrimonial, pues esto constituiría más bien una coacción a la libertad de las personas; pero tampoco puede permitirse que resulte más beneficiada una situación extrafamiliar respecto de un supuesto análogo dentro de una familia.

La fórmula aceptable para hacer efectiva la protección familiar, en su vertiente tributaria, encuentra su clave en la distinción que está en la base del Primer Capítulo del presente trabajo:

- Por una parte hemos tratado el problema de la elección entre el individuo y la familia como unidad contribuyente, con sus variantes

---

[296] Una posible concepción del principio de la protección a la familia, o <favor familiae>, es la de considerarlo un criterio interpretativo, accionable para aplicar adecuadamente los conceptos jurídicos indeterminados, al modo como opera en el Derecho del Trabajo el principio <pro operario>. Desechamos totalmente esta posibilidad, pues implicaría conceder un estrechísimo margen de vigencia al principio y comportaría la desvirtuación de un principio que, por su condición de constitucional, ostenta un rango máximo.

intermedias. La respuesta a dicha cuestión ofrece el instrumento fiscal adecuado para el gravamen de las rentas de los cónyuges, conforme a su capacidad contributiva.

- Por otro lado hemos considerado las circunstancias económicas familiares, los gastos que la familia ha de atender como tal. Ésta es la faceta a que debe atender el principio de protección a la familia. Es evidente que dichos gastos disminuyen la capacidad contributiva de los sujetos[297], pero esta perspectiva no agota la consideración que pueden merecer las cargas familiares[298]. Ya en su momento advertimos que cabe solucionar conjuntamente ambos problemas, con el <quotient familial>; pero con los demás procedimientos su consideración se hará por separado.

Por otra parte, la protección a la familia no constituirá, en muchos casos, más que una contraprestación a la función social que la misma desempeña: educativa; de cuidado de menores y también de ancianos y enfermos; apoyo a las necesidades de parados... En definitiva, la familia asume en su seno la solución de problemas que, de no darse esta forma de convivencia, gravarían al erario público, por tener que hacerse cargo de ellas el Estado.

Un fenómeno, con frecuencia olvidado por quienes se apresuran a admitir la existencia de economías de escala o ahorros por la convivencia familiar, es la desatención a los gastos que de ordinario trae consigo la constitución de ésta; muchos de ellos se realizan habitualmente en el momento de la celebración del matrimonio, lo cual convierte en oportuna la aplicación, ya en ese momento, del principio de protección a la familia.

---

[297] NEUMARK explica con claridad la matización que la inserción del sujeto en una familia puede aportar: *"Hoy, naturalmente, lo primero que se plantea es la cuestión de saber el número de personas a cuya disposición se encuentra una renta determinada o cual es la renta que dicho número de personas ha de consumir necesariamente; para decirlo en dos palabras: la renta de los presupuestos familiares o renta familiar ha pasado a ocupar el lugar que detentaba la renta individual"*. Cfr. *Principios...*, o. c., pág. 138.

[298] GONZÁLEZ-SANCHO pone la esencia de la protección en *"la compensación pública de las cargas familiares"*. Así justifica el criterio: *"Considerándose la crianza y educación de los menores como un fin social, gestionado por una institución intermedia entre los individuos y el Estado (esto es, por las familias), corresponde a aquél distribuir a éstas la masa de bienes y servicios que la sociedad debe destinar a los menores de edad"*. Cfr. E. GONZÁLEZ-SANCHO LÓPEZ, *"La política de protección a la familia en España"*, en Papeles de Economía Española, números 12-13/1982, pág. 351.

Es sugestivo el contraste que existe entre el tratamiento fiscal recibido por los gastos de instalación y mantenimiento de una empresa, que tienen hoy frecuentes beneficios fiscales, y los de una familia, que carecen de efectos desgravatorios[299]. También es susceptible de valoración el trabajo realizado en el hogar, bien por cónyuges o por terceros, punto en el que incidiremos en el Capítulo Tercero.

En conclusión, un tratamiento que resulte perjudicial para quienes componen la unidad familiar, no se compagina con la protección social, económica y jurídica asegurada desde el articulado de la Constitución. La ubicación del principio de protección a la familia entre aquellos cuyo reconocimiento, respeto y protección "*informarán la legislación positiva, la práctica judicial y la actuación de los poderes públicos*" (art. 53.3), aumenta, si cabe, la congruencia de la incompatibilidad.

La oportunidad de utilizar el articulo 39.1. en el ámbito tributario es, sin embargo, matizada desde una doble perspectiva. De un lado, por su contenido, al no aparecer directamente asociado con los principios tributarios no exige necesariamente el uso del instrumento fiscal, pues cabría articularlo por otros medios. De otro lado, la posibilidad de que la protección a la familia sea eludida en aras de consideraciones predominantemente ideológicas que, respetando tan sólo formalmente el precepto constitucional, lo vaciasen de su contenido jurídico[300].

---

[299] Expone J. SEVILLA MERINO: "*Cuando se contabilizan los rendimientos de un negocio se tributa por los beneficios obtenidos que resultan de la diferencia entre gastos e ingresos. Entre los gastos se encuentran todos los necesarios para su puesta en marcha y funcionamiento.*" (...) "*La sustitución de maquinaria amortizada/necesaria, en unidades productivas o sociedades mercantiles, también se considera gasto contable. ¿Cómo puede no estimarse igual la nevera, la lavadora, cocina, etcétera para el buen funcionamiento de la familia?*" Cfr. "*La familia como unidad tributaria desde la perspectiva del Estado social*", en *El sistema económico en la Constitución Española*, Centro de Publicaciones, Ministerio de Justicia, Madrid, 1994; pág. 1632. En el ámbito familiar la deducción en la cuota establecida por gastos de boda y ajuar, propia o de hijos del contribuyente, ha desaparecido con la aprobación del nuevo Reglamento del IRPF de 31 de diciembre de 1991.

[300] "*Hasta el presente, en España el tema se ha prestado a interpretaciones ideológicas..., y el artículo 39.1 ha sido objeto de una <segunda lectura>, de una <lectura política> o de cualquier otro tipo de lectura interesada, con tal de que la misma no sea jurídica, que es lo que se trata de evitar*". Cfr. E. GONZÁLEZ, *La familia ante el Fisco*, Ed. Rialp, 1993, pág. 27. Sospecha que toma cuerpo al hilo de la evidencia sobre el desarrollo del artículo 39, que "*constituye una verdadera asignatura*

En definitiva, y respecto al papel que cabe otorgar al principio de protección a la familia en relación con la tributación de la renta, puede decirse que, aun siendo invocable desde una perspectiva jurídica, los inconvenientes aludidos aconsejan no centrar en él de modo preponderante las posibles pretensiones de inconstitucionalidad.

En cuanto a la jurisprudencia constitucional sobre el artículo 39 conviene destacar que se ha acudido muy escasamente al mismo para interponer cuestiones de inconstitucionalidad, y ha sido más restringida aún su aplicación para fundamentar Sentencias de inconstitucionalidad[301].

Las Sentencias 209/1988 y 45/1989 sobre tributación de rentas familiares acuden al artículo 39 para plantear y fundar, respectivamente, la inconstitucionalidad de los preceptos indicados. Sin embargo, las Sentencias 146/1994, de 12 de mayo, y la 214/1994, de 14 de julio, también sobre tributación de rentas familiares no acuden al artículo 39.

Prueba de la parquedad del recurso a este artículo, para juzgar sobre la inconstitucionalidad de las leyes, es que hasta la citada Sentencia de 1988, el artículo 39 sólo había sido empleado en tres ocasiones:

1. Junto con el artículo 14, en la Sentencia 54/1983 para declarar la inconstitucionalidad de los artículos 709 y 710 del Código de Justicia Militar, que limitaba el embargo de los sueldos de los militares a la cuarta parte de su cuantía, por lo que se apreció discriminación y desprotección de las familias de los militares, a favor de las cuales se hubiesen señalado pensiones alimenticias a cargo de éstos.

2. El mismo artículo 39, párrafo segundo, fue utilizado en los fundamentos jurídicos de la Sentencia 231/1980, sobre materia de incapacidad para suceder en la Compilación de Derecho Civil Especial de Cataluña, si bien declara que en este caso no hay lugar para examinar la constitucionalidad.

3. El párrafo tercero del artículo 39 fue traído incidentalmente a colación en la Sentencia 53/1985 sobre la despenalización de determinados supuestos de aborto.

---

*pendiente de nuestra democracia*". Cfr. GARCÍA CANTERO, "*Conexiones constitucionales...*", cit., pág. 712.

[301] Hay que notar que no cabe acudir en amparo al Tribunal Constitucional fundándose en el artículo 39, pues su colocación fuera de la Sección primera del Capítulo "Derechos y libertades" impide esta vía que regula el artículo 53.2 de la Constitución.

# Capítulo III
# LA TRIBUTACIÓN FAMILIAR EN EL DERECHO POSITIVO

## I. Introducción

En el presente Capítulo entramos a considerar el Derecho positivo ordinario.

Es conveniente realizar una aproximación a este objeto a través de un campo que constituye un estimable punto de referencia: el Derecho vigente en los países considerados de nuestro mismo ámbito jurídico. Este tema será el paso previo a nuestra última investigación: la situación actual de la tributación de la renta familiar en España.

## II. La tributación de la familia en los Países Occidentales. Las soluciones adoptadas en Alemania, Bélgica, Canadá, Dinamarca, Estados Unidos, Francia, Grecia, Holanda, Irlanda, Italia, Luxemburgo, Portugal, Reino Unido y Suiza

En esta primera parte del Capítulo III estimamos de indudable utilidad el pasar revista a las soluciones actualmente vigentes en los países de nuestro entorno cultural, relativas tanto a la configuración de la tributación conjunta o individual de las rentas familiares como a los diversos métodos empleados para atender a las circunstancias familiares del contribuyente. Podremos observar que algunas de estas soluciones han sufrido modificaciones en el curso de los últimos años; en consecuencia, la visión panorámica de los principales países occidentales tiene el doble interés de señalar tanto la evolución propia de cada sistema como las grandes tendencias que pueden detectarse en ellos, considerados conjuntamente. Por otra parte, en la exposición que sigue, nos limitaremos a señalar los puntos centrales y más característicos de los diferentes ordenamientos, ante la imposibilidad de realizar una minuciosa descripción de cada impuesto[302].

## 1. Alemania

La Ley prusiana de 1880 grava por primera vez las rentas familiares, tomándolas en consideración conjuntamente. También la posterior de 1906 contemplaba el grupo familiar acumulando sus rentas. La Ley de Reforma del Impuesto de 24 de marzo de 1921 introdujo una limitación importante a la imposición conjunta de los esposos al exceptuar del gravamen conjunto los ingresos de la esposa que derivasen del trabajo dependiente. Sin embargo, la legislación fiscal nacional-socialista eliminó dicha excepción y en la Ley de 16 de octubre de 1934 se volvió a la imposición conjunta total de los esposos.

Suele señalar la doctrina que la necesidad de mano de obra femenina durante la guerra favoreció que la Ley de 7 de diciembre de 1941 estableciese la separación de los ingresos obtenidos por la esposa de su trabajo dependiente, manteniéndose esta situación hasta 1951, año en que se vuelve a la tributación acumulada.

Estudiaremos con detalle más adelante cómo la tributación conjunta fue declarada inconstitucional en la sentencia del Tribunal Constitucional de 17 de enero de 1957. En consecuencia con esta sentencia fue modificado el tratamiento de la familia, manteniéndose esta reforma en lo sustancial hasta nuestros días. Así la Ley del Impuesto de 12 de diciembre de 1969 aporta los fundamentos de la regulación vigente,

---

[302] Junto a las leyes del Impuesto sobre la Renta de las Personas Físicas vigentes en cada país, utilizamos, a efectos de la evolución de cada ordenamiento, la información del XXVI Congreso de la I.F.A. (Madrid, 1972) contenida en *Cahiers de Droit Fiscal International*, Vol. LVII.a y el documento de la OCDE *"El tratamiento de la unidad familiar en los países miembros de la OCDE"*, París, 1977. Asimismo es de utilidad el trabajo ya citado de G. VAN FRAEYENHOVEN, *"L'imposition des familles en matière de contributions directes"*, págs. 528 y ss. Otros trabajos que ofrecen datos sobre el Derecho Comparado en esta materia son: F. PEÑA ALVAREZ, *"La imposición de la familia en los países occidentales"*, Gaceta Fiscal, n.º 21, 1985; C. PÉREZ DE AYALA, *"La tributación de las rentas familiares en el ámbito de la Comunidad Europea"*, Hac. Púb. Esp., número 96, 1985; J. A. ESTEBAN PAÚL, *"Tratamiento de las rentas familiares en el Derecho Comparado"*, Carta Tributaria, monografía n.º 94, 1989. D. CARBAJO VASCO ofrece un cuadro comparativo en *"El marco general de la futura reforma del Impuesto sobre la Renta de las Personas Físicas"*, en Rev. Impuestos, tomo 1/1990, pág. 86.

habiéndose realizado importantes modificaciones en la Ley de 5 de septiembre de 1974[303].

En la actualidad[304], el sistema de tributación de la familia puede calificarse como de tributación opcional. El contribuyente es gravado globalmente con su cónyuge e hijos, siempre que estén sometidos a la obligación tributaria ilimitadamente. No obstante, los cónyuges pueden optar por la imposición separada previa notificación por escrito.

Cuando el matrimonio es gravado conjuntamente, se aplica el procedimiento del <splitting>, que anteriormente hemos expuesto, del cual el alemán es considerado gran paradigma[305]. Desde 1990 se establece un límite de renta a la que se puede aplicar el <splitting>. Como efecto, la opción por la separación se desincentiva, ya que, al aplicarse en caso de declaración conjunta el <splitting>, éste resulta más beneficioso en la generalidad de los casos.

En todo caso, las rentas salariales de los hijos no son acumuladas en la base imponible de los padres.

Las circunstancias familiares venían siendo tomadas en cuenta por medio de deducciones en la base, crecientes hasta el tercer hijo; tales deducciones se efectuaban por todos aquellos hijos menores de dieciocho años o, cuando así se solicitase, fueran menores de veinticinco, siempre que el contribuyente sufrague los gastos de mantenimiento y de su formación profesional. Posteriormente, las reducciones por hijos fueron suprimidas por la Ley de Reforma de 5 de agosto de 1974; la Sentencia del Tribunal Constitucional de 23 de noviembre de 1976 declaró la validez de las disposiciones relativas a la no consideración en el Impuesto sobre la Renta de la manutención de los hijos. Posteriormente la Kindergeldgesetz de 31 de enero de 1975 establece ayudas directas, crecientes hasta el tercer hijo y ayudas por maternidad.

Sin embargo, esto no impide que los hijos sean tenidos en cuenta de diversas maneras en el impuesto alemán, dando lugar en ciertos supues-

---

303 Cfr. el reporte nacional de Alemania, presentado por R. CHARLIER en el Congreso de la IFA, Madrid, 1972. Avanza incluso las líneas de la posterior reforma de 1974. (*Cahiers...*, vol. LVIIa, pág. II/1).

304 Cfr. la versión original alemana del <Einkommensteuergesetz> (EStG) y su traducción francesa, actualizadas, en *Collection Jupiter, Recueils Pratiques du Droit des Affaires dans les Pays du Marché Commun, V, Régimes Fiscaux*.

305 Así lo afirma I. ESPEJO POYATO, en un trabajo que constituye un detallado estudio sobre la actual situación de la tributación de las rentas familiares en Alemania: *"El modelo alemán de tributación de la familia: análisis de sus aspectos más problemáticos"*, Cron. Trib., n.º 62, 1992.

tos a reducciones especiales; así sucede en la deducción por cargas extraordinarias; se consideran tales las necesarias o inevitables que superen las posibilidades medias de las personas de un nivel económico determinado. *"Este régimen de deducibilidad de las cargas es un elememto peculiar de la legislación fiscal alemana; sucintamente, consiste en que para considerar esos gastos como deducibles, la cuantía de los mismos debe superar un determinado porcentaje de la renta, y para la determinación del porcentaje se tiene en cuenta, además del volumen de renta, el número de hijos"*[306]. El número de hijos influye además en lo que se considera carga exigible: aquella parte de la carga extraordinaria que debe ser soportada por el contribuyente y no da derecho a deducción. La cuantía se determina por una tabla de doble entrada y es creciente en relación con la renta y decreciente conforme aumenta el número de hijos. A partir de la cuantía de la carga exigible, las cargas extraordinarias son deducibles de los ingresos.

Por otro lado, algunos supuestos de dichas cargas extraordinarias se refieren justamente a cargas por hijos, como los gastos para la formación profesional, la deducción de los gastos en servicios de vigilancia y cuidado de los hijos, o la retribución del servicio doméstico necesario por invalidez o enfermedad de hijos u otras personas.

No obstante el Tribunal Constitucional se pronunció en la sentencia del 3 de noviembre de 1982 sobre la consideración de las cargas familiares, obligando al legislador a respetar el principio de capacidad económica: *"Se planteó de nuevo la necesidad de la reforma, y el legislador reaccionó mediante el establecimiento de importantes deducciones en la base para los contribuyentes no casados con hijos, e iniciando una línea de incremento general de las deducciones por los hijos"*[307]. En virtud de la Ley de 20 de diciembre de 1982, se conceden las siguientes deducciones en la base:

A) Deducción por hijos menores de dieciocho años. Para los que superen esta edad, cabe la deducción si son menores de veintisiete años y se encuentran en formación profesional o en el servicio militar o prestación equivalente. Para los hijos minusválidos se concede deducción sin límite de edad. En el caso de imposición conjunta a ambos progenitores, la cuantía de la deducción se duplica; también si en el año fallece uno de los padres o el hijo es adoptivo de un sólo cónyuge. Existe una deduc-

---

[306] Cfr. C. PÉREZ DE AYALA, *"La tributación de las rentas familiares en el ámbito de la C.E."*, en Hac. Púb. Esp., n.º 96, 1985; pág. 137.

[307] Cfr. I. ESPEJO, cit., pág. 12.

ción más alta si el contribuyente no puede aplicar el <splitting> y no ha optado por la declaración separada de ambos cónyuges.

B) Deducción en concepto de mínimo exento. Es importante la reciente doctrina y jurisprudencia alemanas sobre el mínimo familiar exento, que examinaremos más adelante.

C) Deducción por cuidado de hijos de padre solo. Los gastos por servicios para la atención de un niño que depende del contribuyente, que sea una persona sola (soltera, separada o divorciada), si el hijo no ha cumplido 16 años, se consideran cargas extraordinarias, en tanto el contribuyente se encuentre en uno de estos casos:

- sea asalariado,
- tenga una disminución corporal o psíquica, o
- tenga una enfermedad (al menos durante tres meses seguidos).

Los gastos pueden deducirse sólo en cuanto son necesarios según las circunstancias y no superen una determinada cantidad[308].

Para cónyuges que no viven separados permanentemente, rige la misma norma, si los gastos se originan a causa de disminución psíquica o corporal o enfermedad de un cónyuge, si el otro cónyuge está impedido, enfermo o es asalariado.

## 2. Bélgica

La Ley de 29 de octubre de 1919 estableció una tributación cedular junto con una imposición sobre la renta global. Esta fórmula fue reformada por Ley de 20 de noviembre de 1962 -<Code des impôts sur les revenus> (CIR)-, que crea un impuesto único sobre la renta del contribuyente. La legislación fiscal belga no ha sufrido ninguna modificación en su estructura desde 1962; no obstante, el CIR se revisó profundamente en 1973.

La tributación familiar, regulada en los artículos 80 a 87 del CIR, fue ampliamente modificada, primero, por la Ley de 11 de abril de 1983, después, por Decreto de 10 de abril de 1992[309]. En síntesis, el sistema

---

[308] La cantidad, vigente en 1994, que se deduce no puede superar los 4.000 DM al año por el primer hijo; a esta cantidad se añaden por cada otro hijo 2.000 DM. Se establece una cantidad mínima de deducción de 480 DM al año, que se eleva por cada hijo adicional en 480 DM.

[309] Cfr. la versión original actualizada del <CIR> en *Collection Jupiter, Droit des Affaires...*, cit.

establecido consiste en la imposición familiar conjunta, acumulándose las rentas de los cónyuges cualquiera que sea el régimen económico del matrimonio. Las rentas de los hijos se añaden también a la base imponible de las personas que tienen confiada legalmente su tutela.

Es interesante constatar el cambio de técnicas correctoras producido en 1992. En el sistema anterior al año 92, si los dos cónyuges trabajaban, ambos tenían derecho a una deducción sobre las rentas de trabajo, que no debía superar un determinado porcentaje de la base imponible. Por otro lado, se concedía una deducción específicamente encaminada a evitar los efectos derivados de la acumulación de rentas conyugales y de la progresividad de la tarifa; esta deducción se configuraba de modo diverso según la cuantía de la base imponible. Así, por debajo de una determinada cantidad, se concedía al cónyuge que tuviera menores rendimientos la posibilidad de tributar mediante el tipo de gravamen correspondiente a dicho nivel de renta[310]; no obstante, esta minoración era limitada en función de un porcentaje sobre la renta obtenida por el otro cónyuge. Cuando la renta conjunta excedía de la cantidad mencionada la reducción se convertía en una cantidad fija.

Este procedimiento, un tanto complejo, fue simplificado en la reforma de 1992: para el cálculo del impuesto se separarán en todo caso, del cúmulo de las rentas, las profesionales de aquel que tenga menos; la cantidad resultante será la que determine la tarifa aplicable al conjunto de las rentas. Actualmente es, pues, indudable la existencia del principio de tributación separada de la segunda renta.

En cuanto a la consideración de las circunstancias familiares, puede señalarse como precedente del actual sistema la incidencia del número de personas a cargo en la elevación del mínimo exento del impuesto. Desde 1980 a 1992 esta incidencia desaparece y rige un sistema de deducciones en la cuota, cuya cuantía se calcula mediante la aplicación de un porcentaje al impuesto devengado por la parte de base imponible comprendida dentro de unos límites, que se gradúan en función del número de personas dependientes del cabeza de familia. Estos porcentajes son crecientes, incrementándose por cada hijo a cargo: pasan del 7,5% en caso de uno solo al 95% cuando son más de seis; sin olvidar que, en cualquier caso, se fijan límites mínimos y máximos para la deducción.

---

[310] J. A. ESTEBAN considera que en este caso el principio de acumulación se sustituía por la imposición separada de las rentas profesionales de la mujer (cfr. "*Tratamiento de las rentas...*", cit., págs. 5 y 7).

Este método de cálculo, bastante complicado, se suprime en 1992 y se vuelve a la técnica de incremento del mínimo exento de impuesto. Se establece una cantidad exenta de 165.000 FB, que será de 130.000 por cada cónyuge, en caso de matrimonio. La cantidad exenta crece según el número de hijos a cargo: por 1 hijo, 35.000; 2 hijos, 90.000; 3 hijos, 202.500; 4 hijos, 327.500; por cada hijo más se suman 125.000 a los 327.500. Por cada hijo menor de 3 años se suman otros 10.000 FB; beneficio no compatible con la deducción por gastos de guardería, que se concede por el 80% de éstos cuando se cumplen determinadas condiciones y si no superan una cantidad tope establecida.

Se concede una deducción de 35.000 FB por cada persona adicional a cargo.

## 3. Canadá

El Informe Carter, elaborado para la reforma fiscal por encargo del Gobierno de Canadá, contiene *"el alegato más brillante en favor de la consideración de la familia como unidad contribuyente"*[311]. Sin embargo el Impuesto sobre la Renta de las Personas Físicas continúa la larga tradición canadiense, originada ya en la ley de 1917, de gravar separadamente las rentas de los cónyuges[312]. El principio de separación se exceptúa, no obstante, en el caso de la mujer casada que obtenga rentas inferiores a una determina cantidad, y se establece la obligación de tributar conjuntamente. En este supuesto el marido aplica una deducción por matrimonio, variable, pues alcanza un monto máximo si la esposa no obtiene rentas, y se reduce a medida que aumentan las rentas de la mujer.

Por otra parte, cuando la mujer trabaja fuera del hogar tiene derecho a las mismas deducciones que el marido; además tiene una deducción en compensación por los gastos de custodia de los hijos cuando éstos son menores de catorce años. Esta deducción no puede exceder del menor de los siguientes límites: una cantidad máxima fijada por semana e hijo; la cantidad que resulte de aplicar un porcentaje al salario del contribuyente o una cantidad alzada por cada hijo menor de 14 años con un límite absoluto cualquiera que sea el número de hijos que estén en esta situación.

---

[311] F. PEÑA ALVAREZ, *"La imposición de la familia en los países occidentales"*, cit., pág. 111.

[312] Sobre la escasa aplicación del citado Informe en su país de origen, cfr. C. SANDFORF, *"Carter twenty years on"*, British Tax Review, 1987.

Los hijos son tenidos en cuenta en el impuesto mediante deducciones fijas de la base imponible; su cuantía es diversa según que el hijo sea menor o mayor de 16 años. Por otra parte, la cuantía de estas deducciones se disminuye en proporción a las rentas obtenidas por los hijos, llegando a desaparecer cuando el nivel de renta del menor iguala o supera el mínimo exento del impuesto.

## 4. Dinamarca

El sistema de tributación familiar danés es quizás uno de los más sencillos de Europa[313]. La tributación conjunta fue abandonada en 1970[314]; hay una nítida separación en la imposición sobre las rentas obtenidas por los miembros de la familia, tanto de los cónyuges como de los hijos. No obstante, existen algunas relaciones entre la cantidad de impuesto debido por los cónyuges, dado el peculiar sistema de deducciones.

Como deducciones generales, cada contribuyente tiene una en la base imponible. Además hay una deducción personal, en la base, para personas casadas y otra, de la mitad de la anterior, para personas solteras, viudas o divorciadas. Cuando ambos cónyuges perciben un salario, se benefician de su deducción personal pero pierden la deducción de la cuota por razón de matrimonio. Si la renta de uno de los esposos no alcanza el total de la deducción personal, la diferencia puede aplicarse a la base imponible del otro cónyuge. Queda así diseñado un sistema de separación absoluta a la hora de aplicar el tipo de gravamen, matizada, sin embargo, respecto al régimen de deducciones aplicable.

Aún más característico del ordenamiento danés es la ausencia de toda consideración tributaria de los hijos a cargo, que no son contemplados por la ley del impuesto.

---

[313] Una versión resumida del <Indkomstskat til saten> (Impuesto estatal sobre la renta) puede consultarse en *Collection Jupiter, Droit des Affaires*, cit., "*Première partie, Exposé de synthèse*".

[314] Los sistemas de los países nórdicos presentan gran semejanza. Aquí sólo exponemos el caso danés con detalle; baste, para notar el paralelismo, decir que Suecia adopta también en 1970 la tributación separada. El lector español puede consultar la obra de E. FAYOS SOLA, "*El impuesto sobre la renta de las personas físicas y la distribución de su carga: el caso de Suecia*", Secretariado de Publicaciones de la Universidad de Valencia, 1976.

## 5. Estados Unidos

En este país, cuna de la técnica del <splitting>, el impuesto sobre la renta la ha utilizado en el cálculo de la cuota correspondiente a las rentas familiares acumuladas. No obstante, en la actualidad aplica una técnica de diversidad de escalas, que produce efectos similares a los del <splitting>, pero que no es propiamente tal[315].

El impuesto sobre la renta distingue tres situaciones: los individuos solteros, las personas casadas y las personas no casadas pero con otras personas a su cargo. A cada una de estas situaciones corresponde una particular tarifa impositiva. La tarifa de las personas casadas contiene una escala de tipos con tramos de base imponible de amplitud superior a la de los individuos aislados. En un principio la amplitud del tramo era del doble pero, desde 1971, ha sido disminuida, reduciendo así la carga impositiva en una cantidad inferior a la que se obtendría mediante la aplicación estricta del <splitting>. Finalmente, la tarifa aplicable a las personas no casadas pero con personas a su cargo tiene una progresividad intermedia entre la que contiene las tarifas correspondientes a los individuos y a las personas casadas.

A partir de 1988, la diferenciación entre los diversos grupos se produce sólo a través de la longitud de los tramos de la tarifa y de la extensión del mínimo exento, siendo iguales las cifras de los tipos de gravamen.

Existe la posibilidad de acogerse a la tributación separada pero, igual que en el caso de Alemania, está desincentivada por la mayor ventaja que ofrece la tributación conjunta con escala propia. Además existe una deducción, si ambos cónyuges trabajan y presentan una declaración conjunta, que consiste en un porcentaje del segundo salario.

Se grava la renta de los hijos de modo independiente, aunque estén sujetos a la patria potestad.

Las circunstancias familiares se tienen en cuenta, además, en el sistema de deducciones, pues junto a una deducción de carácter general existen otras, respectivamente, por el cónyuge y por cada una de las personas dependientes del contribuyente, siempre que éste asuma más de la mitad de la carga de su manutención y, en el caso de los hijos, que sean menores de 19 años, salvo en el caso de continuación de estudios. Por

---

[315] Cfr. O. OLDMAN y M. J. McINTYRE, *"Imposición de la familia..."*, cit. y A. A. KRAGEN y C. L. HARRIS, Reporte nacional de Estados Unidos, *Cahiers...*, cit., vol. LVIIa, pág. II/85.

otra parte, los contribuyentes casados y viudos, que tengan hijos menores de 15 años a su cargo, pueden solicitar la deducción de gastos de custodia, que se puede obtener por otros parientes que constituyan carga familiar.

En el caso de tributación separada, las reducciones familiares se reparten al 50% entre los cónyuges.

## 6. Francia

Entre 1914 y 1917 fueron aprobadas diversas leyes para la reforma del impuesto cedular existente con anterioridad. La ley que implantaba el Impuesto General sobre la Renta, de 15 de julio de 1914, concedía atención a la situación familiar del contribuyente, como lo hizo la posterior de 31 de julio de 1917. Del mismo modo, las medidas tributarias de 1920 y de 1940 tendentes, respectivamente, a un mayor gravamen de los solteros y de los matrimonios sin hijos, manifestaban una especial consideración de la familia en el impuesto. Es la ley de 31 de diciembre de 1945 la que, finalmente, implantó el método del cociente familiar[316], del cual destacaremos aquí sólo algunos de sus aspectos[317].

Configurando como sujeto pasivo a la persona física, el cálculo de la base imponible se efectúa mediante la acumulación en la cabeza de familia de los ingresos del cónyuge y de las personas a su cargo. Existe la posibilidad de optar por la tributación independiente:

1) De una parte, pueden tributar individualmente los hijos con ingresos propios en el periodo impositivo; su edad habrá de estar comprendida entre los 18 y 21 años, o hasta los 25, si son estudiantes.

2) De otra, la esposa, en el régimen de separación de bienes o en el curso de tramitación del divorcio, puede elegir asimismo el quedar fuera de la acumulación. En el caso de imposición separada de los esposos cada uno es considerado como persona soltera, teniendo a su cargo los

---

[316] Al ser el francés uno de los pocos ordenamientos tributarios que incorpora este sistema, implícitamente lo hemos desarrollado al exponer el funcionamiento del <quotient familial>. Cfr. además P. GASTINEAU, Reporte al Congreso de la IFA, *Cahiers...*, vol. LVIIa, pág. II/129.

[317] "*La denominación de Impuesto sobre la Renta de las Personas Físicas (reforma de 1948) fue sustituida en la Ley de 21 de diciembre de 1970 por la de Impuesto sobre la Renta*". Cfr. C. PÉREZ DE AYALA, "*La tributación de las rentas familiares...*", cit., pág. 110. Su regulación está incluida en el <Code Général des Impôts>; cfr. su versión original actualizada en *Collection Jupiter, Droit des Affaires...*, cit.

hijos encomendados a su custodia. Como es sabido, este sistema se aplica tanto en el supuesto de que la mujer trabaje como en el caso de que no obtenga rentas y permanezca en el hogar.

Los hijos que se incluyen en la unidad contribuyente, a efectos de contabilizarlos en el método del cociente familiar, son los que dependen del cabeza de familia, menores de 21 años. Para los incapacitados y los que estén cumpliendo el servicio militar no existe límite de edad.

Cada hijo incluido en la unidad familiar permite aumentar medio entero, o "media parte" según expresión de la ley, el divisor de la renta familiar; a partir del tercero, cada hijo suma "una parte". Los hijos incapacitados tienen derecho a "una parte" en el cálculo del divisor (desde 1981 se fija una cantidad como límite de la ventaja que cada "media parte" puede reportar al contribuyente, con respecto al que no tiene hijos). Igualmente, cualquier obligado tributario puede considerar como persona a su cargo a sus ascendientes, hermanos o hermanas, así como los de su cónyuge, siempre que sean inválidos, a condición de que convivan con él. También se divide entre 1.5 la renta de los solteros, divorciados o viudos, que no tengan hijos a su cuidado pero estén en alguno de los supuestos previstos por la ley: haber tenido hijos ya fallecidos, tener uno o varios hijos mayores o que tributen separadamente, haber adoptado un niño en determinadas condiciones, etc.

Como es obvio, no existen deducciones o reducciones por cargas de familia al margen de la ventaja que concede el <quotient familial>, salvo dos casos que citamos a continuación:

1.- Una deducción por gastos de guardería o custodia, incluso en el propio domicilio. Hasta 1988 esta deducción se practicaba en la base imponible, hasta un límite determinado y siempre que su renta no superase un cierto nivel. A partir de 1988 los contribuyentes solteros, viudos o divorciados pueden beneficiarse de una deducción en la cuota igual al 50% de los gastos de guardería[318] de los hijos menores de seis años que tengan a su cargo. El límite, en 1993, es de 13.000 F. por hijo. La deducción no puede exceder de las rentas profesionales netas. También pueden beneficiarse de la misma deducción, con las mismas condiciones y los mismos límites, los matrimonios que tengan dos empleos de tiempo completo, uno de tiempo completo y otro de medio tiempo o dos de tiempo parcial o no puedan ejercer su empleo por causa de una larga enfermedad. (art. 199, quater D, <Code Général des Impôts>).

---

[318] Hasta 1992 la deducción era sólo del 25% de dichos gastos.

2.- La ley de Finanzas de 1982 permite la deducción en la base de las cantidades entregadas para su manutención a hijos mayores de edad y menores de 25 años, o mayores si son estudiantes, con el límite de la cantidad de deducción que resultase si se aplicara el <quotient>. Esta deducción se admite para evitar el perjuicio que se causaría a quienes no pueden incluir en el <quotient> a los hijos comprendidos entre 21 y 25 años por no ser estudiantes, frente a quienes tengan hijos estudiantes de esa edad, que sí podrían incluirlos. Si el hijo está casado y no recibe más ingresos que los entregados por sus padres, la deducción se puede duplicar[319].

## 7. Grecia

El texto normativo que rige el impuesto sobre la renta en Grecia tiene su origen en un Decreto-ley de 1955, aunque se estableció en su forma actual en 1967[320]. Tras la celebración del matrimonio, los cónyuges están obligados a practicar una declaración común de sus rentas, sobre las cuales se calcula el impuesto separadamente; cada cónyuge es responsable del pago del impuesto correspondiente a sus rentas. La renta que provenga de una empresa dependiente de los esposos o de una sociedad constituida por ellos es añadida a las rentas de ambos.

Existe la peculiaridad de que se deducen totalmente determinadas rentas de la madre, con un límite porcentual sobre el total de sus rentas y otro límite absoluto.

La renta de los hijos menores de 18 años es añadida a la renta del padre o, en su defecto, a la de la madre.

Existen deducciones en la base y en la cuota por el cónyuge que no percibe rentas; están configuradas por medio de cantidades fijas. Los hijos son también tenidos en cuenta mediante el mismo sistema, siendo la cantidad a deducir creciente hasta el cuarto, a partir del cual se convierte en una cantidad fija por descendiente. Igualmente se conceden deducciones fijas por otras personas a cargo del contribuyente siempre que convivan con él. En el caso de que las deducciones no puedan ser íntegramente practicadas en la declaración de uno de los cónyuges, el resto puede deducirse del impuesto adeudado por el otro.

[319] Cfr. una exposición más detallada en R. BRIZ DE LA LABRA, *"El impuesto sobre la renta en Francia: modificaciones recientes"*, Cron. Trib., n.º 45, 1983, pág. 255.

[320] Cfr. D. TSINGRIS, *Reporte nacional de Grecia*, en *Cahiers...*, cit., vol. LVIIa, pág. II/149.

Son deducibles en la base las pensiones alimenticias a cónyuge e hijos.

## 8. Holanda

El impuesto sobre la renta se estableció en 1914 y la ordenación vigente tiene su origen en la Ley de Reforma del Impuesto sobre la Renta de 16 de diciembre de 1964.

Como hito más sobresaliente en la historia de la tributación familiar encontramos la ley que entra en vigor el 1 de enero de 1984[321], por la que se modifica el principio tradicional de imposición conjunta y se sustituye por el de imposición parcialmente separada. Posteriormente se ha redactado un nuevo texto íntegro de la ley del impuesto sobre la renta, publicado el 9 de marzo de 1990.

Según el sistema anterior a 1984 se acumulan en el cabeza de familia todas las rentas de la unidad familiar (del contribuyente, su mujer y sus hijos menores). Para el cálculo de la cuota se tenían en cuenta las circunstancias familiares del contribuyente.

Con la reforma de 1984 entra en vigor el principio de tributación separada, con el propósito de individualizar la posición de la mujer casada. A partir de entonces la determinación de la renta imponible se realiza de la misma manera para todo contribuyente, que es considerado individualmente. Hay una excepción: si la mujer casada obtiene rentas que provienen fundamentalmente de una empresa dirigida por el marido, debe presentarse una declaración única, aunque la tributación sigue realizándose de modo independiente.

No obstante sigue vigente de modo parcial el principio de acumulación: las rentas no individualizadas -fundamentalmente las rentas del capital- se computarán en la renta de aquél de los esposos que tenga los ingresos de trabajo más elevados.

Las rentas de los hijos menores, con la excepción de las procedentes del capital, se sujetan a tributación de forma separada, incluso en el supuesto de que exista un usufructo legal a favor de los padres. Por el contrario, las rentas del capital de los hijos menores tienen la consideración de elementos de la renta de los padres, cuando los hijos estén sometidos a su potestad.

---

[321] Cfr. la versión original del <Inkomstenbelasting> (Impuesto sobre la Renta) y su traducción al francés, actualizadas, en *Collection Jupiter, Droit des Affaires...*, cit. Cfr. también M. K. KAMPERMAN, *Cahiers...*, vol. LVIIa, pág. II/211.

Existen unos gastos familiares que se tienen en cuenta en el momento de determinar la base imponible. Son denominadas como cargas extraordinarias y minoran la base. La ley hace una enumeración taxativa de ellas; su regulación es casuística pero podemos resumirlas en los siguientes conceptos:

1. Mantenimiento de los hijos del contribuyente o de su cónyuge, así como de parientes en línea directa o colateral.
2. Gastos de adopción o nacimiento de hijos.
3. Gastos de empleadas del hogar y de cuidado de hijos.
4. Gastos ocasionados en la formación profesional o estudios del contribuyente o de su cónyuge.

Los matrimonios de hecho pueden aplicar el régimen de cargas extraordinarias previsto para los contribuyentes casados.

Por otra parte se conceden una serie de deducciones personales que se establecen en la base imponible, no en la cuota. Existe una deducción general, aplicable a todos los contribuyentes, que puede aumentarse con otra suplementaria en función de las circunstancias personales. De éstas han sido previstas cuatro categorías con deducciones para:

a) los solteros.
b) los hogares con una sola renta.
c) los hogares con renta "casi única".
d) "padre solo", que se concede a quien, no estando casado, tenga hijos a su cargo.

En definitiva, se establecen para los solteros y para las familias con un solo perceptor que resultarían discriminados frente a los matrimonios con tributación separada, debido a la posibilidad que tienen los cónyuges de transferir al otro su deducción si no la aplican enteramente a su propia base imponible.

Como caso especial existe una deducción por colaboración en la empresa del cónyuge, que consiste en una reducción porcentual de los beneficios, proporcionada al tiempo de dicha colaboración.

## 9. Irlanda

El actual impuesto sobre la renta procede de la <Income Tax Act> de 1967. Desde un sistema de acumulación se pasa en 1974 a un sistema opcional; sigue siendo principio general el de la imposición conjunta, pero se concede a cada cónyuge la facultad de solicitar la imposición separada.

Este régimen de opción ha sido sustituido desde 1980 por el sistema de imposición separada con carácter obligatorio[322]. En este momento desaparece la deducción que existía anteriormente y cuya cuantía era del 100% de las rentas obtenidas por la mujer hasta un determinado límite.

El mínimo exento previsto para personas casadas es una cantidad doble de la prevista para solteros, viudos o divorciados. Este mínimo exento también es variable según otras circunstancias personales.

También desde 1980 las circunstancias familiares se tienen en cuenta por medio de deducciones de cuantía fija en la base imponible. Se conceden para cada hijo, independientemente de su número; deben ser menores de 16 años, salvo que estén incapacitados, y que sus rentas no superen una determinada cantidad. Cuando no se da esta última condición, la deducción se reduce en la misma cuantía en que la renta obtenida por el menor excede la cantidad señalada.

Las deducciones por hijos sólo se aplican en la declaración de uno de los cónyuges. No se concede deducción por gastos de custodia de hijos. Existen deducciones en la base, además de por hijos, por otros parientes a cargo.

## 10. Italia

En este país se refleja con claridad la evolución desde la tributación familiar conjunta hasta el sistema de separación.

En 1923 se establece por vez primera un impuesto complementario y progresivo sobre la renta global de las personas físicas que se suma a los impuestos cedulares existentes entonces. Se toma a la familia como unidad contribuyente.

Posteriormente se publica la ley de 29 de enero de 1958 que también consideraba a la familia como unidad contribuyente, formada por la sociedad conyugal y los hijos menores no emancipados; las rentas se acumulan a las del marido, quien tiene además todas las obligaciones formales.

Esta ley fue sustituida por la de 9 de octubre de 1971. Fue modificada después por la de 29 de septiembre de 1973, con la finalidad de simplificarla y armonizarla con las legislaciones vigentes en otros países de la Comunidad Económica Europea.

---

[322] Puede consultarse una versión resumida de la <Income Tax Act> y sus reformas posteriores en *Collection Jupiter*, *Droit des Affaires...*, cit., "*Première partie, Exposé de synthèse*".

En estas normas se consagraba el principio de acumulación de los ingresos ajenos sobre los que el contribuyente tenga la libre disponibilidad así como la acumulación de las rentas de los hijos a las del progenitor que ejerza la patria potestad. Sin embargo, debe señalarse que la acumulación de las rentas familiares no se producía en el caso de rentas de baja cuantía de la mujer -generalmente consistían en rentas salariales- que tributan entonces independientemente.

La Corte Constitucional declaró en 1976 la inconstitucionalidad de la acumulación. De conformidad con esa resolución se redacta la ley de 13 de abril de 1977. Se llega así al régimen actual de tributación separada de los cónyuges. Más recientemente se elabora el vigente texto único del impuesto sobre la renta, de 22 de diciembre de 1986[323].

Como norma para aplicar la separación se establece que se imputarán por mitad a cada cónyuge las rentas comunes o las provenientes del patrimonio común. Las rentas de los hijos menores se imputan también por mitad a cada progenitor, salvo si es usufructuario sólo uno de ellos, caso en que se imputan a éste. El impuesto se calcula también separadamente sobre la renta neta de cada una de las personas que han contribuido a su formación, si la renta global bruta, comprendida en ella las rentas de otras personas imputables al contribuyente, es inferior a una cantidad determinada (7.000.000 liras en 1993).

Se deduce de la base imponible la asignación que se hace al cónyuge, salvo para manutención de hijos comunes, en los casos de separación o disolución del matrimonio, en la cantidad judicialmente señalada[324].

Las deducciones por cargas familiares se hacen en la cuota, con una cantidad fija:

a) Por cónyuge que no esté separado de hecho o de derecho. La deducción por matrimonio desaparece cuando la esposa obtiene rentas superiores a un cierto límite.

b) Por hijos; es de una cuantía señalada, que aumenta progresivamente hasta el octavo hijo, a partir de éste el incremento es proporcional.

---

[323] Cfr. el texto de la ley de <Imposta sui rediti delle persone fisiche> (IRPF) en *Collection Jupiter, Droit des Affaires...*, cit.

[324] En la Ley n.º 408, de 29 de diciembre de 1990, el Parlamento italiano delega en el Gobierno la realización de una reforma tributaria y le señala las directrices que debe seguir. En cuanto a la imposición sobre la renta, se prevé la facultad de tributar por el conjunto de las rentas familiares mediante un sistema de cociente familiar. El Gobierno italiano aún no ha elaborado los decretos de desarrollo de esta ley de reforma tributaria.

c) Por otras personas que conviven y alimenta el contribuyente, no como resultado de resolución judicial.

La deducción por hijos dobla su cuantía:

- si el contribuyente está casado y no separado;
- cuando los hijos son suyos y no de su cónyuge;
- cuando los hijos (matrimoniales, extramatrimoniales o adoptivos) están exclusivamente a su cargo.

Las deducciones por cargas de familia se doblan en el caso de que el contribuyente no tenga rentas superiores a determinada cantidad (5.100.000 liras en 1993). Igualmente se duplican si se trata de un hijo adoptado por uno solo de los cónyuges.

Para padres solteros, la deducción por cónyuge se aplica al primer hijo, y la deducción en función del número de hijos se duplica, reduciendo una cantidad a la suma global resultante.

Como en la deducción por matrimonio, los hijos y demás personas que dan derecho a estas deducciones no pueden ser titulares de rentas que excedan el límite señalado por la Ley.

Las deducciones por hijos no sufren modificaciones si los dos esposos trabajan, pero se dividen entre ellos por mitad.

Si cualquier deducción es superior a la cuota de uno de los cónyuges, el otro puede deducirse el exceso.

## 11. Luxemburgo

El vigente impuesto sobre la renta de las personas físicas procede de la ley de 4 de diciembre de 1967. El sistema establecido entonces ha estado sustancialmente vigente hasta 1990, año en que hubo una importante reforma.

Los cónyuges son gravados conjuntamente, "*como si se tratase de un mismo y único contribuyente*", en expresión de la ley. Deben ser ambos residentes y no estar separados de hecho. Asimismo los hijos menores acumulan sus rentas a las conyugales, salvo sus rentas salariales, incluso las obtenidas trabajando en la empresa familiar y satisfechas por el cabeza de familia, siempre que se pruebe su efectividad.

El método elegido en este país para el cálculo del impuesto adeudado por la familia es fruto de un empleo limitado y conjunto de varios sistemas de promediación de la base imponible.

Hasta 1990 el sistema incluía una forma especial de <quotient>; esta modalidad, junto con la forma originaria de <quotient>, la del impuesto francés, constituían el único ámbito de aplicación de este sistema de promediación de la renta familiar.

La tributación, de 1967 a 1990, se realizaba de la siguiente manera: con una única tarifa de gravamen, se clasifica a los contribuyentes creando tres clases diferentes, cada una de las cuales recibirá un tratamiento diferenciado.

Así, componen la clase I las personas solteras, viudas o divorciadas, siempre que, en su caso, hayan transcurrido cinco años desde la disolución del matrimonio; el impuesto, para esta primera clase, se determina mediante la aplicación directa de la escala de gravamen.

La clase II comprende a las personas casadas (sin hijos), a las mayores de 65 años, a los contribuyentes solteros, viudos y divorciados que tengan uno o varios descendientes, así como a los componentes de la clase I, cuando no hayan transcurrido aún cinco años desde la disolución del matrimonio. Quienes integran esta segunda clase son gravados mediante el sistema de <splitting>, correspondiéndoles el doble de la cuota obtenida por aplicación de la tarifa a la mitad de su base imponible.

Finalmente, pertenecen a la clase III las personas que tienen hijos a su cargo. El método empleado para gravar a esta tercera clase de contribuyentes distinguía a su vez tres niveles de renta: si las rentas no superan una primera cuantía se aplica el sistema de <quotient>. Si las rentas sobrepasan esta cuantía y no alcanzan un segundo nivel, se sustituye el <quotient> por el <splitting> más una deducción en la base, compuesta de un porcentaje, creciente según el número de hijos, y una cantidad fija, también creciente según los hijos. Si las rentas son superiores a este segundo nivel la deducción concedida está formada solamente por la cantidad fija, creciente según número de hijos, y desaparece la parte porcentual. En todo caso, a partir del sexto hijo, la deducción es siempre proporcional.

Este sistema fue retocado en 1978, exigiéndose para la aplicación del <quotient> que el número de hijos no sea superior a tres, las rentas familiares se dividen por 2.6 (un hijo), 3.4 (dos hijos) y 4.4 (tres hijos a su cargo). Cuando no se reúnan los requisitos exigidos para la aplicación del <quotient>, el impuesto se calcula concediendo sólo las deducciones en la base[325].

---

325 Cfr. el Reporte Luxemburgués al Congreso de la IFA de Madrid, de J. JEMMING y J. HAMILIUS en *Cahiers...*, cit., pág. II/195 y ss.

Tras la reforma de 1990 subsiste la tripartición de los sujetos. Se establecen tres clases:

- la 1, a la que pertenecen las personas no incluidas en los grupos siguientes:

- la 1a, a la que pertenecen los viudos, los mayores de 65 años y los que tengan hijos a cargo.

- la 2, a la que pertenecen:

a) Los casados.

b) Los viudos, en los tres años siguientes al fallecimiento del cónyuge.

c) Los divorciados y separados que estén en los tres años siguientes a la separación o disolución del matrimonio y no hayan disfrutado de esta reducción en los cinco años anteriores al año en que aquellas se hayan producido.

Se aplica una tabla impositiva ordinaria a las personas de la clase 1. En el caso de sujetos pasivos con hijos, de la clase 1.ª, se reduce la base en 1/4, hasta un determinado límite, para hallar el tipo aplicable. En la clase 2.ª la base se divide por 2 (<splitting>).

Para cuantificar la deducción por hijos se distinguen dos casos:

- los que obtengan rentas por debajo de una determinada cantidad tienen derecho a una deducción en la cuota, variable según el ahorro de impuesto que les supondría una deducción en la base de una cantidad que se establece.

- para quienes obtengan rentas por encima de los límites señalados se establece una deducción de cuantía fija en la cuota.

Estas deducciones son por un hijo, aumentan proporcionalmente según el número de hijos.

## 12. Portugal

El sistema de imposición portugués sobre la renta ha mantenido una notable diferencia con los demás sistemas occidentales. Han subsistido numerosos impuestos cedulares, que gravan la renta de manera singular, según la fuente de la que provenga; junto con éstos se establece un impuesto complementario sobre la renta, que recae sobre los rendimientos globales.

Cada uno de los impuestos cedulares viene regulado por una ley propia: de contribución predial rústica, de contribución predial urbana, de impuesto agrícola, de contribución industrial, de impuesto de capitales, de impuesto profesional[326]. Denominador común de todos ellos es la imposición con indiferencia hacia la situación familiar del contribuyente.

Como hitos más relevantes del sistema portugués podemos citar el Decreto-Ley de 30 de marzo de 1928, que crea el Impuesto Complementario, es la primera norma que regula el impuesto global sobre la renta con criterios específicos de Derecho Financiero y Tributario. Posteriormente fue redactado el Código del Impuesto Complementario de 30 de noviembre de 1963, que modifica la regulación anterior.

El Impuesto Complementario sobre la Renta, sección A, grava la renta de las personas físicas; aquí sí se da entrada a las circunstancias familiares. En concreto, rige el principio de acumulación de todas las rentas familiares y se conceden deducciones por matrimonio y por hijos; también se introdujo una tabla específica para contribuyentes casados[327].

Con la aprobación de una nueva Constitución en 1976 y el reconocimiento de la igualdad de los cónyuges, fueron necesarias algunas adaptaciones realizadas en el mismo 1976 y en 1977 y, más profundamente, con el Decreto-Ley de 9 de junio de 1980[328].

No obstante las soluciones adoptadas no podían considerarse definitivas. En esta situación el Ministério das Finanças elabora un Proyecto de Ley de Bases de Reforma Fiscal (aprobado por Consejo de Ministros de 24 de septiembre de 1987) en el que se reconoce que la penalización de la unidad familiar, por la acción conjunta de los principios de acumulación y progresividad, se encuentra atenuada pero no eliminada. En la motivación de la ley se expone la búsqueda del medio idóneo para lograr el objetivo de evitar la discriminación de la unidad familiar, que no considera justificada por *"las economías de escala invocadas pero no cuantificadas"*: se rechaza la adopción de la doble escala, por motivo de simplificación y porque no impide totalmente la citada penalización. También se rechaza la ampliación de las deducciones existentes porque pueden producir desigualdades. A pesar de la corriente internacional a favor

[326] Cfr. una exposición del sistema impositivo portugués en M. L. CORREIA E VALE y R. FERNANDES FERREIRA, *Cahiers...*, vol. LVa, 1970, pág. II/235.

[327] Los problemas específicos de la tributación familiar en Portugal han sido expuestos por los relatores del Congreso de la IFA, 1972, J. LOPES ALVES y R. FERNANDES FERREIRA, *Cahiers...*, vol. LVIIa, pág. II/235.

[328] Sobre la historia del <Imposto Complementar> cfr. P. SOARES MARTINEZ, *Manual de Direito Fiscal*, Coimbra, 1983, pág. 523.

de la tributación separada se opta por la tributación conjunta con la corrección del <splitting> y con deducciones por cada hijo.

Así es recogido finalmente en la Ley de Impuesto sobre Rendimiento de Personas Singulares[329], donde se establece el <splitting> para personas casadas no separadas judicialmente; la cifra del divisor es 2, salvo si uno de los cónyuges tuviera un rendimiento igual o superior al 95% del rendimiento global, en cuyo caso la tasa aplicable es la correspondiente al rendimiento global dividido por 1,85.

Por otra parte, el tope establecido para determinadas deducciones en la base (por gastos de adquisición de vivienda, enfermedad, seguros, etcétera) se duplica para contribuyentes casados. Además se establece una deducción general en la cuota, superior para los contribuyentes no casados o separados, y otra deducción por cada persona que depende del contribuyente.

## 13. Reino Unido

El primer impuesto sobre la renta en el Reino Unido data de 1799. Las normas básicas de la reciente imposición sobre la renta están contenidas en la "Income and Corporation Taxes Act" de 1970. La "Income Tax" corresponde a las personas físicas y la "Corporation Tax" a las sociedades. Este texto sufre frecuentes modificaciones -algunas de las cuales las reseñamos a continuación porque afectan a la tributación de la renta familiar- y aparece una nueva redacción en 1988[330].

En principio puede afirmarse que la legislación vigente en el Reino Unido contiene un régimen de imposición conjunta de los cónyuges, con opción por la separada, siendo consideradas individualmente las rentas de otros miembros de la familia. Hasta 1971 la ley consideraba en todo caso la renta de la esposa, a efectos de la aplicación del impuesto, como renta de su marido, concediéndose una deducción en la base imponible de 2/7 de las rentas de trabajo de la mujer.

---

[329] <Lei n.º 106/88 Imposto sobre o rendimento das pessoas singulares (IRS) e imposto sobre o rendimento das pessoas colectivas (IRC)>, vid. *"Diário da República"*, n.º 216, 17 de septiembre de 1988.

[330] Cfr. texto original de la <Income and Corporation Taxes Act> en *Collection Jupiter, Droit des Affaires...*, cit. Sobre las vicisitudes de la legislación británica cfr. J. R. COOMBE, *Cahiers...*, vol. LVIIa, pág. II/253. Más extensamente en Informe MEADE, *Estructura y reforma de la imposición directa*, cit. y el <Libro verde> británico *"La imposición sobre el marido y la mujer"*, cit.

Sin embargo, desde 1971, los matrimonios que de común acuerdo lo decidan pueden optar por el gravamen separado de las rentas salariales de la mujer. En este caso, la base imponible del marido comprende todas las rentas de las que sea titular y los rendimientos no salariales de la mujer. Así se aproxima el tratamiento fiscal de las rentas matrimoniales, en principio de tributación conjunta, a un régimen de imposición separada.

Completa este sistema un cuadro de deducciones en la base que, en síntesis, contiene:

a) Deducción general para cada contribuyente.

b) Deducción por matrimonio (siempre que no esté separado).

c) Deducción por padre o madre solos, o viudos recientes.

Por ley de 1968 las rentas de los hijos se agregan a las del cabeza de familia, si bien con ciertas limitaciones: el hijo debe ser menor de 18 años, ser soltero y no ejercer un trabajo regular; en esta acumulación se hacía exclusión de toda renta salarial. Pero la "Finance Act" de 1971 derogó esta regla, siendo considerado a partir de entonces cada hijo como un contribuyente independiente.

Las cargas familiares se tienen en cuenta por medio de deducciones en la base imponible en atención a los hijos a cargo del contribuyente. Estas deducciones han sufrido diversas modificaciones y actualmente están muy restringidas: en principio eran crecientes según la edad de los hijos; después se distinguió entre el primer hijo y los restantes, que daban derecho a una reducción menor.

Desde 1980 se establece una deducción de cuantía fija por cada hijo, independiente del número de éstos, si bien sólo pueden aplicarla el padre o madre que no viva con su cónyuge, o el marido cuya esposa vive con él y está incapacitada física o psíquicamente. El hijo ha de ser menor de 16 años, o bien mayor de 16 sin límite de edad, si se dedica exclusivamente a su formación profesional; puede también obtenerse para un menor que viva a expensas del contribuyente sin ser su hijo, con el límite absoluto de 18 años de edad.

En el supuesto de que los cónyuges hayan optado por la tributación independiente las deducciones se aplican, en primer lugar al marido y el exceso, si lo hubiere, puede ser deducido en todo caso de las rentas de la mujer.

## 14. Suiza

Una peculiaridad importante del sistema impositivo suizo consiste en que tienen potestad tributaria la Confederación Helvética y los cantones. Se establece una distribución de competencias que determina quién puede exigir cada impuesto. En la imposición sobre la renta tienen potestades paralelas la Confederación Helvética y los cantones; la Confederación no puede regular el impuesto de tal manera que impida otra imposición por parte de los cantones. Por tanto coexisten un impuesto sobre la renta federal y los respectivos impuestos cantonales[331].

El impuesto de la Confederación está regulado por el "Arrêté de Conseil Fédéral concernant la perception d'un impôt fédéral direct" (AIFD). Hasta 1989 se establecía la acumulación de las rentas de los esposos con deducciones en la base: una general y otra en la renta más baja en caso de que ambos cónyuges trabajen. Desde la reforma de 1989 se establece un sistema de doble escala. Además existen otras deducciones, de cantidad fija, por hijos. En caso de separación o divorcio se establece la imposición separada; no se deduce ni tributa la pensión alimenticia, si bien se concede una deducción de cantidad fija al que la paga y se concede, en su caso, una deducción a la persona necesitada.

Las rentas de los hijos menores de edad también se acumulan, excepto las de trabajo. Serán representados por quien tenga la autoridad parental.

En cuanto a los impuestos cantonales sobre la renta podemos subrayar la variedad de métodos de corrección que se adoptan en los diversos lugares. Ante la imposibilidad de abordar un examen detallado de cada uno, realizamos solamente su enumeración, haciendo cinco grupos según sea su sistema de imposición:

1.- Acumulación con deducciones.

2.- <Splitting>.

3.- <Quotient familial>.

4.- Doble tarifa.

5.- Mixto.

1.- Deducción fija sobre la base: Nidwald.

Deducción proporcional sobre la base: Berna, Uri y Obwald.

Deducción proporcional sobre la cuota: Valais, Lucerna, Appenzell Rhodes-Exterior.

Ninguno practica la deducción fija en la cuota.

---

[331] Obras que ofrecen datos de interés sobre la tributación familiar en el Derecho suizo son: J. M. RIVIER, *Droit Fiscal Suisse. L'imposition du revenu et de la fortune.* Neuchâtel, 1980. D. YERSIN, *L'imposition du couple et de la famille.* Berna, 1984. L. MASMEJAN-FEY, *L'imposition des couples mariés et des concubins.* Lausana, 1992.

2.- <Splitting>, parcial en todo caso: Neuchâtel, Argovie, Grisons y Friburgo.

3.- <Quotient familial>: Vaud.

4.- Doble tarifa o escala, una para personas casadas y otra para solteros, viudos y divorciados: Soleure, Bâle-Campagne, Tessin, Ginebra y Jura.

5.- Tienen sistema mixto, con doble escala y deducciones en la base o en la cuota: Zurich, Appenzell Rhodes-Interior, Schwyz, Glaris, Zoug, Bâle-Ville, Schaffhouse, Saint-Gall y Thurgovie.

## III. Historia de la imposición familiar en España. Antecedentes de la imposición sobre la renta personal

En nuestro ordenamiento jurídico la regulación de un impuesto global sobre la renta aparece por primera vez en la Ley de la Contribución General sobre la Renta, de 20 de diciembre de 1932. Es la primera ocasión en que se alude a las circunstancias familiares en la imposición sobre las rentas en España.

La entrada en vigor de esta ley constituye el comienzo de una época nueva en la imposición sobre la renta. Quedó definitivamente derogada en la reforma de 1964; no obstante había sufrido sucesivas reformas que, en ocasiones, la modificaron profundamente. La Ley de la Contribución General sobre la Renta, por un lado, establecía la acumulación de las rentas familiares (conyugales y de los hijos) y, por otro, la consideración de las cargas familiares se traducía en la adopción de deducciones por hijos y del recargo de soltería.

La Ley de Reforma del Sistema Tributario de 11 de junio de 1964 provocó una renovación notoria en la legislación tributaria. La imposición sobre la renta resulta ampliamente reformada. Desaparece la Contribución General sobre la Renta y se introduce el Impuesto General sobre la Renta de las Personas Físicas.

En el sistema implantado por la Ley de 1964 coexistían, con los generales sobre la renta, los impuestos <a cuenta>, herederos de los antiguos reales o de producto establecidos en la reforma de 1845. Éstos eran impuestos de naturaleza real; recaen sobre un rendimiento o producto, gravando la renta según su origen. El sistema se articulaba de modo que a cada rendimiento le correspondía un sólo impuesto a cuenta (salvo que se sobreponga otro únicamente a título de complementario o corrector). Operaba, en todo caso, como gravamen mínimo y era <a cuenta> de los generales sobre la renta, que actuaban después como impuestos <de cierre>. Los impuestos a cuenta eran: la Contribución Territorial Urbana, la Contribución Rústica y Pecuaria (cuotas fija y proporcional), Impuesto Industrial (cuota fija y cuota complementaria por beneficios), Impuesto sobre los Rendimientos de Trabajo Personal (en los profesionales y asimilados se distinguen las cuotas fija y proporcional) e Impuesto sobre Rentas de Capital. Los impuestos generales son: el Impuesto General sobre la Renta de las Personas Físicas y el Impuesto General sobre la Renta de Sociedades y demás Entidades Jurídicas.

El nuevo impuesto sobre la renta comenzó a aplicarse en enero de 1967. Por Decreto de 23 de diciembre de 1967 (BOE 18 de marzo de 1968) se aprobó su Texto Refundido.

Como novedades principales este impuesto suprimió el recargo de soltería e introdujo una desgravación por razón de esposa. Pero sobre todo se advierte un notable giro en su naturaleza: la Contribución sobre la Renta de 1932 tenía un carácter de gravamen complementario y no principal, mientras que a partir de 1964 el Impuesto sobre la Renta es considerado impuesto principal. No obstante queda en entredicho este carácter por la citada correlación entre el mismo y los impuestos a cuenta, que implica también la atenuación de su pretendido carácter de impuesto personal[332]. La regulación adecuada de las rentas, observadas en el contexto familiar, supone acentuar la consideración de las circunstancias personales del sujeto pasivo, pero si la cuota tributaria del impuesto sobre la renta quedaba supeditada a la de los impuestos a cuenta, de naturaleza real más que personal, quedaban borradas aquellas consideraciones. Impresión que se confirma al constatar la estimación objetiva que se hacía de su base imponible y que lo satisfecho por los impuestos a cuenta se reputaba mínimo o no reembolsable. Estas observaciones llevaron a algunos autores a emitir un juicio negativo acerca del impuesto sobre la renta[333], que se agudiza desde nuestra perspectiva de establecimiento de un gravamen conforme con las circunstancias familiares de la unidad contribuyente.

[332] La doctrina muestra grandes reservas para admitir que tuviera, de hecho, el carácter de impuesto principal. Cfr. ALBIÑANA, *El sistema fiscal en España*, Madrid, 1974; págs. 27 y 157 y ss.

[333] *"La reforma tributaria de 1964 no constituye ni mucho menos la etapa final, sino, como demostraremos, un posible retroceso en la implantación real y efectiva de la imposición personal sobre la renta en España".* Cfr. A. GOTA LOSADA, *Tratado del Impuesto sobre la Renta*, vol. I, pág. 156.

La regulación que la Ley del Impuesto General sobre la Renta de las Personas Físicas de 1964 hace de los temas relativos a la tributación familiar abarcaba los tres asuntos siguientes:

1.- La acumulación de las rentas conyugales y de los hijos.

2.- La reducción por patrimonio familiar, que consiste en detraer de la base imponible la cantidad de renta que ha producido el patrimonio familiar, mobiliario y agrícola, según son concebidos por la ley.

3.- Las deducciones por parentesco: por alimentos, matrimonio, gastos extraordinarios e hijos.

## IV. La imposición familiar en el Derecho Positivo. Período 1978-1989. Sistema de acumulación de rentas

En el período de tiempo que va desde 1978 a la actualidad cabe distinguir claramente dos etapas. La primera, con la aprobación de la Ley 44/1978, de 8 de septiembre, que establece un régimen de acumulación de rentas familiares. Tras la importante Sentencia del Tribunal Constitucional 45/1989, de 20 de febrero, en la que se declara inconstitucional dicha acumulación, se elaboran las Leyes 20/1989 y la actual 18/1991, que acogen un sistema de declaración de rentas independiente o separada.

### A) La unidad familiar en la Ley 44/78 de 8 de septiembre

En la Ley 44/1978 del Impuesto sobre la Renta de las Personas Físicas se detectan dos puntos, en relación con el gravamen de las rentas familiares, distintos pero conectados entre sí. Por un lado, la determinación del sujeto pasivo del impuesto; por otro, el relativo a la configuración de la unidad contribuyente. Abordamos por separado su estudio, si bien se advierte la incidencia que cada uno de los temas puede tener sobre el otro.

#### *a) El sujeto pasivo del impuesto en el proyecto de Ley y en la Ley 44/1978*

Antes de examinar la regulación positiva, conviene hacer referencia al Proyecto de Ley remitido a las Cortes que configuraba a la unidad familiar como sujeto pasivo del impuesto. El proyecto partía de la conveniencia de configurar a la familia como unidad contribuyente[334]. En consonancia con esta declaración, el artículo 4 del Proyecto contenía el siguiente texto: "*Son sujetos pasivos del impuesto: 1. Por obligación personal:*

*a) La unidad familiar que tenga su residencia habitual en territorio español.*

*b) Las personas físicas que no formando parte de una unidad familiar tengan igualmente su residencia en territorio español...*".

En la fase de la Ponencia se cambia la redacción del articulo 4.1, donde se establece definitivamente a las personas físicas como sujetos pasivos[335].

Los motivos por los que la unidad familiar -concepto que permanece en el texto- ya no es sujeto pasivo del impuesto son alegados por la Ponencia en su informe: consisten en la carencia de personalidad jurídica de la familia y en la inviabilidad práctica de considerarla incluida en el articulo 33 de la Ley General Tributaria, sobre tributación de entes sin personalidad. Evidencian el encomiable deseo de ajustar la nueva Ley a los criterios establecidos ya en el ordenamiento jurídico, concretamente a los preceptos del Código Civil[336].

---

[334] Contenía en su preámbulo la siguiente consideración: "*Pudiera parecer obvio que, como indica su denominación, el Impuesto sobre la Renta de las Personas Físicas debe gravar en todo caso la renta de cada sujeto pasivo considerado aisladamente. Sin embargo, aunque el principio general sea éste, todas las legislaciones fiscales, y también este proyecto de ley, consideran que, en el caso de contribuyentes que forman parte de una familia, es dicha familia la que debe constituir la unidad contribuyente, acumulándose, en consecuencia, la totalidad de las rentas pertenecientes a sus miembros*". Publicado en el Boletín Oficial de las Cortes, núm. 46, de 22 de enero de 1978. Toda la información sobre la tramitación parlamentaria de la Ley 44/1978 puede verse Rev. Esp. Der. Fin., n.º 17-18, 1978.

[335] "*Son sujetos pasivos del impuesto:*

*a) Por obligación personal, las personas físicas que tengan su residencia habitual en territorio español;*

*b) Por obligación real, cualquiera otra persona física que obtenga rendimientos o incrementos de patrimonio producidos en territorio español o satisfechos por una persona o entidad pública o privada residente en dicho territorio*". El texto propuesto por la Ponencia, fue aprobado, con breves modificaciones de estilo, por la Comisión de Hacienda y, tras la aceptación de los Plenos del Congreso y del Senado, pasó a constituir el artículo 4 de la Ley.

[336] "*El Proyecto atribuye la calificación de sujeto pasivo a la unidad familiar, pero esta calificación no es correcta por dos razones fundamentales: 1.º, que la unidad familiar carece de personalidad y no puede, en consecuencia, ser titular de derechos y*

Sin embargo diversos autores han mantenido posiciones más comprensivas con la configuración de la familia como sujeto pasivo del Impuesto. Refiriéndose precisamente al Impuesto sobre la Renta, GOTA LOSADA escribió que *"no hay inconveniente para que el Derecho Tributario confiera personalidad jurídico-tributaria a la sociedad conyugal, que es la tesis que mantenemos"*[337]. Esta opinión conduciría a mantener la existencia de una especial capacidad en el ámbito tributario distinta de la general otorgada por el Derecho común. A este respecto, estima YEBRA que en la Ley General Tributaria no se encuentra ningún obstáculo para ello[338]; aunque cabría su inclusión entre las *"entidades que, carentes de personalidad jurídica, constituyen una unidad económica o un patrimonio separado susceptibles de imposición"* (artículo 33 de la Ley General Tributaria), señala YEBRA que la familia es mucho más que una unidad económica y por tanto el criterio dado por la Ley, de tipo económico primordialmente, no le es aplicable sin más. Por otra parte el Tribunal Económico Administrativo Central ha rechazado esta interpretación, por la que a las rentas gananciales del matrimonio se aplicarían las normas de las sociedades civiles, y las rentas se imputarían a los socios; en este caso se prorratearían entre los cónyuges[339].

### *b) La unidad familiar en el proyecto de Ley y en la Ley 44/1978*

El artículo 5 del Proyecto de Ley explicitaba el concepto de unidad familiar en estos términos: *"1. Forman la unidad familiar (...) los*

---

*obligaciones, y 2.º, porque en la hipótesis de que la unidad familiar quedara comprendida dentro de los supuestos de entes sin personalidad jurídica a que hace alusión la Ley General Tributaria, sería necesario señalar la figura de un administrador o representante de la unidad familiar y calificar como responsable de la obligación tributaria a los restantes miembros que componen dicha unidad familiar. Esta última construcción tropieza con obstáculos insalvables"*. Cfr. Informe de la Ponencia, Rev. Esp. Der. Fin., n.º 17-18, 1978.

[337] Cfr. *"Tratado del Impuesto sobre la Renta"*, o. c., Tomo I, pág. 99.

[338] *"La solución sería admitir para la familia el reconocimiento de una capacidad jurídica parcial determinada a través de leyes tributarias concretas, por ejemplo, la reguladora del Impuesto sobre la Renta"*. Cfr. *"La familia ante el ordenamiento tributario"*, en Rev. Der. Fin. Hac. Púb., n.º 123, 1976, pág. 535.

[339] En resolución de 13 de enero de 1993, fundado en que *"la celebración de un matrimonio no da lugar a la constitución de las (entidades) recogidas en el artículo 33 de la LGT, aunque el régimen del matrimonio sea el de gananciales, y por tanto no le es aplicable el citado artículo 12 de la Ley del impuesto"*.

*cónyuges y los hijos menores no emancipados, excepto los que con el consentimiento de sus padres, viviesen independientes de éstos.*

*2. Constituyen igualmente una unidad familiar el cónyuge y los hijos que se encuentran bajo su patria potestad, en los casos de disolución del matrimonio o separación judicial*".

Por su parte, el artículo 7.3 del Proyecto recogía la acumulación de las rentas familiares estableciendo que "*cuando el sujeto pasivo sea la unidad familiar, se acumularán todos los rendimientos y ganancias de capital, tanto de la sociedad conyugal como los privativos de los cónyuges y de los hijos menores no emancipados, cualquiera que sea el régimen económico de aquélla*". En el transcurso de la elaboración de la Ley fueron presentadas diversas enmiendas, que no prosperaron, para corregir los efectos perjudiciales de la acumulación. Así la enmienda n.° 1, segunda, presentada por el diputado LÓPEZ RODÓ al proyecto de ley, proponía la siguiente redacción para este apartado: "*Las personas casadas y los hijos menores no emancipados serán gravados independientemente unos de otros*"[340]. En la enmienda número 33, el diputado TRÍAS FARGAS propuso un sistema de cociente para hallar el tipo de gravamen; el divisor sería el número de miembros de la familia que obtuviesen rentas[341].

Las razones de la elección de la familia como unidad contribuyente son puestas de manifiesto en el Preámbulo; el legislador tiene el propósito de admitir la existencia de economías de escala y la de evitar la redistribución fraudulenta de rentas dentro de la familia[342].

El concepto de unidad familiar se encontraba recogido en el artículo 4 de la Ley. Después de calificar a las personas físicas como suje-

[340] Se justificaba así: "*En unos tiempos en que muchas parejas, que constituyen de hecho una unidad familiar, prescinden del matrimonio, no parece oportuno penalizar a éste fiscalmente*". El informe de la Ponencia rechazó la enmienda, por el siguiente motivo: "*Toda la construcción del proyecto se basa en la conceptuación de la unidad familiar como entidad económica dotada de una específica capacidad contributiva, lo que obliga a la acumulación de todos los rendimientos e incrementos de patrimonio para determinar la renta sometida a imposición*".

[341] En la justificación señalaba: "*Se logra que la unidad familiar no tribute más que los individuos gravados separadamente. (...) Países tan representativos como Francia y Alemania siguen el sistema propuesto, denominado de <quotient>. Otros países que no siguen este régimen aplican escalas más bajas para los ingresos de la unidad familiar*".

[342] Cfr. el estudio de los criterios mencionados que realiza GORJÓN PALENZUELA en "*La unidad familiar en la Ley de 8 de septiembre de 1978 del Impuesto sobre la Renta de las Personas Físicas*", Cron. Trib., n.° 28, págs. 79 a 82.

tos pasivos del impuesto en el primer apartado, el apartado segundo se refería a la unidad familiar como centro de imputación de rentas, a los efectos de determinar la cuota impositiva y establecer un sistema de responsabilidad específico. Indicaba el citado precepto: "*Cuando las personas a las que se refieren los dos epígrafes del apartado anterior estén integradas en una unidad familiar, todos los componentes de esta última quedarán conjunta y solidariamente sometidos al impuesto como sujetos pasivos...*" A continuación, el artículo 5 de la Ley enunciaba las modalidades de unidad familiar[343].

La configuración hecha por la ley de los tipos de unidad familiar ha suscitado críticas doctrinales. Así, la inclusión de los hijos emancipados que, por propia definición legal en el artículo 317 del Código Civil, quedaban al margen de dicha unidad; por el contrario, quedaban excluidos los hijos que gozasen de la llamada <emancipatio germanica>. También son criticables la defectuosa redacción legal al hablar de los hijos "naturales, reconocidos o adoptados", y la configuración de una unidad familiar compuesta por "los hermanos sometidos a tutela"[344].

El número 2 del artículo 5 establecía, para la correcta aplicación de la acumulación de rentas: "*Nadie pertenecerá a la vez a dos unidades familiares*".

En el texto legal la acumulación de las rentas familiares viene imperada por el artículo 7.3, semejante al homónimo del Proyecto: "*Cuando los sujetos pasivos compongan una unidad familiar se acumularán todos los rendimientos e incrementos de patrimonio de todos los miembros de la unidad familiar, cualquiera que sea el régimen económico del matrimonio*"[345].

---

[343] Son las siguientes: "*1.º La integrada por los cónyuges y, si los hubiese, los hijos menores legítimos, legitimados, naturales, reconocidos o adoptados, con excepción de los que con el consentimiento de los padres vivan independientes de éstos.*

*2.º En los casos de nulidad, disolución del matrimonio o separación judicial, la formada por el cónyuge y los hijos que teniendo cualquiera de las condiciones a que se refiere el número anterior, estén confiados a su cuidado.*

*3.º El padre o madre solteros, y los hijos que reúnan los requisitos a que se refieren los dos números anteriores.*

*4.º Los hermanos sometidos a tutela*".

[344] Modalidad calificada de "*sorprendente, por su origen y justificación*". Cfr. J. BANACLOCHE, "*Los sujetos pasivos y sus obligaciones en el Impuesto sobre la Renta de las Personas Físicas*", Rev. Esp. Der. Fin., n.º 17-18 (enero-junio, 1978), pág. 39.

[345] Esta redacción causa extrañeza si se tienen en cuenta las afirmaciones de D. MARTÍNEZ MARTÍNEZ, a la sazón Subsecretario del Ministerio de Hacienda,

### *c) La subjetividad tributaria en la doctrina y en la jurisprudencia*

Del examen del texto de la Ley 44/1978, y de los preparativos del mismo, se desprende claramente que los sujetos pasivos del Impuesto sobre la Renta son las personas físicas; también se aprecia que la unidad familiar es una técnica adoptada para determinar las rentas gravables y hallar el tipo impositivo correspondiente, así como para aplicar un régimen específico de responsabilidad fiscal a las personas integradas en una familia. Pero se ha planteado un debate doctrinal y jurisprudencial en torno al alcance de la subjetividad en el caso de que los sujetos pasivos pertenezcan a una familia[346].

Sucintamente señalamos que, desechada la unidad familiar como tal, existen dos posibilidades a la hora de determinar el sujeto pasivo del impuesto: bien pueden serlo todas las personas pertenecientes a la familia, o bien sólo las que obtienen renta.

En favor de la primera posibilidad se trae a colación el tenor del artículo 4.2 de la Ley, cuando dice: "*todos los componentes de esta última quedarán conjunta y solidariamente sometidos al impuesto como sujetos pasivos*". Según esta postura, el sometimiento de todos se produciría en virtud de que la realización del hecho imponible corresponde a todos los miembros de la familia[347]; además la solidaridad de todos los miembros sería índice de la sujeción de cada uno de ellos. No obstante esta tesis, que se encuentra doctrinalmente en retroceso, se apoya en una interpretación excesivamente literal del precepto; también pueden encontrarse otras expresiones literales en

---

sobre la acumulación de las rentas: "*Se trata de una solución más realista, y aceptable en cierta medida, si va acompañada de importantes deducciones y desgravaciones*". Después de enumerar sus inconvenientes y las soluciones posibles, se decanta por la siguiente fórmula para incluirla en la Ley que estaba en elaboración: "*Se excluyen de esta acumulación las rentas procedentes del trabajo personal de la mujer, salvo que éstas sean superiores a las del marido derivadas de este mismo origen, en cuyo caso serán éstas y no las de la mujer las excluidas*". Cfr. "*La reforma de la imposición sobre la renta: un informe de 1976*", IEF, 1979, págs. 85-86. De ninguna de las soluciones citadas por el entonces Subsecretario se encuentra rastro en el texto definitivo de la Ley, aun cuando, como hemos reseñado, habían sido presentadas enmiendas en este sentido.

[346] Sobre este tema cfr. C. PÉREZ DE AYALA, "*La unidad familiar en el Impuesto sobre la Renta*", o. c., págs. 106 y ss.; M. T. SOLER ROCH, "*Notas sobre la configuración de las obligaciones y los deberes tributarios, con especial referencia al IRPF*", Rev. Esp. Der. Fin., n.º 5/1980, págs. 5 y ss.; y "*Subjetividad tributaria...*", cit., págs. 210-212.

[347] Por todos cfr. RAMALLO, "*La unidad familiar...*", cit., pág. 57.

las que fundar la opinión contraria[348]. Por otra parte, la solidaridad y la subjetividad son dos puntos que, aunque pueden estar conectados, son distintos[349]; la solidaridad no deriva de la integración familiar, sino que tiene el mismo fundamento que la acumulación, el hecho de aportar rentas a la familia, por lo que sólo quien obtiene rentas estará afectado por la solidaridad[350].

El tema de la subjetividad del IRPF fue puesto en tela de juicio con motivo de la aplicación del artículo 29 e), último párrafo, de la Ley 44/1978: *"Los contribuyentes podrán optar por deducir los porcentajes anteriormente señalados o la cantidad fija de 10.000 pesetas"*. Se planteó el problema de interpretar el término <contribuyentes>, incluido en dicho precepto: ¿quiénes lo son en el caso de la unidad familiar?

El contribuyente, junto con el sustituto, viene identificado con el sujeto pasivo en el artículo 30 de la Ley General Tributaria. Dado que los sujetos pasivos en el IRPF son las personas físicas, un sector de la doctrina consideró que la deducción podría aplicarse tantas veces como sujetos pasivos existieran en la unidad familiar; si bien algunos han matizado que, según el recto entendimiento del concepto de sujeto pasivo, sólo deben contabilizarse los miembros de la familia que obtengan rentas[351].

Frente a esta interpretación surgió otra que considera que la deducción sólo puede aplicarse una vez en cada unidad familiar[352].

---

[348] Por ejemplo el artículo 31.1 de la misma Ley: *"Los sujetos pasivos que componen una unidad familiar están solidariamente obligados frente a la Hacienda Pública (...) sin perjuicio del derecho a prorratearla entre sí, según la parte de renta que corresponda a cada uno de ellos"*. Es decir, están solidariamente obligados sólo los sujetos pasivos, y sólo lo son quienes obtienen renta, por la mención a la que les corresponda.

[349] *"Al determinar el sujeto pasivo de una obligación contestamos a la pregunta: ¿quién responde? Cuando precisamos que ese sujeto pasivo responde solidariamente estamos contestando a una pregunta distinta: ¿cómo responde?"*. Cfr. C. PÉREZ DE AYALA, *"La unidad familiar en el Impuesto sobre la Renta"*, o. c., pág. 111.

[350] *"No se está solidariamente obligado por la mera pertenencia a la familia, sino por dicha pertenencia unida al hecho de contribuir a la formación de la renta familiar"*. Cfr. SOLER ROCH, *"Subjetividad tributaria..."*, cit., pág. 212.

[351] Cfr. G. DE LA PEÑA VELASCO, *"La deducción <a forfait> por gastos personales en el IRPF"*, Rev. Esp. Der. Fin., n.º 33/1982, pág. 123. Cfr. también GIMENO, *"La deducción fija por gastos personales en la unidad familiar"*, Rev. La Ley, Tomo I, 1984, pág. 1177.

[352] FALCÓN TELLA, por su parte, también interpreta que la deducción puede aplicarse una sola vez, basándose en una completa interpretación, pero sin reconocer ninguna subjetividad a la unidad familiar. Cfr. "La deducción fija de 10.000 pesetas en el IRPF", Rev. Esp. Der. Fin., n.º 42, 1984; pág. 307.

Así las Sentencias de las Audiencias Territoriales de Granada (12 de julio de 1983) y Oviedo (13 de septiembre y 4 de octubre de 1983) entienden que la unidad familiar tiene *"sustantividad propia"* y *"se crea así un nuevo sujeto pasivo, la unidad familiar"*. Esta interpretación debe ser desechada por contradecir claramente el tenor de la ley.

El Tribunal Supremo terció en la polémica con Sentencia de 6 de julio de 1984, dictada en interés de la Ley. Sobre el punto controvertido de la subjetividad del IRPF deja sentado que *"los únicos sujetos pasivos del impuesto son las personas físicas (...) quedando excluida del carácter de sujeto pasivo la unidad familiar"*[353].

## B) La solidaridad en la unidad familiar

El artículo 4.2 de la Ley 44/1978 establecía la sujeción solidaria de los miembros de la unidad familiar para el pago de la obligación tributaria y se reitera en el artículo 31[354]. El Tribunal Constitucional hubo de pronunciarse sobre este artículo 31 en la Sentencia 45/1989. Reconoce que supone un régimen más riguroso para las personas integradas en una unidad familiar[355], lo cual parece ir contra los principios de igualdad, capacidad contributiva y protección a la familia; sin embargo considera que *"la responsabilidad solidaria es una con-*

[353] Añade el Tribunal Supremo: *"Los contribuyentes a los que alude la ley del Impuesto serán todos aquellos sujetos pasivos -no sustitutivos- que, dentro de una unidad familiar de la que formen parte -arts. 4 y 5-, realicen el hecho imponible, esto es, obtengan rentas en cuantía suficiente para quedar sujetas"*. Finalmente refuerza su argumento indicando: *"Sería rechazable aceptar la personalidad jurídica de la unidad familiar sólo a efectos tributarios y negársela en otras esferas del Derecho"*.

[354] *"Cuando las personas a que se refieren los dos epígrafes del apartado anterior estén integradas en una unidad familiar, todos los componentes de esta última quedarán conjunta y solidariamente sometidos al impuesto como sujetos pasivos, con arreglo al régimen que para tal supuesto establecen los artículos 5, 7, apartado 3.º, 31 y 34 de esta Ley"*. El artículo 31.2 señalaba: *"Los sujetos pasivos que componen una unidad familiar están solidariamente obligados frente a la Hacienda Pública al pago de la deuda tributaria que corresponda a la acumulación de rendimientos e incrementos de patrimonio previstos en el artículo 7, apartado 3, de esta Ley, sin perjuicio del derecho de prorratearla entre sí, según la parte de renta que corresponda a cada uno de ellos"*.

[355] *"La extensión de la responsabilidad de cada uno de los integrantes de la familia hasta el monto total del crédito exigible por el Fisco, conjuntamente de todos ellos, puede hacer la situación de aquellos individuos contra los que la Hacienda se dirija más penosa que si hubieran quedado sujetos separadamente al tributo"*. F.J. 8.º.

*secuencia de la sujeción conjunta"*, por lo que queda justificada[356] o no en la medida en que se justifique ésta[357].

Se plantea el problema de la naturaleza de esta solidaridad. Por una parte, algunos autores distinguen entre solidaridad tributaria y responsabilidad, solidaria o subsidiaria: la solidaridad tributaria viene dada por la realización conjunta del hecho imponible[358] y, por su parte, en los supuestos de responsabilidad se acude contra el responsable sólo cuando no cumple el sujeto principal[359]. Pero de esta forma queda desdibujada la diferencia entre responsabilidad solidaria y subsidiaria. Según esta construcción, incluso recogida en el Reglamento General de Recaudación, no cabe exigir la responsabilidad solidaria como es propio de ella, dirigiéndose indistintamente contra cualquier responsable; al contrario, se practica también en la responsabilidad solidaria lo que es esencial de la subsidiaria, el bene-

---

[356] *"Si lo que justifica el trato diferencial de los individuos integrantes de una unidad familiar, es precisamente la existencia de una comunicación de rentas,*

*(...) no puede entenderse como lesiva de la igualdad contributiva (o del mandato constitucional de protección a la familia) la extensión de la responsabilidad de cada uno de los miembros de la unidad a la totalidad de esa cuota"*. F.J. 8.º.

[357] En consecuencia, el Tribunal declara la inconstitucionalidad de la solidaridad, no en sí misma, sino en la medida en que se aplica a asegurar una deuda inconstitucional: *"La norma viola los artículos 14, 31 y 39.1 de la Constitución, pues está referida a una obligación cuyo contenido económico se establece en violación tanto del principio de igualdad, en relación con el de capacidad económica, como del mandato de protección a la familia"*. F.J. 8.º.

[358] Así MAZORRA señala: *"La no participación del responsable en la realización del hecho imponible se muestra definitiva a la hora de diferenciar a la responsabilidad tributaria de la solidaridad tributaria regulada en el artículo 34 de la LGT, cuando establece que <la concurrencia de dos o más titulares en el hecho imponible determinará que queden solidariamente obligados frente a la Hacienda Pública, salvo que la propia ley de cada tributo dispusiese lo contrario>"*. Cfr. S. MAZORRA MANRIQUE DE LARA, *Los responsables tributarios*, IEF, Madrid, 1994; pág. 50.

[359] Explica MAZORRA: *"El carácter garantista de la responsabilidad tributaria implica que la obligación del responsable se estructure como una obligación accesoria de la obligación principal. Esto determina la distinción entre los sujetos de ambas obligaciones y, por tanto, la preferencia del sujeto pasivo, obligado principal, a la hora del cobro de la deuda tributaria. Ello se desprende de lo establecido en el nuevo Reglamento General de Recaudación, cuando en su artículo 10.2 establece expresamente: <A falta de pago de las deudas tributarias por los deudores principales están asimismo obligados al pago de las mismas (...): a) Los responsables solidarios.> Y en el artículo 12.1, cuando determina de forma expresa: <a falta de pago de la deuda por el deudor principal..., la Hacienda Pública podrá reclamar de los responsables solidarios el pago de la deuda>"*. Cfr. *Los responsables...*, o. c., págs. 40-41.

ficio de excusión; en consecuencia, la responsabilidad tributaria solidaria, de hecho, es subsidiaria.

Por otra parte la solidaridad en la unidad familiar no deriva de la realización conjunta del hecho imponible[360], sino que tiene el mismo fundamento que la acumulación de las rentas: mayor facilidad y seguridad en la recaudación del impuesto[361]. En conclusión, a pesar de las terminantes expresiones legales, tanto de la Ley de 1978 como la que a continuación comentamos de la Ley de 1991, la responsabilidad de los miembros de la unidad familiar puede ser calificada como subsidiaria.

La actual Ley 18/1991 del IRPF también establece la responsabilidad por deudas tributarias del cónyuge, cuando se opta por la declaración conjunta[362]. Aun después de la Sentencia 45/1989 que declara la inconstitucionalidad de la solidaridad para el supuesto de la acumulación de las rentas, se mantiene un supuesto de declaración conjunta con responsabilidad solidaria[363]. Se debe matizar, sin embargo, que el sistema actual se distingue por su carácter optativo.

Pero resulta más llamativa la solidaridad de los cónyuges que establece la ley aun en caso de declaración separada[364]. Resulta criticable esta regulación pues, en otros casos, la ley fiscal desconoce el régimen económico matrimonial y, en éste, la solidaridad se produce

---

[360] Cfr. supra epígrafe anterior.

[361] *"El sujeto pasivo es la persona física que realiza el hecho imponible, sin que la solidaridad de los miembros de la unidad familiar sea reconducible al artículo 34 de la LGT sino que, teniendo su fundamento en la acumulación -como también ha afirmado el Tribunal Constitucional- supone, precisamente, que la solidaridad alcanza a los miembros de la unidad familiar que han obtenido renta y que, precisamente por ello, asumen la deuda tributaria resultante".* Cfr. SOLER ROCH, *"Subjetividad tributaria..."*, cit., pág. 212.

[362] Dice el artículo 89.4 de la Ley 18/1991: *"Dichas personas (de la unidad familiar) quedarán conjunta y solidariamente sometidas al impuesto como sujetos pasivos, sin perjuicio del derecho a prorratear entre sí la deuda tributaria, según la parte de la renta sujeta que corresponda a cada uno de ellos".*

[363] Dice SOLER ROCH: *"Sorprendentemente, esta ley mantiene aquel mismo sistema de tributación conjunta decretando (...) la obligación de conjunta y solidaria de todos los miembros de la unidad familiar sometidos al IRPF como sujetos pasivos".* Cfr. *"Subjetividad tributaria..."*, cit., pág. 195.

[364] Artículo 85 de la Ley 18/1991: *"Las deudas tributarias por el Impuesto sobre la Renta de las Personas Físicas tendrán la misma consideración de aquellas otras a las cuales se refiere el artículo 1.365 del Código Civil y, en consecuencia, los bienes gananciales responderán directamente frente a la Hacienda Pública por estas deudas, contraídas por uno de los cónyuges, sin perjuicio de lo previsto en el apartado cuatro del artículo 89 de esta Ley para el caso de tributación conjunta".*

sólo si existe un régimen económico de comunidad de gananciales. Esta técnica sería coherente si se reconociera la efectividad de dicho régimen, por ejemplo, en los criterios de atribución de rentas en el matrimonio. Pero la Ley 18/1991 cae en la incongruencia de no permitir que las rentas de trabajo de un cónyuge, que son gananciales, esto es, comunes, sean atribuidas fiscalmente a los dos y, sin embargo, en el caso de que la deuda tributaria sea ganancial, no sólo le reconoce su carácter común, sino que provoca una responsabilidad solidaria[365]. La finalidad de asegurar con una fuerte garantía las deudas tributarias llevan a imponer un régimen a las rentas gananciales que, en resumen, es el siguiente: son civilmente comunes; pero fiscalmente de cada cónyuge, aunque se reconoce su naturaleza ganancial cuando se trata de garantizar la deuda.

*a) Responsabilidad por las sanciones*

El artículo 7.2 de la Ley 20/1989 ha dado una nueva redacción al artículo 31.4 de la Ley 44/1978, sin embargo no ha modificado el régimen de responsabilidad establecido: "*Las sanciones pecuniarias serán de cuenta del miembro o miembros de la unidad familiar que resulten responsables de los hechos que los generen, sin perjuicio de la obligación solidaria de todos frente a la Hacienda*".

La responsabilidad solidaria en las sanciones fue llevada ante el Tribunal Constitucional en recurso de inconstitucionalidad, por posible vulneración de los principios de causalidad y culpabilidad (artículo 25.1 de la Constitución) y de la personalidad de la pena (artículo 9.3). El Tribunal Constitucional, que había eludido pronunciarse sobre ellas en la Sentencia 45/1989 por no haber sido planteada su inconstitucionalidad en la demanda, ha resuelto el presente recurso en la Sentencia 146/1994.

Una posible interpretación del citado artículo 31.4 (sostenida por el Abogado del Estado en las alegaciones que presentó en el

[365] Comenta E. GONZÁLEZ: "*A partir del carácter ganancial de las rentas procedentes del trabajo de uno de los cónyuges, civilmente no sorprende la responsabilidad por las deudas de uno de los cónyuges (...) Sin embargo, desde el punto de vista tributario, resulta difícil comprender la situación del cónyuge no perceptor de rentas de trabajo, que responde con parte de sus bienes de una deuda ajena*". Cfr. *La familia ante el Fisco*, o. c., pág. 109.

citado recurso) excluye de la solidaridad las sanciones, refiriéndola sólo al resto de elementos de la deuda tributaria.

El Tribunal rechaza esta interpretación[366] y considera que, en su redacción entonces vigente, el artículo 31 incluye la responsabilidad de las sanciones. Las razones son dos:

1. Por una parte distingue el Tribunal entre la relación con la Hacienda de los sujetos integrados en la familia y la relación de los sujetos entre sí, quienes prorratearán la deuda *"según la parte de renta que corresponda"*, es decir, sin incluir en este caso ninguna cantidad en concepto de sanción. Pero, cuando el artículo 34.2 dice que las sanciones *"serán de cuenta del miembro o miembros de la unidad familiar que resulten responsables de los hechos que los generen"*, parece admitir que otro sujeto distinto del responsable puede haber ya respondido, incluso por la sanción, ante la Hacienda.

2. Por otro lado, que la responsabilidad establecida en el artículo 31.4 ante la Hacienda abarca la totalidad de la deuda, incluyendo las sanciones, se deduce de la ausencia de indicios que hagan suponer un concepto, para este caso, distinto del formulado en el artículo 58.2 de la Ley General Tributaria[367].

En la Sentencia 146/1994 se pronuncia por la inconstitucionalidad del artículo 7.2 de la Ley 20/1989, *"en la medida en que incluye las sanciones en la obligación solidaria que en el mismo se establece"*. La razón es que su aplicación lesiona el principio de personalidad de la pena, uno de los que informan el orden penal, recogido en el artículo 25.1 de la Constitución[368], pues permite a la Administración dirigirse contra quien no es responsable del hecho que origina la sanción[369].

---

[366] Cfr. Sentencia 146/1994, F.J. 4.º.

[367] Artículo 58.2: *"En su caso también formarán parte de la deuda tributaria: (...) e) Las sanciones pecuniarias"*.

[368] *"Como hemos indicado en repetidas ocasiones, los principios inspiradores del orden penal son de aplicación, con ciertos matices, al Derecho Administrativo sancionador, dado que ambos son manifestaciones del ordenamiento punitivo del Estado"*. Sentencia 146/1994, F.J. 4.º B.

[369] La posibilidad de actuar contra quienes *"no hayan cometido ni colaborado en la realización de las infracciones y vulnera, por ello, el aludido principio de personalidad de la pena o sanción protegida por el artículo 25.1 de la Constitución, incurriendo así en vicio de inconstitucionalidad"*. Sentencia 146/1994, F.J. 4.º B.

## C) Acumulación de rentas: su inconstitucionalidad

La imposición acumulada de las rentas familiares había sufrido críticas doctrinales e incluso fue objeto de las Recomendaciones del Defensor del Pueblo[370]. Pero el Tribunal Constitucional no se pronunció sobre la misma hasta la Sentencia 209/1988, de 10 de noviembre, en la que otorga el amparo solicitado por un contribuyente, a la vez que eleva al Pleno del mismo Tribunal la cuestión de inconstitucionalidad de los artículos que ordenan la acumulación.

Dos son los bloques normativos impugnados; por una parte los referidos a la acumulación en sí misma; por otra, los que rigen el aspecto temporal de la acumulación. Su estudio ha de hacerse por separado.

### *a) Examen de la constitucionalidad de la acumulación*

Con una diligencia notable el Pleno del Tribunal Constitucional resolvió, en la Sentencia 45/1989, de 20 de febrero, la cuestión de inconstitucionalidad sobre la acumulación de las rentas que le había sido planteada por su propia Sala Primera en la Sentencia 209/1988. Su detallado contenido corresponde al examen detenido de los preceptos impugnados. Se trata de una Sentencia de arquitectura muy bien trabada que, por un lado, parece que somete a examen los artículos combatidos sólo según su numeración correlativa en la Ley (artículo 4.2, 5.1, 7.3, etc.) Pero, en la hondura, tiene un desarrollo argumentativo muy lógico, a partir del enunciado de los principios constitucionales: sucesivamente revisa y penetra en el sentido del fenómeno de la sujeción conjunta y su razonabilidad; los sujetos afectados, es decir, los integrantes de la unidad familiar; el objeto, las

---

[370] *"Los cambios sociológicos operados en los últimos años en España y la experiencia europea deben conducir a abordar el tratamiento definitivo de la cuestión suscitada. Hay que valorar la oportunidad de modificar el sistema adoptado, desconocido en la legislación comparada, donde existen dos procedimientos clásicos para compensar el exceso de gravamen cuando se acumulan las rentas: la separación y el cociente"* (...) *"No es menos cierta la necesidad de que se efectúen los estudios precisos que conduzcan a la consecuencia y adopción de un tratamiento fiscal justo de la unidad familiar"*. Informe anual del Defensor del Pueblo a las Cortes Generales 1986. Recomendación que se repite en el informe del Defensor del Pueblo de 1987. Cfr. Rev. Impuestos, Tomo II, 1987, págs. 1094 y 1095.

rentas que se acumulan; el efecto de incremento de carga que se produce y sus paliativos; la responsabilidad por la deuda y el ámbito temporal de la imposición conjunta. Algunos de estos puntos los hemos examinado ya, de otros hablaremos en ulteriores epígrafes; en el presente nos centramos en la investigación de la constitucionalidad del mismo hecho de la acumulación.

En el Fundamento Jurídico 4.º determina qué principios constitucionales son pertinentes y cómo han de aplicarse. Así el principio de igualdad del artículo 14 de la Constitución, que se especifica para el ámbito tributario en el artículo 31, junto con los demás principios tributarios[371].

Con relación al artículo 4.2, que preceptúa la sujeción conjunta, la Sentencia 45/1989 señala dos requisitos que debe cumplir para que se considere legítima: 1. "*En la medida en la que esté fundada en una razón que sea congruente con el fin de la norma*".

2. "*Es indispensable que no incremente la carga tributaria que, con arreglo a las normas generales, le correspondería a cada uno de los sujetos pasivos integrados en la unidad tributaria de acuerdo con su propia capacidad económica*". Esta carga sólo podría ser menor por la aplicación del artículo 39, de protección a la familia.

Del artículo 5.1, que define las unidades familiares, al Tribunal le interesa conocer si su caracterización es o no arbitraria. En el análisis de este punto se encuentran unas precisiones acertadas y muy brillantes, pues contiene un elenco completo de los motivos por los que es aceptable o rechazable el tratamiento diferenciado del grupo familiar.

Hace dos advertencias previas sobre los motivos que había seleccionado el legislador para acreditar a la familia como unidad contribuyente:

1. Las economías de escala por la vida en común: este argumento "*justificaría, de ser aceptable, una mayor carga tributaria de los integrantes de unidades familiares*".

---

371 "*La carga tributaria a que cada sujeto ha de hacer frente es función de su capacidad económica, la definición de ésta y el método para determinarla han de ser establecidos mediante normas que efectivamente den a todos los sujetos un trato igual y no introduzcan entre ellos diferencias resultantes de su propia condición personal*". (...) "*La igualdad es perfectamente compatible con la progresividad del impuesto y sólo exige que el grado de progresividad se determine en función de la base imponible y no en razón del sujeto*". STC 45/1989, F.J. 4.º.

2. La dificultad de discernir a quién corresponden los ingresos y los gastos: *"por el contrario, admitida su corrección, no autoriza en modo alguno esta conclusión"*[372].

En consecuencia debe probarse que en las unidades familiares, y sólo en ellas, se dan las economías de escala, para justificar el trato fiscal agravado que soportan; no es razón suficiente la mera existencia de un vínculo de parentesco[373].

Pero esto no sucede así, como había puesto de manifiesto el mismo Tribunal en la Sentencia que plantea la cuestión:

1.º Existen modalidades de vida en común cuyo ahorro no se refleja en una mayor imposición[374].

2.º No existen ahorros por convivencia en todas las unidades familiares[375].

En la Sentencia 245/1989, el Tribunal Constitucional añade que, no sólo la ley prescinde de algunas formas de convivencia extrafamiliar para gravarlas como a la familia, sino que incluso excluye de este gravamen a algunas comunidades de vida que se dan en la familia. Por tanto, a las economías de escala alude el Preámbulo de la Ley 44/1978 como razón de la tributación específica de la familia, pero después el articulado no es coherente con aquella idea[376].

Desechadas las economías de escala como causa de la acumulación de las rentas familiares, el Tribunal Constitucional sí encuentra el fundamento de dicha acumulación en el otro de los motivos expresados en el Preámbulo de la Ley: el problema de conocer de qué per-

---

[372] Cfr. STC 45/1989, F.J. 6.º.

[373] *"La utilización de la unidad familiar como unidad contribuyente en cuanto implica una diferenciación fiscal de sus miembros por el hecho de serlo, no puede ser considerada como una diferenciación razonable (ni, por tanto, constitucionalmente legítima) si se la considera apoyada, como razón única, en la de un supuesto incremento de la capacidad económica de sus miembros"*. STC 45/1989, F.J. 6.º.

[374] El legislador *"no toma en consideración este elemento con carácter general, es decir, aplicándolo a todos los sujetos pasivos del impuesto que viven juntos: en primer término a los que conviven extramatrimonialmente <more uxorio> (...) a cuantos, sean o no parientes entre sí, vivan en común"*. Cfr. STC 209/1988, F.J. 9.º.

[375] *"Siendo frecuentes las situaciones en que, por razones principalmente laborales o de comunicaciones, no participan de ellas los integrantes de la unidad familiar"*. STC 209/1988, F.J. 9.º.

[376] *"Además, de acuerdo con la propia definición legal, quedan excluidos de la unidad familiar todos los demás individuos (hijos mayores de edad, ascendientes) que convivan con los cónyuges, obtengan o no rentas, mientras que, de otra parte, se consideran parte de ella en todo caso los cónyuges y los hijos menores aunque algunos de ellos vivan en España y otros en el extranjero"*. STC 45/1989, F.J. 6.º.

sona son los ingresos y gastos que se producen en el seno de la familia[377]. La especificidad de estas relaciones, la transferencia de capacidad contributiva que representan, justifican la existencia de un tratamiento tributario propio; pero si no acaecen en alguna unidad familiar estos factores, desaparece la justificación de una regulación peculiar[378].

La singularidad del régimen fiscal de la familia es la acumulación de las rentas e incrementos de patrimonio, con el aumento de cuota tributaria debido a la progresividad de la tarifa. Puesto este efecto en relación con el verdadero móvil de su establecimiento, anteriormente expuesto, de la comunicación de rentas en la familia, que no excusa un acrecentamiento de contribución, como también quedó dicho, se concluye que no es razonable ni justificado el sistema de acumulación de la Ley 44/1978[379].

Además de los principios de igualdad y capacidad contributiva, resulta quebrantado el principio de protección a la familia: "*Si la carga tributaria que pesa sobre una persona integrada en una unidad familiar es mayor que la que pesa sobre otro contribuyente con idéntico nivel de renta, pero no integrado en una unidad de este género (...) es evidente que no sólo se lesiona el principio de igualdad, sino que directamente se va en contra del mandato constitucional que*

---

[377] "*No se trata, en rigor, de una dificultad de discernimiento originada en la opacidad de la relación existente entre la fuente de la renta y el inmediato perceptor de ésta, dificultad que, por ejemplo, en lo que toca a los ingresos procedentes del trabajo asalariado no parece evidente, sino del hecho de que no basta con el conocimiento de esa relación para determinar a quien debe imputarse la renta, pues efectivamente, entre los cónyuges o entre éstos y sus hijos menores se produce <ope legis> una comunicación de rentas que no se da, de modo jurídicamente necesario, en otras unidades de convivencia, además, claro está, de que los cónyuges perciben, frecuentemente, si no siempre, rentas comunes*". STC 45/1989, F.J. 6.º.

[378] "*Las consecuencias jurídicas que el legislador extraiga de tal diferencia (...) sólo serán aceptables, en consecuencia, en la medida en la que sean también adecuadas y congruentes con tal diferencia, salvo en la medida en que, en cumplimiento del artículo 39.1 de la Constitución, ésta sea tomada también en consideración por el legislador para dispensar a los integrantes de la unidad familiar un trato fiscal más favorable*". STC 45/1989, F.J. 6.º.

[379] "*Este incremento de la carga tributaria sería constitucionalmente aceptable, desde la perspectiva de los artículos 14 y 31 de nuestra Constitución, (...) si efectivamente fuese la convivencia la razón de la diferenciación, si de la convivencia se siguiera también un incremento en alguna medida cuantificable de la capacidad económica de cada uno de los cónyuges y de cada uno de los hijos y si, por último, la mayor cuantía de la cuota a pagar estuviese en relación con este incremento de la capacidad contributiva*".

*ordena la protección de la familia, a la que, al obrar así, no sólo no se protege, sino que directamente se la perjudica"*[380].

Como obligación derivada de la acumulación, la Ley imperaba la declaración única de la unidad familiar, por la que un sujeto pasivo no sólo declara sus propias rentas, sino que ha de declarar, obligatoriamente, las rentas de los demás miembros de su familia. Por este motivo el Tribunal Constitucional ha considerado: *"Desde la perspectiva que ahora adoptamos, esto es, la del derecho a la intimidad, resulta incompatible con la institución la actual regulación legal del deber conjunto de los cónyuges"*[381].

En cuanto a los artículos directamente referidos a la acumulación, el fallo de la Sentencia 45/1989 declara la inconstitucionalidad y nulidad del artículo 7.3 de la Ley 44/1989, y el 4.2 *"en cuanto que no prevé para los miembros de la unidad familiar, ni directamente ni por remisión, posibilidad alguna de sujeción separada"*.

### *b) La inconstitucionalidad del aspecto temporal de la acumulación*

El período de la imposición de la renta es el año natural y el impuesto se devenga el día 31 de diciembre, según el artículo 23 de la Ley 44/1978. El artículo 24 establece los casos de períodos inferiores al año natural: fallecimiento del sujeto pasivo y disolución y separación matrimonial. Figuran los eventos que ponen fin a dicho período, pero entre ellos no se incluye el hecho que da comienzo a uno de los tipos de la unidad familiar, la celebración del matrimonio; por tanto, en el año en que se contrae matrimonio su vigencia es inferior al año natural, sin embargo no cabe reducir la acumulación de las rentas sólo al tiempo de matrimonio constante.

En la Sentencia 209/1988 se otorga el amparo al recurrente por este motivo[382]. En el Fundamento Jurídico 11.º, de esta Sentencia, el Tribunal señala tres razones por las cuales estima que el Pleno debía declarar la inconstitucionalidad del artículo 24, en cuanto no reco-

---

[380] STC 45/1989, F.J. 7.º.

[381] STC 45/1989, F.J. 9.º.

[382] *"Solicita también que declaremos que ha sido discriminado al imponérsele la declaración conjunta, con su cónyuge, por todo el período impositivo del año 1990, siendo así que contrajo matrimonio a fines de dicho año (el día 27 de diciembre) y que, por lo tanto, ningún aumento de su capacidad económica reflejaría para tal período su condición de casado"*. STC 209/1988, F.J. 11.º.

noce el período impositivo inferior al año para el caso de que se contraiga matrimonio durante el mismo:

1. *"No puede justificarse, en este caso, por otro motivo que no fuera el meramente formal -y, en cuanto tal, insuficiente- de la fecha de devengo del impuesto, fijada el día 31 de diciembre".*

2. *"Tal excepción habría tenido una razón idéntica a la que subyace en el supuesto previsto en el artículo 24.7 (disolución o separación matrimonial)".*

3. *"Tampoco se acomodó a las exigencias de la igualdad, medida ésta por referencia a la previsión que la propia Ley establece para los casos de disolución o separación matrimonial".*

La Ley de Presupuestos Generales del Estado para 1989 incluyó un nuevo apartado en el artículo 24 por el que reconoce el supuesto de período inferior al año *"cuando el sujeto pasivo contraiga matrimonio conforme a las disposiciones del Código Civil"*; expresión que se recoge igualmente en el artículo 94.1 c) de la Ley 18/1991, en vigor.

No obstante, en congruencia con el <petitum> formulado en la Sentencia 209/1988, el Tribunal Constitucional se pronunció sobre la legitimidad del primitivo artículo 24 por cuanto pudiera ser aplicable a situaciones realizadas durante la vigencia de éste. Así, no encontrando ninguna razón que justifique la diferencia de regulación, el Tribunal declara la inconstitucionalidad del artículo 24: *"Esta omisión legislativa constituye una discriminación proscrita por los artículos 14 y 31.1 de la Constitución, pues no puede el legislador tampoco cuando adopte una regulación especial o excepcional, singularizar sin fundamento entre aquellos que, atendido el fin de la diferenciación, se encuentran en una posición igual"*[383].

### *c) La acumulación en la Ley 20/1989*

La técnica de acumulación de las rentas familiares subsiste en la Ley 20/1989[384].

[383] STC 45/1989, F.J. 10.º.

[384] Cuyo artículo 3 señala que se añadirá el siguiente párrafo al artículo 7.1 de la Ley 44/1978: *"Cuando los sujetos pasivos formen parte de una unidad familiar se gravarán acumuladamente los rendimientos e incrementos de patrimonio obtenidos por todos ellos".*

Este artículo funda la posibilidad de optar por la tributación conjunta, con una escala propia que la ley 20/1989 reconoce para las personas integradas en una familia.

La Generalidad de Cataluña interpuso un recurso de inconstitucionalidad contra este precepto, por entender que incurría en la misma nulidad del artículo 7.3 de la Ley 44/1978, declarada en la Sentencia del Tribunal Constitucional 45/1989. Pero en el presente caso, este Tribunal declara que *"la alegación expuesta desconoce el diferente significado y alcance que se atribuía a la acumulación de rentas tomado en el grupo normativo tomado en consideración por la Sentencia 45/1989"*[385].

Nos parece, no obstante, que este razonamiento no recoge la verdadera esencia del juicio de inconstitucionalidad de la acumulación de las rentas familiares de la Ley 44/1978. La acumulación implica la aplicación de un tipo de gravamen mayor, dada la progresividad del impuesto. El aumento de cuota impositiva que resulta para dos sujetos cuyas rentas se acumulan, respecto de la cuota correspondiente a quienes no acumulan sus rentas -del mismo nivel-, supone una violación del principio de igualdad; esta lesión de la igualdad es la razón de la citada inconstitucionalidad.

En el sistema implantado por la Ley 20/1989, además de la posibilidad de optar por la declaración separada, se prevé una tabla de tipos de gravamen menos progresiva para la tributación conjunta que para la individual. Por tanto, éste es el mecanismo por el que se atenúa el problema del incremento de progresividad en la tributación conjunta de la Ley 44/1978. Este problema queda atenuado, pero no eliminado. Como ya hemos expuesto, en algunos casos es preferible acumular las rentas y tributar conforme a la tabla de imposición conjunta; en otros casos la tributación acumulada sigue siendo perjudicial respecto de la separada. El remedio que ofrece la Ley 20/1989, de opción por la declaración separada, permite eludir el exceso de progresividad, pero dista de ser óptimo. Se mantiene una posibilidad de

---

[385] Cfr. Sentencia 146/1994, de 12 de mayo, F.J. 2.º. Se aduce que *"era precisamente el carácter necesario y obligatorio de la tributación conjunta, y la correlativa ausencia de posibilidad alguna de tributación separada, lo que determinó entonces la inconstitucionalidad del artículo 4.2 de la Ley 44/1978. Por el contrario, la Ley 20/1989, (...) reconoce sin embargo a los sujetos pasivos, en su artículo 2, el derecho a elegir libremente por la tributación individual; por lo tanto, el sujeto pasivo puede evitar la aplicación de la acumulación de rentas ejercitando su opción por la tributación individual"*.

acumulación, con una característica de progresividad declarada inconstitucional, que puede obviarse, pero también puede actuar como trampa para incautos que no adviertan la ventaja de la tributación por separado.

En definitiva, la solución legal parece permitir la opción entre una posibilidad perjudicial y otra favorable; a cada contribuyente le toca descubrir cuál es la conveniente para él. Por tanto la actual tributación conjunta no se compadece con lo que sería un auténtico sistema de tributación familiar.

## V. SISTEMA DE DECLARACIÓN SEPARADA DE LAS RENTAS. CRÍTICAS A LA CONSTITUCIONALIDAD DE LA LEY DEL IMPUESTO SOBRE LA RENTA DE LAS PERSONAS FÍSICAS DE 1991

La Ley 20/1989, de 28 de julio, de adaptación del Impuesto sobre la Renta de las Personas Físicas, dictada en ejecución de la Sentencia 45/1989, de 20 de febrero, establece un sistema de opción entre la tributación separada o conjunta de las rentas familiares. Es el mismo sistema que se recoge en la Ley 18/1991. En ésta queda claro que, en todo caso, el sujeto pasivo del impuesto es la persona física (artículo 11.1: "*Son sujetos pasivos del impuesto: a) por obligación personal, las personas físicas que tengan su residencia habitual en territorio español*") si bien se permite la declaración conjunta (artículo 11.2: "*Cuando las personas a que se refiere la letra a) del apartado anterior estén integradas en una unidad familiar, podrán optar por tributar conjunta y solidariamente por este impuesto, con arreglo al régimen previsto en el Título Octavo de esta Ley*"). La opción de declaración conjunta se regula en los artículos 86 y siguientes de la Ley 18/1991. En cuanto al elemento subjetivo, la declaración conjunta se permite a "*las personas integradas en una unidad familiar*" (artículo 86) y deben incluirse todas: "*La opción por la tributación conjunta debe abarcar a la totalidad de los miembros de la unidad familiar*" (artículo 88.1). El artículo 87 define la unidad familiar: "*Constituyen modalidades de unidad familiar las siguientes:*

*1.º La integrada por los cónyuges no separados legalmente y, si los hubiere, los hijos menores, con excepción de los que, con el consentimiento de los padres, vivan independientes de éstos.*

*2.º La formada por el padre o la madre y los hijos que reúnan los requisitos a que se refiere la regla anterior*".

El elemento objetivo de la acumulación viene definido en el artículo 89.3: *"Las rentas de cualquier tipo obtenidas por las personas físicas integradas en una unidad familiar que hayan optado por la tributación conjunta, serán gravadas acumuladamente"*. La responsabilidad es solidaria frente a la Administración, pudiendo los familiares prorratear la deuda entre sí.

La posibilidad de que tributen separadamente las rentas de cada cónyuge plantea el problema de la delimitación y atribución de sus respectivas rentas. La solución ofrecida por la Ley 20/1989 sigue el criterio del origen o fuente de los rendimientos, con independencia del régimen civil que tengan, que consiste en imputar las rentas de trabajo al trabajador y las de capital a su titular[386].

Los mismos criterios han sido recogidos por la nueva Ley del IRPF, 18/1991, de 6 de junio: su artículo 5.2 señala: *"La renta se entenderá obtenida por los sujetos pasivos en función del origen o fuente de la misma, cualquiera que sea, en su caso, el régimen económico del matrimonio"*. El artículo 30 dice: *"Individualización de los rendimientos del trabajo.- Los rendimientos del trabajo corresponderán exclusivamente a quien haya generado el derecho a su percepción. No obstante, las pensiones y haberes pasivos corresponderán a las personas físicas en cuyo favor estén reconocidos"*. Por su parte el artículo 33: *"Individualización de los rendimientos del capital.- Los rendimientos del capital se considerarán obtenidos por los sujetos pasivos que, según lo previsto en el artículo 7 de la Ley del Impuesto sobre el Patrimonio, sean titulares de los elementos patrimoniales, bienes o derechos, de que provengan dichos rendimientos"*.

Lo que diremos para las rentas de trabajo es aplicable también para los rendimientos de actividades empresariales o profesionales[387]

---

[386] Cfr. el artículo 9 de la Ley 20/1989: *"Cuando en virtud de lo previsto en el apartado 2 del artículo 4 de la Ley 44/1978, de 8 de septiembre, los miembros de la unidad familiar tributen individualmente, serán de aplicación, en particular, las siguientes reglas:*

*1ª. Determinación de la renta de los sujetos pasivos. Cualquiera que sea el régimen económico del matrimonio aplicable a los cónyuges, la determinación de la renta de los sujetos pasivos tendrá en cuenta el origen o fuente de la misma. En particular, serán de aplicación los criterios siguientes: a) Los rendimientos del trabajo corresponderán, exclusivamente, a quien haya generado el derecho a su percepción.*

*b) Los rendimientos del capital se considerarán obtenidos por los sujetos pasivos titulares de los elementos patrimoniales, bienes o derechos de que provengan, en los términos previstos en el artículo 11 de la presente ley"*.

[387] Artículo 43.1 de la Ley 18/1991: *"Los rendimientos de las actividades*

y lo señalado para las rentas de capital alcanza igualmente a los incrementos patrimoniales, por la similitud de los respectivos artículos[388].

La aplicación de estos preceptos ha sido controvertida y, en numerosas ocasiones, recurrida ante los Tribunales[389], no tanto porque ofrecieran incertidumbres interpretativas sino porque se han planteado dudas sobre su coherencia con la ley civil y su constitucionalidad[390].

Seguidamente desarrollamos los puntos más controvertidos de la vigente imposición de la renta familiar. Éstos son: la divergencia entre normas civiles y tributarias, la discriminación de rentas de trabajo frente a las de capital, la discriminación de familia por razón de número de perceptores de rentas y las discriminaciones de individuos sin atender a su capacidad contributiva. Para completar el estudio de los problemas que la actual imposición familiar hemos de referirnos al especial trato fiscal de las remuneraciones a cónyuge e hijos y de las sociedades con régimen de transparencia fiscal integradas por miembros de una familia y, finalmente, al tratamiento de las rentas en situaciones de crisis familiar. En un ulterior apartado se hará el estudio de las cargas familiares y su reflejo en el Impuesto sobre la Renta.

## A) Atribución de rentas entre los cónyuges. Normas civiles y tributarias

La primera cuestión que plantea el sistema de tributación separada es la correcta determinación de los ingresos que corresponden a

---

*empresariales o profesionales se considerarán obtenidos por quienes realicen de forma habitual, personal y directa la ordenación por cuenta propia de los medios de producción y los recursos humanos afectos a las actividades".*

388 Artículo 51 de la Ley 18/1991: "*Los incrementos y disminuciones de patrimonio se considerarán obtenidos por los sujetos pasivos que, según lo previsto en el artículo 7 de la Ley del Impuesto sobre el Patrimonio, sean titulares de los bienes, derechos y demás elementos patrimoniales de que provenga*".

389 Sobre este punto concreto se contabilizan ocho Sentencias del TSJ del País Vasco en un período de cuatro años; sus fechas son: 31 de julio de 1990, 12 de febrero de 1991, 5 de junio de 1991, 10 de diciembre de 1991, 30 de octubre de 1992, 30 de diciembre de 1992, 13 de julio de 1993 y 20 de abril de 1994.

390 Así una resolución del TEAC de 13 de enero de 1993 funda su decisión de negar la división de las rentas en que "*los preceptos citados son tan claros en su redacción que no permiten más interpretación que la literal*".

cada cónyuge. La previa delimitación de los respectivos ingresos es una operación que debe realizarse cuando el matrimonio tiene un régimen económico de comunidad de bienes (gananciales, participación en las ganancias, comunidad universal, etc.) y que parece ya resuelta en caso de que exista un régimen de separación de bienes[391], pero no cabe presumirlo siempre[392] y, en realidad, deberán hacerse, cada año fiscal, los necesarios cálculos[393].

Por otra parte, hay una posibilidad de divergencia entre el régimen fiscal y el orden civil. El régimen patrimonial del matrimonio viene regulado por normas civiles, que no tienen por qué coincidir con las tributarias. Esta cuestión nos remite al problema de la relación que debe existir entre los campos jurídicos civil y tributario. No es ésta la ocasión para examinar a fondo la doctrina emanada sobre tal discusión; solamente debemos consignar que, en virtud de la rotundamente afirmada autonomía calificadora del Derecho Tributario, éste puede regular la tributación de las rentas conyugales con plena independencia de su estatuto civil[394]. Pero el propio Tribunal Constitucional ha matizado: "*Es innegable que la legislación tributaria, en atención a su propia finalidad, no está obligada a acomodarse estrechamente a la legislación civil (que sin embargo tampoco puede ignorar) y que, en consecuencia, es en principio constitucionalmente lícito que el régimen fiscal del matrimonio sea establecido de modo uniforme sin atender a la variedad posible en la práctica*"[395].

---

[391] A. GOTA LOSADA observa cómo la tributación separada funciona bien en los países donde las relaciones económico-matrimoniales están basadas en el principio de separación, en los que el marido y la mujer conservan la propiedad, administración y usufructo de sus bienes, y en los que cada uno hace suyas las rentas que obtiene de su trabajo o industria. Cfr. "*Tratado...*", o. c., pág. 114.

[392] "*Incluso dentro del régimen económico matrimonial de separación de bienes, las rentas de los bienes privativos de los cónyuges están afectas al sostenimiento de las cargas de la familia*". Cfr. R. DRAKE, "*La familia en el impuesto...*", cit., pág. 55. Véase el artículo 1318 del Código Civil; lo cual indica que hay un ámbito de comunidad de bienes, aunque sea por razón de deudas.

[393] "*En cada período de imposición, habría que proceder a una cierta liquidación del régimen matrimonial de los esposos para determinar exactamente cual es el patrimonio y las rentas de cada uno*". Cfr. D.YERSIN, "*L'imposition du couple...*", o. c., pág. 52.

[394] La jurisprudencia lo reconoce reiteradamente. Por toda, citamos: "*Nada tiene que ver la regulación de la comunidad matrimonial en el ámbito del Derecho Civil con las normas de Derecho Tributario reguladoras de la imposición sobre la renta de las personas físicas*". Cfr. Sentencia del TSJ de Madrid 1236/1993, de 23 de diciembre, F.J. 4.º.

[395] F.J. 6.º, Sentencia 45/1989, de 20 de febrero.

Esta toma en consideración de la ley civil por la norma tributaria no ha de verse como una mera expresión de su conveniencia, sino que puede venir exigida por la aplicación de otras normas que entran en concurrencia: las constitucionales. En efecto, la norma de tributación conyugal, cualquiera que sea, superpuesta a los diversos regímenes económicos matrimoniales, puede producir que sean tratadas fiscalmente de distinto modo situaciones similares, o de igual modo situaciones distintas. Estas soluciones pueden entrar así en conflicto con los principios constitucionales de igualdad, intimidad, capacidad contributiva y protección a la familia; en este caso se deben aplicar primordialmente los principios constitucionales, debido a su superior rango. La ley tributaria española establece unos criterios para la imputación de las rentas, con lo que puede decirse que regula esta materia con autonomía[396]. Ahora bien, como examinamos a continuación, surgen dificultades porque en un caso sigue el mismo criterio de la ley civil (para las rentas de capital) y en otro difiere de ésta (rentas de trabajo)[397]. Además la ley tributaria ignora el régimen económico matrimonial, como señalaba expresamente la Ley 20/1989[398] y de modo implícito la Ley 18/1991.

## B) Discriminación entre rentas de capital y de trabajo

### *a) Atribución de rentas y régimen de gananciales*

En el ámbito económico matrimonial, el régimen legal supletorio existente en el Derecho Civil Común español, el que rige en la mayor parte de los casos, es el de comunidad de gananciales y se prevén regímenes de comunidad similares en los territorios forales. En

[396] Cfr. los ya citados artículos 30 y 33 de la Ley 18/1991.

[397] Método criticado por E. GONZÁLEZ: "*Lo sorpendente es que los preceptos citados confunden y mezclan ambos criterios, optando unas veces por el criterio de la titularidad civil de los bienes (rentas de capital) y otras por el criterio de atribuir las rentas a su perceptor (rentas de trabajo). Circunstancia que, por sí sola, ya es fuente no pequeña de confusión, pues es claro que en el caso de los bienes muebles o inmuebles, titularidad y rendimientos no tienen por qué coincidir, y el impuesto sobre la renta grava rendimientos y no titularidades*". Cfr. *La familia ante el Fisco*, o. c., pág. 94.

[398] Artículo 9.1: "*Cualquiera que sea el régimen económico del matrimonio...*"; calificado por E. GONZÁLEZ como "*técnica jurídica del avestruz*". Cfr. *La familia ante el Fisco*, o. c., pág. 94.

el régimen de gananciales se hacen comunes las rentas de los cónyuges y los bienes adquiridos con dinero u otros bienes gananciales[399]. Quiere esto decir que las rentas del trabajo son comunes, pero a efectos fiscales se imputan al cónyuge trabajador (art. 30 Ley del IRPF); las rentas que producen los bienes privativos también son civilmente comunes, pero a efectos fiscales se imputan al cónyuge titular del capital que las genera (art. 33 Ley del IRPF). En cambio, las rentas que producen los bienes comunes también son comunes pero se imputan por mitad a cada cónyuge, tanto a efectos civiles como fiscales, y tributan separadamente.

El Tribunal Económico Administrativo Central ha rechazado la interpretación de que a las rentas gananciales del matrimonio se apliquen las normas de las sociedades civiles, por las que las rentas se imputan a los socios; en este caso se prorratearían entre los cónyuges[400].

Por otra parte, si bien las rentas de capital se atribuyen al cónyuge titular del capital, esta titularidad es fácilmente mudable. Como hemos expuesto en el Primer Capítulo, constituye una crítica frecuente al sistema de tributación separada la posibilidad de elusión de parte de la cuota mediante una redistribución ventajosa de los bienes, atribuyéndolos al cónyuge que no perciba o perciba menores rentas; redistribución que puede hacerse entre los cónyuges, incluso con especial facilidad, utilizando medios previstos en el Código Civil, como pueden ser la libertad de pactos en el régimen económico matrimonial (artículo 1.315) o las donaciones por razón de matrimonio (artículo 1.336). Lo contrario sucede con las rentas de capital, en las que no es factible disociar las cualidades de trabajador y perceptor de salario. La posibilidad de alterar las titularidades de capital excluye la aplicación del principio de neutralidad fiscal del matrimonio. Éste, tomado de la doctrina anglosajona, se desenvuelve en una doble perspectiva:

1) Una persona no puede ver agravada su situación fiscal por el hecho de contraer matrimonio.

---

[399] Artículo 1347 del Código Civil: "*Son bienes gananciales: 1.º Los obtenidos por el trabajo o la industria de cualquiera de los cónyuges. 2.º Los frutos, rentas o intereses que produzcan tanto los bienes privativos como los gananciales*".

[400] En resolución de 13 de enero de 1993, fundado en que "*la celebración de un matrimonio no da lugar a la constitución de las recogidas en el artículo 33 de la LGT, aunque el régimen del matrimonio sea el de gananciales, y por tanto no le es aplicable el citado artículo 12 de la Ley del Impuesto*".

2) La celebración del matrimonio no debe originar alteraciones en la situación patrimonial de los contrayentes por motivos fiscales.

El beneficio que puede suponer el cambio de titularidad de bienes entre cónyuges, en el sistema español actual de tributación separada con imputación de la renta al titular, es un claro ejemplo de falta de neutralidad por celebración del matrimonio.

En conclusión, se produce una ventaja fiscal para algunas rentas del capital frente a las de trabajo. La ventaja se acrecienta si se tienen en cuenta dos factores:

1. La facilidad de redistribuir las rentas entre cónyuges, pudiendo pasar del cónyuge que soporte mayor progresividad hacia el que tenga menos; sin embargo las del trabajo no pueden redistribuirse.

2. La facilidad de disociar al titular de los bienes del perceptor de sus rentas; lo cual puede permitir que las rentas se imputen a ambos cónyuges y tribute cada uno por una parte de ellas.

La imputación de rentas entre cónyuges que hace la Ley 18/1991 produce el efecto de una diferencia en el trato fiscal entre las rentas de capital y de trabajo y desmiente la pretendida coherencia y uniformidad de la ley al establecer la tributación en el origen. No obstante esta diferencia de trato no podemos tacharla de inconstitucional, pues es legítimo que la ley tributaria grave de modo diferente rentas que son distintas[401]. Aunque el Auto del Tribunal Superior de Justicia de Valencia de 21 de abril de 1994 entiende que se vulnera el artículo 35 de la Constitución, que reconoce el derecho al trabajo, y el artículo 31, que recoge los principios tributarios, pues el tratamiento legal supone imponer mayor carga impositiva a la renta de trabajo que a la renta del capital.

Sin embargo es llamativo que sean las rentas de capital las que obtengan una consideración más beneficiosa, al poder distribuirse entre los cónyuges, y sea más riguroso el gravamen de las rentas sala-

[401] El Tribunal Constitucional ya ha señalado a este respecto: "Parece poco dudoso que en un Estado social y democrático de Derecho, el legislador pueda dar un tratamiento distinto a las rentas del capital y a las procedentes del trabajo". STC 45/1989, de 20 de febrero, F.J. 7.º. En el mismo sentido se ha pronunciado la Sentencia del Tribunal Supremo de 21 de septiembre de 1993: "*No discutido que la atribución por mitad de los rendimientos de capital es constitucionalmente irreprochable, no cabe tampoco afirmar que la capacidad económica (...) resulte perturbada porque sea legalmente imposible hacer lo mismo con los rendimientos del trabajo personal. Las diferencias que resultan (...) no responden a una discriminación, sino que son la normal consecuencia del carácter general con que se enuncian los supuestos legales*".

riales, que sufren mayor progresividad por no poder practicarse aquella distribución. La sorpresa se produce por la mejor consideración fiscal que la doctrina suele proponer para las rentas de trabajo, dado que ordinariamente están sometidas a un mayor control por la Administración tributaria y no alcanzan la cuantía a la que pueden llegar en ocasiones las rentas de capital[402].

En el Derecho Comparado se comprueba que en los únicos países donde existe un tratamiento distinto para las rentas de capital y de trabajo, son éstas las que resultan beneficiadas: así sucede en los sistemas de acumulación parcial de Bélgica, Holanda y Gran Bretaña; también en los de Italia e Irlanda, antes de implantarse la tributación separada, en 1977 y 1980 respectivamente. En todos estos casos se produce separación de las rentas salariales, pero siempre se acumulan las de capital, que soportan mayor progresividad. No se encuentra ningún caso en el Derecho Comparado de gravamen superior en las rentas de trabajo que en las de capital.

### *b) Ganancialidad de la renta en el momento de su obtención*

La solución para evitar estas discriminaciones se encontraría con la posibilidad de imputar por mitad a cada cónyuge las rentas, tanto de trabajo como de capital, con lo que se garantizaría la uniformidad de su tratamiento fiscal.

El sector doctrinal y jurisprudencial contrario a esta división, acude a una construcción civilista que distingue el momento de obtención (y tributación) de la renta y aquél en el que la renta se hace ganancial; aducen que la ganancialidad opera en un momento posterior a la tributación. También puede invocarse que la renta que se hace ganancial es la renta neta, una vez deducidos los gastos para su obtención. Contra esta distinción encontramos los siguientes argumentos:

1) Sobre la naturaleza jurídica de la sociedad de gananciales se ha consolidado la doctrina que la califica como sociedad germánica, o comunidad actual de bienes[403]. Un sector importante y el más mo-

[402] *"Entre un matrimonio que viva de rentas del capital y un matrimonio con seis hijos que viva de las rentas de trabajo personal del marido no hay comparación posible"*. Cfr. J. RAMALLO, *"La unidad familiar como sujeto..."*, cit., pág. 45.

[403] La calificación de comunidad germánica a la de gananciales es recogida por la Resolución del TEAC de 30 de junio de 1993.

derno de la doctrina civilista lo hace así, especialmente tras la reforma del Código Civil de 13 de mayo de 1981[404]: en la redacción anterior la atribución de los bienes por mitad a cada cónyuge se hacía al disolverse el matrimonio; el actual artículo 1344 hace una clara distinción entre el momento en que se hacen comunes los bienes y el posterior de la disolución de la sociedad ganancial; hay entonces una coincidencia temporal entre el momento en que se hacen comunes los bienes y el de su adquisición[405].

2) Conforme con la naturaleza de comunidad germánica de la sociedad ganancial, establece el artículo 1365 del Código Civil la directa responsabilidad de los bienes gananciales frente a las deudas de cualquiera de los cónyuges, incluso la derivada del ejercicio de su pofesión o de la administración de sus bienes propios; al encontrarse entre éstas las tributarias resulta muy paradójico que una renta se considere propia de un cónyuge, no compartida con el otro, en el momento del cálculo del impuesto y a continuación se la considere común a ambos cónyuges para el pago de la deuda tributaria.

3) La postura que defiende la ganancialidad únicamente de la renta neta, tiene también un punto de conflicto con el respeto a la capacidad contributiva. Ésta, entre otros factores, vendrá condicionada por las obligaciones familiares del sujeto pasivo que deben considerarse para determinar el nivel de imposición. Gravar la renta antes de conocer esas obligaciones, para hacer después ganancial sólo la renta neta, supone no tomar en consideración la capacidad contributiva. Dicho de otro modo, se entra en un callejón sin salida si se pretende gravar según la capacidad contributiva, pero ésta se comprueba después de aplicar el gravamen.

La Sentencia del Tribunal Superior de Justicia del País Vasco, de 13 de julio de 1993, no entra a dirimir la cuestión del momento en

---

[404] *"La teoría que hoy se mantiene por la generalidad de la doctrina moderna, por el Tribunal Supremo y por la Dirección General de Registros y del Notariado (así, resolución de 2 de febrero de 1983): la comunidad de gananciales es un tipo de comunidad germánica. (...) Los sujetos son los cónyuges, los cuales no tienen cuotas de que puedan disponer, sino participaciones indisponibles (...) La situación del comunero es inalienable"*. Cfr. O'CALLAGHAN, *Derecho de Familia*, o. c., pág. 131.

[405] De la misma manera opina SOLER ROCH: *"La comunidad de ingresos y la asunción conjunta de gastos constituyen la esencia misma de este régimen (...) de tal modo que todo es común desde el momento en que se adquiere (bienes) o desde el momento en que se devenga (derechos) incluyendo las rentas de los bienes privativos de los cónyuges"*. Cfr. *"Subjetividad tributaria..."*, cit., pág. 198.

que se hacen comunes las rentas según las normas civiles, pero sí establece que para fijar la titularidad de los bienes, origen del rendimiento, ha de acudirse a *"no ya tan sólo las reglas de la sociedad de gananciales sino cuantos regímenes, fórmulas, pactos o situaciones jurídicas civiles que determinen aquella titularidad"* (F.J. 3.º). Cabe anotar que resulta inconsecuente acudir a las normas civiles sólo para determinar la titularidad de los bienes y rentas e ignorarlas en la ocasión de fijar el momento de su ganancialidad.

*c) Atribución de rentas y régimen económico matrimonial de separación de bienes*

La atribución de rentas de los artículos 30 y 33 de la Ley del IRPF también produce una discriminación contra el matrimonio con régimen de separación de bienes, porque en éste no hay rentas comunes y no cabe producir la división fiscal de rentas de capital entre cónyuges[406]. Por tanto, un matrimonio con rentas de capital obtiene ventaja fiscal haciendo común el capital y sometiéndose al régimen de gananciales.

Se debe advertir que la imputación fiscal de rentas por mitad entre los cónyuges, al menos hasta un cierto nivel de renta, no es contraria al espíritu del régimen de separación de bienes. En éste es inevitable que se produzca una suerte de comunidad de bienes, o bien de gastos, necesaria para realizar el levantamiento de las cargas familiares, a las que, por imperativo del artículo 1318 del Código Civil, están afectos los bienes de los cónyuges[407]. Así la imputación fiscal de rentas a ambos quedaría justificada si se consideran los *"ciertos deberes familiares"* a que se refiere el Tribunal Constitucional. Por último permitiría además una menor alteración de la cuota impositiva y se evitaría una falta de neutralidad fiscal por razón del régimen económico matrimonial[408].

[406] El Tribunal Constitucional justifica la imposibilidad de imputar las rentas a ambos cónyuges por mitad *"al ser de esencia a la tributación separada que los cónyuges integrantes de la unidad familiar sean tratados como si no estuvieran casados (...) sin perjuicio, claro está, de que se tomen en cuenta ciertos deberes familiares"*. Sentencia de 12 de mayo de 1994, F.J. 5.º C.

[407] El artículo 1438 del Código Civil señala que, en el caso de régimen de separación, lo harán proporcionalmente a la cuantía de sus recursos económicos.

[408] Para el Tribunal Constitucional esta incidencia *"puede encontrar justifica-*

### C) Conclusión sobre la atribución de rentas

En definitiva, la pretensión de mantener un criterio uniforme de tributación separada produce no sólo una divergencia entre el régimen civil y tributario de las rentas de trabajo y capital, sino una distorsión sustantiva en su tributación; en nuestra opinión constituye una clara desvirtuación del régimen tributario regido por los principios de igualdad y capacidad contributiva.

Como recapitulación de lo que llevamos expuesto, consideramos que la diferente regulación de las rentas de trabajo y capital va contra:

1.- El principio de neutralidad fiscal del matrimonio, que es la dimensión mínima de la protección fiscal a la familia.

2.- El principio de igualdad, al que no atenta directamente, salvo en la medida que va contra el principio de capacidad contributiva, del cual es su especificación[409].

3.- El principio de capacidad contributiva: por no ser la renta de trabajo índice de mayores ingresos; incluso puede considerarse, al contrario, que las rentas de capital alcanzan ordinariamente cifras mayores que las de trabajo y pueden ser índice de mayor capacidad contributiva.

4.- El derecho al trabajo, recogido en el artículo 35 de la Constitución[410].

5.- El principio de protección a la familia, por la desigualdad entre familias con iguales rentas, tanto de la misma clase como de distinta clase[411].

---

*ción en esa distinta configuración de la titularidad de los bienes y derechos que caracteriza a cada uno de los regímenes citados"*. Sentencia 146/1994, de 12 de mayo, F.J. 5.º A.

409 *"El principio de igualdad implica la paridad de tratamiento fiscal en igualdad de condiciones de capacidad contributiva, de manera que la mayor carga tributaria que soportan los perceptores de rentas de trabajo, y los integrados en una unidad familiar con un solo perceptor de rentas del trabajo, sería constitucionalmente aceptable si la misma fuese consecuencia de un mayor nivel de renta. Sin embargo, como ya hemos dicho, ello no es así, porque el mismo nivel de renta no es determinante de la misma tributación, sin que concurra una circunstancia objetiva y razonable que justifique dicha disparidad"*. Cfr. Sentencia TSJ Valencia, 21 de abril de 1994, F.J. 8.º.

410 Así lo ha reconocido el Auto del TSJ de Valencia, de 21 de abril de 1994.

411 *"La desigualdad entre los sujetos pasivos a que nos estamos refiriendo redunda en una violación del artículo 39.1 de la Constitución en tanto las familias*

## D) Desigualdad de trato entre familias por el número de perceptores

Si comparamos la tributación que existe entre distintas familias, que tengan renta global de igual cuantía, obtenemos las siguientes conclusiones:

1.- La familia con una sola renta de trabajo no podrá realizar ninguna división de rentas en la declaración tributaria y paga más impuesto que la familia que tiene dos o más perceptores, que pueden tributar por separado.

2.- La familia con rentas de trabajo paga más impuesto que la familia que tenga rentas de capital de titularidad compartida, que se imputan a distintas personas y pueden tributar por separado. La ventaja de la familia con rentas de capital compartidas, sobre la familia que no las tenga, será paulatinamente creciente conforme aumente la cuantía de las rentas de capital.

La Ley del IRPF de 1991 no ha resuelto el caso de desigualdad en la imposición que se produce entre dos familias que perciban las mismas rentas globales, en un caso procedentes de uno solo de los cónyuges (sometidas a fuerte progresividad, por tanto) y en el otro procedentes de ambos cónyuges, que al poder tributar por separado soportan una menor progresividad que, a su vez, arroja una cuota impositiva inferior. Esta discriminación hacia las familias con una sola renta es un caso que ocupa a la reciente doctrina[412]. Esta discriminación entre familias ha sido reconocida por la Sentencia 20/1989 del Tribunal Constitucional[413].

---

*son desigualmente tratadas y, por tanto, desigualmente protegidas, en función del número de perceptores de rendimientos, y de la clase de rendimientos que perciban sus miembros. (...) El criterio de imputación de las rentas del trabajo, en tanto no distingue entre el contribuyente integrado en una unidad familiar, puede ser contrario a la protección constitucional de la familia".* Auto TSJ de Valencia de 21 de abril de 1994, F.J. 9.º.

[412] Por ejemplo en la italiana ha motivado un extenso trabajo de TOSI, "*Considerazioni sul regime...*", cit. Rassegna Tributaria, 1988.

[413] El Abogado del Estado había realizado la alegación de que "*un sistema de tributación por separado (...) puede traducirse en una desperecuación desfavorable para muchas unidades familiares del tipo mayoritario*". A lo cual responde el Tribunal que esta apreciación "*arranca del incierto supuesto de que la única alternativa posible al sistema de la pura y simple acumulación de rentas, tal como se establece en este precepto, es la declaración separada de los cónyuges*". Tras referirse al <splitting> y al cociente familiar señala: "*No se percibe cómo podría perjudicar a la mayor parte de los hogares (aquéllos en que la renta es obtenida por uno sólo de los cónyuges), la división por dos de la renta única, con la consiguiente disminución del tipo efectivamente aplicable*".

El caso particular de las familias monorrédito se entiende claramente desde el principio de capacidad contributiva, tanto si se observa globalmente desde el punto de vista de la familia como si se hace desde la perspectiva individual. El matrimonio produce una alteración en la capacidad económica, por ende contributiva, de los contrayentes. En alguna ocasión puede aumentarla: por las economías de escala (ahorros por realizar vida en común) siempre que no aparezcan nuevos gastos para los cónyuges. Pero en la generalidad de los casos resulta disminuida por la aparición de cargas económicas.

En el caso de la persona que contrae matrimonio con otra que carece de ganancias se produce una transferencia de rentas del cónyuge con ingresos hacia el que no los tiene y, en consecuencia, una disminución de su capacidad contributiva. El reflejo de este hecho en el campo tributario supondría, además, un reconocimiento del valor económico del trabajo del cónyuge -la mujer, en muchos casos- que sólo realiza las labores domésticas.

La disminución de la capacidad contributiva no sólo es un dato de experiencia sino también una exigencia legal: la ayuda y socorro mutuos están prescritos en los artículos 67 y 68 del Código Civil; la sujeción de los bienes de los cónyuges al levantamiento de las cargas familiares, por el artículo 1318 del Código Civil. Un caso especial de transferencia de rentas (transferencia también de capacidad contributiva, por tanto) es el que actúa <ope legis> en el régimen económico matrimonial de gananciales. En este régimen son bienes gananciales, comunes, los obtenidos por el trabajo o la industria de cualquiera de los cónyuges, según el artículo 1347,1 del Código Civil[414].

Por otro lado, la falta de reconocimiento tributario a la transferencia de rentas que se opera en las familias con una sola renta o con régimen de gananciales implica, también, un olvido del principio de la neutralidad fiscal del matrimonio. Es decir, según el sistema de la Ley del IRPF de 1991, se cumple la letra de una formulación de la neutralidad, "tributar como si no se hubiera contraído matrimonio" -en el sentido de no tributar más agravadamente tras las nupcias-

[414] Como ya hemos indicado, en este carácter ganancial se apoya un sector doctrinal para reclamar que se produzca la imputación tributaria de rentas por mitad a los cónyuges; lo mismo puede decirse cuando los bienes o rentas se hacen comunes en virtud de otro régimen económico matrimonial o de pactos entre los cónyuges. Resultan apropiados a este caso, y podemos darlos aquí por reproducidos, los argumentos expresados anteriormente sobre el momento en que las rentas se convierten en gananciales.

pero no se cumple el envés de la proposición, pues el haber contraído matrimonio, por la pérdida económica real que sobreviene en la generalidad de los casos y en virtud del principio de capacidad contributiva, implicaría una tributación más reducida.

Sin embargo, en un sistema de tributación separada, como el español, las rentas se gravan de igual manera, con independencia de si un cónyuge ha de transferir rentas al otro (familias de una sola renta, o de rentas desiguales) o no las transfiere[415].

La disminución de la capacidad contributiva que hemos señalado puede ser compensada a través de desgravaciones o deducciones, aunque no suelen establecerse para resolver este problema. La solución, una vez más, estaría en dividir la imputación de las rentas por mitad, entre marido y mujer.

Otro de los argumentos empleados para subrayar la diferente tributación que existe como consecuencia del número de perceptores de la renta, es comparar lo que tributa una familia monorrédito y la misma familia en el supuesto de división de las rentas entre los cónyuges.

No obstante estos argumentos, el Tribunal Constitucional ha declarado la constitucionalidad de la imputación de rentas que hacen las Leyes 20/1989 y 18/1991[416].

La defensa de la regulación legal se basa en tres razones:

1. La legislación tributaria no tiene por qué seguir a la legislación civil. Está justificada la imputación de las rentas de trabajo al trabajador y las de capital al titular del mismo[417].

---

[415] *"Es evidente que el criterio de imputación de rentas utilizado por la Ley 20/89 para los rendimientos del trabajo no es respetuoso con la postura del Tribunal Constitucional sobre los criterios de imputación"*. Cfr. Auto TSJ de Valencia, 21 de abril de 1994, F.J. 3.º. Se refiere a la jurisprudencia constitucional contenida en la Sentencia 20/1989.

[416] En la Sentencia del recurso de inconstitucionalidad planteado contra el artículo 30 de la Ley 18/1991, por discriminar las rentas de capital y trabajo, el Tribunal Constitucional da por reproducidos los argumentos que había vertido en la Sentencia anterior. Cfr Sentencia 214/1994, de 14 de julio. F.J. 2.º C. El voto particular del Magistrado GABALDÓN LÓPEZ dice: *"La adecuada corrección de estas desigualdades y el gravamen de cada uno de los sujetos del matrimonio según su propia capacidad económica exige la nulidad del artículo 30 y sus conexos. Con ello el sistema ganaría en coherencia e impediría, en cada caso, situaciones de desigualdad de distinto carácter pero coincidentes en gravar de modo diferente la misma capacidad contributiva"*.

[417] *"No produce vulneración del principio de igualdad, pues ese diferente trato deriva de la distinta naturaleza de las fuentes productoras de ambos tipos de rentas"*.

2. La aparente división operada en las rentas de capital frente a las de trabajo no constituye una discriminación, sino una consecuencia del gravamen de la capacidad económica personal.

3. El impuesto sobre la renta tiene un carácter personal, no de grupo[418]. El Tribunal Constitucional en el recurso de inconstitucionalidad que resuelve la Sentencia 214/1994, de 14 de julio, no ha admitido la comparación entre familias porque se formula entre un caso real y otro hipotético[419].

Aunque se admita la constitucionalidad de sus preceptos, contra esta justificación de la ley se puede argumentar, respectivamente:

1. La ley tributaria no tiene por qué seguir a la civil, pero hemos de recordar la matización del Tribunal Constitucional sobre su toma en consideración[420]. Por otra parte, resulta poco coherente la ley tributaria cuando de hecho sigue a la civil en la imputación de rentas de capital[421] y, por el contrario, no lo hace con las del trabajo[422].

Además consideramos que la distinta naturaleza de las rentas no justifica la inaplicación del principio de igualdad, dado que aquel carácter no influye en la cuestión principal que debe ser considerada: la existencia de una igual o distinta capacidad contributiva.

---

Sentencia TC de 12 de mayo de 1994, F.J. 5.º C. La Sentencia TC de 14 de julio de 1994, en el examen de constitucionalidad del artículo 30 de la Ley 18/1991, reproduce este argumento; cfr. F.J. 2.º C.

[418] En el examen de este argumento el Tribunal Constitucional ha establecido: *"En el IRPF el principio tributario constitucional de la igualdad sólo es referible a los individuos y no a las unidades familiares; lo contrario sería tanto como convertirlo en un impuesto de grupo, concepción ésta que ha sido radicalmente rechazada por la STC 45/1989"*. Cfr. STC de 12 de mayo de 1994, F.J. 5.º B.

[419] *"En rigor, los recurrentes no articulan en este punto un verdadero juicio de igualdad, al ofrecer como posibles términos de comparación no situaciones reales y existentes, sino meras situaciones hipotéticas"*. Cfr. Sentencia del TC 214/1994, de 14 de julio, F.J. 2.º B.

[420] *"No está obligada a acomodarse estrechamente a la legislación civil (que sin embargo tampoco puede ignorar)"*. F.J. 6.º, Sentencia 45/1989 de 20 de febrero.

[421] *"Las reglas sobre imputación de rentas pueden normalmente tomar en consideración las normas reguladoras del régimen económico matrimonial, en cuanto son atributivas de titularidades dominicales"*. Sentencia TC de 12 de mayo de 1994, F.J. 5º C.

[422] El trabajo personal *"es paradigma de las fuentes personales de la renta. (...) Una fuente de renta de estas características no es susceptible de ser transferida a otro sujeto."* En las rentas del capital, en cambio, *"la propia actividad que pueda desarrollar el sujeto ocupa un lugar secundario en comparación con la titularidad de los elementos patrimoniales"*. Sentencia TC de 12 de mayo de 1994, F.J. 5.º C. En estos razonamientos no se aproxima al criterio de la ley civil.

2. La ley se justifica con la pretendida uniformidad de la imposición en la fuente que evita toda discriminación[423]. Sin embargo, han quedado ya señaladas las discriminaciones existentes, que se producen, no porque el legislador adopte criterios distintos para cada tipo de rentas, sino por la posibilidad de desplazamientos patrimoniales (convertir en comunes las rentas de capital); por tanto, de hecho, el régimen de tributación es uniforme sólo formalmente, pero no de hecho.

3. La objeción del Tribunal al parangón entre familias es meramente formal, pues cabe hacer idéntica comparación, no entre las dos posibles situaciones de la <misma> familia, sino entre la familia monorrédito y otra familia, verdaderamente existente, que reparta las mismas rentas entre dos perceptores. La imposición debe responder a la capacidad económica real de los contribuyentes; en la cual es determinante la pertenencia o no a una familia, como en el siguiente epígrafe examinaremos. Pero nótese, ya ahora, que la Ley del Impuesto sobre la Renta aprecia la capacidad económica personal según la atribución de las rentas que hace la propia ley fiscal, distinta de la que realiza la ley civil, la que verdaderamente regula la titularidad de los bienes y según la cual habría de apreciarse la capacidad económica.

La jurisprudencia ha aducido, en alguna ocasión, que la imputación por mitad a cada cónyuge de las rentas gananciales produciría una nueva discriminación[424]. En realidad bastaría, para hacer desaparecer a ésta, el establecimiento de la división de rentas para todos los matrimonios.

### *a) Discriminación de familias y capacidad contributiva*

La Sentencia del Tribunal Constitucional 45/1989 reconoce el carácter personal del impuesto, cuya afirmación ha servido para que

---

[423] *"Lo que el legislador puede llegar a atribuir por mitad a cada cónyuge no es más que por derivación el rendimiento, mientras que en lo que realmente se fija es en la titularidad del bien como origen del rendimiento"*. Cfr. Sentencia TSJ del País Vasco, de 5 de junio de 1991, reproducido en las de 10 de diciembre de 1991, de 30 de octubre y 30 de diciembre de 1992 y 13 de julio de 1993.

[424] *"Habría surgido una discriminación o trato de favor para los cónyuges en régimen de gananciales respecto de los sometidos a separación de bienes cuando sólo uno de ellos obtuviese rendimientos de trabajo personal"*. Sentencia TSJ del País Vasco de 30 de octubre de 1992, F.J. 2.º.

un sector de la doctrina, y algunas resoluciones judiciales, no admitan la comparación entre unidades familiares e indiquen que pueda realizarse solamente entre individuos. Así se manifiestan las Sentencias del Tribunal Superior de Justicia del País Vasco en diversos casos que han resuelto[425]. En su Sentencia de 30 de octubre de 1992 se afirma la necesidad de presentar un término de comparación "*suficiente y adecuado*" que revele una diferencia de trato para casos iguales, pero se rechaza la comparación entre familias, por considerar que se trata de supuestos desiguales[426]. El Tribunal Constitucional ha señalado a este respecto: "*La igualdad entre unidades familiares que los recurrentes persiguen sólo podría alcanzarse a costa de destruir la igualdad entre personas físicas integradas en unidades familiares y las no integradas*"[427].

Nuestra discrepancia de este argumento se basa en un recto entendimiento de los principios constitucionales, según hemos desarrollado en el Capítulo Segundo. El principio de igualdad exige el trato igual para los supuestos iguales y desigual para los desiguales. El principio de capacidad contributiva, por su parte, constituye una especificación de la igualdad y consiste, precisamente, en la medida del impuesto, en su graduación según las diferentes circunstancias de los contribuyentes. Por otra parte, aunque la imposición de la renta familiar no sea actualmente de grupo[428], no debe considerarse ilegítima la realización de un análisis comparativo tomando como punto de partida la unidad familiar y la obtención de las conclusiones pertinentes.

Nos ocupamos a continuación de cómo ha de ser la adecuada aplicación del principio de capacidad contributiva[429]. La Sentencia del

---

[425] Cfr. supra nota n.º 750.

[426] "*La comparación familiar no es válido término de apreciación de eventuales tratos diferenciales discriminatorios (...) Se sitúa en el ámbito de algo que el artículo 14 de la Constitución no reconoce, cual es el derecho a imponer o exigir diferencias de trato*". F.J. 2.º.

[427] STC 146/1994, de 12 de mayo, F.J. 5.º B. En consecuencia "*una comparación entre unidades familiares sólo puede cobrar sentido en el marco de los métodos de acumulación*". Cfr. ibídem. Argumentos que se dan por reproducidos en la Sentencia 214/1994, de 14 de julio, F.J. 2.º A.

[428] "*Situación que la Ley 20/1989 corrigió al establecer la tributación sin acumulación de rentas familiares*". Cfr. Sentencia TSJ del País Vasco de 30 de octubre de 1992, F.J. 2.º.

[429] Así denuncia SOLER ROCH la falta de adecuación de la Ley a la capacidad contributiva: "*La tributación individual planteada en esta ley no es tampoco la*

Tribunal Superior de Justicia del País Vasco, de 5 de junio de 1991, rechaza que se pueda realizar una comparación entre las rentas de las familias porque *"la norma está midiendo la propia capacidad económica de ese cónyuge y no la de su matrimonio"*[430]; finalmente, cita la Sentencia del Tribunal Constitucional 45/1989, que afirma la naturaleza personal del impuesto y añade que *"en el fondo de esta comparación entre familias está patente la idea de (...) que se trata de un impuesto de grupo"*. Esta afirmación supone un defectuoso entendimiento de la capacidad contributiva, pues lo que, en el fondo, se debe buscar es el gravamen de la capacidad real de cada individuo, no de un grupo, pero después de la modificación producida por la incidencia de las circunstancias familiares. Como hemos expuesto claramente al estudiar este principio, la capacidad contributiva viene definida por las circunstancias personales y familiares del sujeto pasivo; su desconocimiento, implícito en el aserto jurisprudencial que comentamos, es incorrecto; en concreto, la capacidad contributiva de un cónyuge no puede medirse sin tener en cuenta la existencia y cuantía de rentas del otro. Por el contrario, es correcta la imputación por mitad de las rentas de bienes comunes, cuyo disfrute se realiza de modo conjunto por los cónyuges. La Sentencia de 13 julio de 1993, sobre la pretensión del reparto en la imputación de las rentas, indica que se pide *"para así desgravar la carga fiscal de la familia"*; sin embargo no es ésta la finalidad de la división de las rentas, sino la de conformar la tributación a la capacidad contributiva. El disfrute de las rentas de trabajo de uno de los cónyuges, cuando el otro carece de rentas o son muy reducidas, también es conjunto y, sin embargo, fiscalmente no se permite su imputación a ambos; es decir, la imposición de las rentas de trabajo no se adapta a la capacidad contributiva real de los cónyuges.

Otro de los argumentos que han sido esgrimidos para defender las diferencias en la imposición sobre la renta, desde una perspectiva

---

*solución ideal para valorar adecuadamente la capacidad económica de cada persona física, puesto que considera a los sujetos pasivos como simples individuos sin tener en cuenta, apenas, las circunstancias personales y familiares que inciden en dicha capacidad económica"*. Cfr. *"Subjetividad tributaria..."*, cit., pág. 213.

[430] F.J. 3.º. Palabras reproducidas en las Sentencias posteriores del mismo Tribunal. Se alega además que en la tramitación de la ley se expuso tal problema y deliberadamente no se arbitró otra solución. Consecuencia del rechazo de la imposición familiar, se señala que la adopción del <splitting> o cociente *"pugna con la noción misma de la tributación individual"*. Sentencia TSJ País Vasco, de 30 de octubre de 1992. F.J. 2.º.

individual, es el respeto al principio de progresividad[431]. Pero no se justifica que, desde una perspectiva conjunta, para familias de iguales ingresos globales, la progresividad varíe dependiendo de la diferencia de número de perceptores o de la distribución del esfuerzo laboral dentro de la familia[432]. Y si sólo se considera la renta individual, decididamente tampoco se justifica que la progresividad se aplique en mayor medida a las rentas de trabajo.

Por otra parte, existe una excepción a la uniformidad de imposición entre la persona aislada y la que se integra en una familia: el caso de empleo de la tributación conjunta, a la que se aplica una escala de menor progresividad, establecida en el artículo 91 de la Ley 18/1991. La posibilidad de la declaración conjunta se fundamenta en el artículo 39 de la Constitución, sobre protección a la familia. No obstante, esta ventaja de hecho no existe siempre, dado que esta opción solamente es beneficiosa si un cónyuge no percibe rentas o existe un gran desequilibrio entre las rentas de ambos. En el caso de que ambos cónyuges reciban rentas de cuantía semejante es más ventajosa la tributación separada; es decir, en este caso es indiferente la pertenencia o no a una unidad familiar y se puede decir que no se reconoce una fórmula de protección fiscal para la familia cuyas rentas tengan estas características[433]. Por lo tanto, es necesario examinar por qué motivo una medida de protección a la familia no se aplica a todas las familias. Si la causa fuera el nivel de rentas, por la cual quedaría inaplicada para las familias que superen una determinada cuantía, esta diferencia estaría justificada por los principios de capacidad contributiva y de igualdad. Pero la causa discriminatoria, como hemos visto, se encuentra en la forma de distribución de las rentas

---

[431] *"Si aun así quisiera suponerse que individualmente cada cónyuge resulta finalmente repercutido negativamente (...) habría de considerarse que el legislador trata desigualmente ambos supuestos desde la propia lógica de progresividad que el tributo conlleva"*. Sentencia del TSJ País Vasco, 30 de octubre de 1992, F.J. 2.°.

[432] A este respecto el Informe ASPREY señala con claridad: *"Es injusto que las familias tengan que pagar más impuestos cuanto más desigual sea su división entre sus miembros."* Cfr. *Sistema fiscal y familia*, pág. 11.

[433] Como reconoce el TSJ de Madrid: *"Así lo proclama el F.J. 4.° de la Sentencia TC de 20-2-1989 en el que se postula una cierta protección a la familia, si se utiliza el sistema de sujeción conjunta, que en determinados supuestos puede ser más beneficioso, sin mengua del principio de igualdad"*. Cfr. Sentencia 1236/1993, de 23 de diciembre, F.J. 3.°. Argumentos que han sido literalmente reproducidos en la Sentencia del mismo Tribunal 80/1994, de 3 de febrero.

dentro de la familia; éste es el motivo que condiciona la elección entre una u otra forma de tributar[434].

### *b) Discriminación entre individuos*

Dada la indicada resistencia doctrinal y jurisprudencial a realizar comparación entre las rentas de las familias, es conveniente abordar el problema desde una perspectiva individual y comparar la tributación de personas que tengan las mismas rentas y que posean distintas circunstancias familiares para comprobar si el actual sistema produce desigualdades entre sus imposiciones respectivas.

Podemos analizar la hipótesis de la persona con rentas de trabajo, casado con un cónyuge que también trabaja, que paga más impuesto que otra persona, que tiene sus mismas rentas, casada con un cónyuge que no perciba rentas o las perciba muy reducidas. En el primer caso los cónyuges tributarían por separado, al ser esto más ventajoso que la acumulación de sus rentas, mientras que la segunda pareja optaría por la declaración conjunta, que arroja una cuota impositiva inferior para el individuo que percibe rentas.

Pero la disminución de la cuota impositiva que obtiene este cónyuge que percibe rentas, por el hecho de tener que compartirlas con su cónyuge impecune, es inferior a la disminución de la cuota que obtendría si las rentas que percibe se redujeran proporcionalmente. Dicho de otra manera, la cuota impositiva que debe pagar una persona por las rentas que le quedan después de compartirlas con su cónyuge, es superior a la cuota que paga quien disfruta del mismo nivel de rentas y tributa de modo independiente.

Por ejemplo: aplicando las tarifas vigentes para el ejercicio de 1995, una persona que perciba 9.885.000 pts., tanto si está soltero como si está casado y realiza una declaración separada, deberá pagar una cuota de 3.495.850 pts. Otra persona que perciba las mismas 9.885.000 pts., si está casado con un cónyuge sin rentas deberá compartirlas con éste. En este caso podrán hacer una tributación conjunta que arroja una cuota de 3.153.560 pts. Supongamos que cada uno dispone de la mitad de las rentas, es decir, de 4.942.500 pts.; también le corresponderá soportar la mitad de la cuota de la tributación con-

---

[434] Para conocer cuál es la forma más ventajosa en cada caso, cfr. F. MORENO y J. SANTIDRIÁN, *El nuevo impuesto sobre la renta*, Ed. Tirant lo Blanch, Valencia, 1989, tabla comparativa, pág. 22.

junta, es decir, 1.576.780. Pues bien, una persona casada que declare individualmente rentas por la misma cuantía de 4.942.500 pts., tendrá que pagar una cuota de 1.256.350, inferior en 320.430 pts. a lo que soporta cada uno de los cónyuges que tributan conjuntamente.

En conclusión, no se corresponden las reducciones de la cuota impositiva a que da lugar el matrimonio con la disminución de la capacidad contributiva que produce el hecho de tener que compartir las rentas con el cónyuge. La mayor carga fiscal prevista para la tributación conjunta con respecto al sujeto independiente podría fundamentarse en las economías de escala por hacer vida en común. Sin embargo, además de lo problemático que resulta su admisión, tema al que ya nos hemos referido, dichas economías deberían reconocerse también en muchos casos en los que existe una tributación separada.

La jurisprudencia no ha resuelto este supuesto, fundada en que, con la tributación separada, un individuo paga la misma cuota tanto si pertenece o no a una familia. Ha centrado el argumento en el nivel nominal de rentas percibidas, cuando lo importante es el nivel de la capacidad contributiva producido por la cuantía de las rentas que realmente se disponen.

Por otra parte, si en virtud del principio de protección a la familia se admite la tributación conjunta, como excepción a la tributación separada, con igual o mayor razón deben admitirse estas consideraciones en favor de las familias monorrédito, otorgándoles similar trato fiscal que a las familias con varias rentas, todo ello en virtud del mismo principio de protección a la familia o bien de los principios de igualdad y de capacidad contributiva, es decir, de gravar por igual a todos los individuos que tengan una igual capacidad contributiva.

También se aduce en favor de la Ley que ha abolido los perjuicios a la familia. Así lo hace la Sentencia del Tribunal Superior de Justicia de Madrid 63/1994, de 27 de enero: "*La Ley 20/1989 corrigió aquellas situaciones que, efectivamente, podían considerarse contrarias al principio de protección a la familia*". Cabe matizar que la Ley 20/1989 solamente ha abolido el mayor perjuicio fiscal a la familia, pero no puede afirmarse que cumpla el citado principio. Añade el Tribunal que el artículo 39 no permite que puedan exigirse unas determinadas medidas de protección[435]. No compartimos este crite-

---

435 "*Ante la inexistencia de medidas concretas de protección (en este caso de incentivos fiscales) no puede hablarse de vulneración del principio de protección a la familia*". Sentencia del Tribunal Superior de Justicia de Madrid 63/1994, de 27 de enero.

rio, pues la afirmación del Tribunal es equivalente a sostener que, en ausencia de perjuicio, el principio se cumple; afirmación falsa pues, como en su momento hemos explicado, la ausencia de perjuicio es una dimensión mínima, pero insuficiente, de la protección a la familia.

Puede realizarse también, desde esta perspectiva de la persona individualmente considerada, el análisis comparativo entre la tributación de dos individuos casados, con iguales rentas, en un caso de trabajo y en otro de capital. El Auto del Tribunal Superior de Justicia de Valencia, de 21 de abril de 1994, expone las dos formas de discriminaciones que, a su juicio, se producen contra el trabajador frente al rentista de capital:

A) El individuo que percibe rentas del capital, si son de titularidad compartida, puede imputarlas por mitad a su cónyuge; a diferencia del que recibe rentas de trabajo, que no puede dividirlas.

B) Dentro de un matrimonio, si ambos cónyuges reciben igual cantidad de rentas, uno de capital y otro de trabajo, el primero podrá imputar la mitad a su cónyuge, mientras que el segundo no podrá hacerlo; de lo cual deriva una diferente imposición para cada uno.

En fin, tomando aisladamente a la persona como centro de referencia, la imputación por mitad a cada cónyuge de las rentas de capital compartidas no es discriminatoria. Sí lo es, en cambio, la falta de división de las rentas de trabajo cuando son efectivamente compartidas. Es decir, en este caso no se palía de ninguna manera la disminución de capacidad contributiva que padece uno de los cónyuges, producida por el hecho del disfrute conjunto de las rentas de trabajo. En cambio sí queda reconocida, a nuestro juicio correctamente, la disminución de capacidad contributiva en el caso de las rentas de capital de titularidad compartida, al permitir su imputación a cada cónyuge por mitad.

En conclusión, no podemos calificar de incorrecta o desacorde con la redacción de la Ley del Impuesto sobre la Renta de las Personas Físicas a la variada jurisprudencia que hemos reseñado, pero sí queremos hacer notar que puede ser más amplia la efectividad de los citados principios constitucionales, y que es posible y conveniente hacer una interpretación distinta de la ley, construida de modo coherente con la Constitución y el Código Civil. Esta interpretación, ante la ausencia de otros mecanismos correctores, desemboca principalmente en permitir la distribución de las rentas ganadas por un cónyuge entre los dos y parece factible realizarla por los siguientes motivos:

1) No existe un precepto expreso que la prohíba.

2) Supone una mayor eficacia de los principios constitucionales de igualdad, protección a la familia y, en especial, capacidad contributiva, que ahora no gozan de una suficiente aplicación.

3) La imputación por mitad a cada cónyuge de las rentas gananciales constituye una aplicación del criterio manifestado en el artículo 30 de la Ley 18/1991, lejos de contradecirlo, pues significa atribuir las rentas a su perceptor.

### E) Trato fiscal de las remuneraciones al cónyuge e hijos

Con la introducción de la tributación separada se plantea el problema del reconocimiento fiscal de las transferencias de bienes o servicios entre miembros de la unidad familiar. Una cuestión distinta es si se ha de gravar la transmisión de bienes entre familiares. Ahora planteamos la posibilidad de deducir, de la base imponible del IRPF de un miembro de la familia, las rentas o bienes que transmita a otro familiar, y que pasarían a integrar la base imponible de este último. Si se admite la deducción de esas cantidades, ha de advertirse la mayor facilidad para cometer algún fraude, como ya hemos visto, mediante la simulación de transferencia de bienes desde un miembro de la familia con rentas más altas hacia otro que no tenga rentas o las tenga inferiores[436]. Este problema no se presenta en el sistema de acumulación, pues el gravamen es siempre el mismo con independencia de los desplazamientos de rentas dentro de la familia.

Como una modalidad de dichas tranferencias de bienes dentro de este epígrafe deben destacarse, por su cuantía y periodicidad, los pagos realizados por el sujeto pasivo al cónyuge o hijo que dependen laboralmente de él o le prestan servicios en el marco de las actividades profesionales.

---

[436] El Informe ASPREY describe los efectos que puede tener, para la familia, una normativa restrictiva en este campo: "*Debe tenerse en cuenta también que, al configurar una normativa legal lo suficientemente general como para evitar la evasión fiscal, existe siempre el peligro de penalizar a aquellos que tienen una causa justificada para realizar un acto de buena fe que, realizado por otras personas, tendría como fin alcanzar un resultado que debe evitarse*". Cfr. Sistema fiscal y familia, o. c., pág. 21.

El artículo 19.3 b) de la Ley 44/1978 negaba la deducibilidad de cantidad alguna por estos conceptos, si bien la tributación que establecía era la de acumulación de rentas familiares y, además, se encontraba en un marco de Derecho Civil que no autorizaba la celebración de contratos entre cónyuges.

La Ley 20/1989 de adaptación del IRPF prevé la posibilidad de contratos entre familiares y concede, limitadamente, la deducción de las cantidades pagadas por estos conceptos. El artículo 9.1 c), apartado tercero, dice: "*Cuando resulte debidamente acreditado, existiendo el correspondiente contrato laboral, que el cónyuge o los hijos menores del sujeto pasivo que convivan con él, trabajan habitualmente y con continuidad en las actividades empresariales, profesionales, o artísticas desarrolladas por el mismo, se deducirán, para la determinación de los rendimientos, las retribuciones estipuladas con cada uno de ellos, siempre que no sean superiores al coste medio anual por empleado de la plantilla, si la hubiere, o, en otro caso, al importe del salario mínimo interprofesional fijado para el ejercicio. Dichas cantidades se considerarán obtenidas por el cónyuge o los hijos menores, en concepto de rendimientos de trabajo a todos los efectos tributarios*".

El apartado cuarto dice: "*Cuando el cónyuge o los hijos menores del sujeto pasivo que convivan con él realicen prestaciones de bienes o derechos, que sirvan al objeto de la explotación económica o actividad profesional o artística de que se trate, se deducirá, para la determinación de los rendimientos del titular, la contraprestación estipulada, siempre que no exceda del valor de mercado, y, a falta de aquélla, este último. La contraprestación o el valor de mercado se considerarán rendimientos de capital del cónyuge o los hijos menores a todos los efectos tributarios*".

Por Real Decreto-Ley 7/1989, de 29 de diciembre, se modifica el apartado tercero; se exige la afiliación a la Seguridad Social y se suprime el tope del coste medio por empleado o el salario mínimo, sustituyéndolo por el del valor de mercado. Esta redacción subsiste en los apartados 2 y 3 del artículo 43 de la Ley 18/1991[437].

[437] Comenta E. GONZÁLEZ: "*Al establecer unas limitaciones que no existen frente a las restantes empresas, discrimina doblemente contra la familia: primero, al someter a las empresas familiares, que cumplen como las demás empresas todos los requisitos legales establecidos, a unas limitaciones inexistentes respecto a las otras; y en segundo término, al circunscribir esas limitaciones a la familia legalmente constituida. Con lo que no sólo se contraviene el artículo 39.1 de la Constitución, sino también el principio de igualdad de trato*". Cfr. *La familia ante el Fisco*, o. c., pág. 108.

La ley introduce una serie de cautelas, ante la posibilidad de que sean simuladas las relaciones profesionales entre cónyuges o padres e hijos. Consisten en el establecimiento de unas limitaciones que no son exigidas en las relaciones con terceros: para la relación laboral, su acreditación mediante contrato de trabajo y remuneración no superior al coste medio por empleado; para la prestación de bienes o derechos, remuneración no superior al valor de mercado. Si carecen de justificación, estas limitaciones lesionan el principio de igualdad, en cuanto impuestas para las relaciones entre familiares y no con terceros; y lesionan el principio de protección a la familia en cuanto se exigen a la familia jurídicamente constituida y no se imponen a la familia de hecho.

Los preceptos transcritos fueron objeto de recurso de inconstitucionalidad -por posible vulneración de los principios de igualdad ante la ley y de protección a la familia- que fue resuelto por la Sentencia 146/1994, de 12 de mayo.

El Tribunal Constitucional ha analizado la dimensión de los límites establecidos a la deducción para determinar su adecuación a los principios constitucionales. En primer lugar ha señalado la legitimidad del establecimiento de "*cautelas o limitaciones*"[438] y que no son irrazonables o desproporcionados los requisitos exigidos para la constancia de la relación laboral[439]. Pero la limitación cuantitativa de la remuneración supone, para algunos casos, una reducción injustificada de la cantidad que sería necesario deducir; por tanto hay un trato discriminatorio con respecto a la misma relación habida con terceros[440]; en consecuencia el Tribunal Constitucional declaró la

[438] "*Puede por ello el legislador exigir que quede acreditada la seriedad de tales contratos, imponiendo medios de prueba especiales que demuestren su existencia real y la efectividad y realización práctica de las recíprocas prestaciones estipuladas; debe tratarse, en todo caso, de requisitos razonables que guarden la adecuada relación de proporcionalidad con la finalidad perseguida. (...) Es también factible que el legislador introduzca alguna limitación a las cantidades que el empresario puede deducir por las retribuciones abonadas a su cónyuge o hijos menores*". STC 12 de mayo de 1994, F.J. 6.º.

[439] "*Ninguna tacha cabe formular contra los requisitos que condicionan la admisibilidad de la deducción; la exigencia del contrato laboral y la acreditación del trabajo habitual y continuado se justifican en la necesidad de impedir que las cantidades que se pretendan deducir por tal concepto no retribuyan prestaciones de trabajo efectivas*". Cfr. ibídem.

[440] "*Cuando el cónyuge empleado realice actividades de dirección o técnicas que exijan una elevada cualificación profesional sólo podrá deducirse una parte de la retribución satisfecha. (...) Debe concluirse que los límites ahora enjuiciados no son proporcionados y, en consecuencia, carecen de la necesaria razonabilidad*". STC de 12 de mayo de 1994, F.J. 6.º A.

inconstitucionalidad y nulidad del siguiente párrafo del artículo 9.1 c) de la Ley 20/1989: "*siempre que no sean superiores al coste medio anual por empleado de la plantilla, si la hubiere, o en otro caso, al importe del salario mínimo interprofesional*". Téngase en cuenta que este apartado ya no estaba vigente cuando se publicó la Sentencia de inconstitucionalidad.

Por lo que se refiere a la prestación de bienes o servicios, el Tribunal declara el carácter objetivo y razonable del límite del valor de mercado para su valoración; este criterio es también utilizado en otros sectores del ordenamiento para relaciones que se dan fuera del ámbito familiar[441].

## F) La familia en sociedades con transparencia fiscal

En la imputación de rentas de sociedades en régimen de transparencia fiscal, el artículo 52.1 establece que se imputarán en todo caso a los socios las bases imponibles positivas: "*A) Las sociedades en que más de la mitad de su activo esté constituido por valores y las sociedades de mera tenencia de bienes, cuando en ellas se dé cualquiera de las circunstancias siguientes: a) Que más del 50% del capital social pertenezca a un grupo familiar, entendiéndose a estos efectos el que está constituido por personas unidas por vínculo de parentesco en línea directa o colateral, consanguínea o por afinidad hasta el cuarto grado, inclusive.*

*b) Que más del 50% del capital social pertenezca a 10 o menos socios*". (...)

"*c) Las sociedades en que más del 50% de sus ingresos brutos procedan de actuaciones artísticas o deportivas de personas físicas o de cualquier otra actividad relacionada con artistas o deportistas cuando entre éstos y sus familiares hasta el cuarto grado inclusive tengan derecho a participar en, al menos, el 25% de los beneficios de aquéllas*".

---

441 "*El criterio del valor de mercado posibilita, en la generalidad de los casos, la deducción de las contraprestaciones estipuladas y satisfechas que sean proporcionadas al valor de las prestaciones efectuadas; quedarían en consecuencia excluidas aquellas contraprestaciones que, por su divergencia respecto de los valores de mercado, no guarden relación de proporción con el valor de la prestación llevada a cabo y respondan única y primordialmente a consideraciones de carácter tributario*". STC de 12 de mayo de 1994, F.J. 6.º B.

La regulación que se hace tiene algunos perfiles discriminatorios para la familia legalmente constituida. Por una parte sufre unas limitaciones que no se imponen a la familia de hecho.

Por otra parte, el apartado A obliga, en todo caso, a imputar las rentas a los miembros de una sociedad familiar, mientras que sólo se imputarán de la misma manera si los socios no familiares son diez o un número menor. Es decir, los socios de una sociedad familiar, si son más de diez, quedan injustificadamente peor tratados que si carecieran de vínculo familiar entre sí.

En las sociedades artísticas o deportivas también se realiza la imputación de rentas a los socios por el mero hecho del vínculo familiar, sin que conste una justificación proporcionada. Existe una discriminación con respecto a la misma sociedad si está integrada por una familia de hecho o, simplemente, por personas sin vínculo familiar entre sí[442].

## G) Tratamiento de las rentas en la crisis familiar

Es un hecho cotidiano la transferencia de rentas dentro del ámbito familiar, como consecuencia de la asunción por unos miembros de la familia de las cargas que supone el mantenimiento de otros. Cabe distinguir dos maneras, según sea la situación de la familia, de realizar la subvención a la subsistencia.

1.º En el caso de la familia cuyos miembros conviven, la atención económica entre los familiares se produce de modo espontáneo, sin necesidad de plasmar un acuerdo previo. La casi nula trascendencia fiscal de estos trasvases económicos, y de capacidad contributiva por tanto, ha quedado expuesta al hablar de la imputación de rentas en la familia. La norma más significativa es el artículo 5.2 de la Ley del IRPF cuando atribuye la renta obtenida por el sujeto pasivo a él mismo, *"cualquiera que sea, en su caso, el régimen económico del matrimonio"*.

---

[442] *"Discrimina contra la familia y contradice el principio de igualdad, al establecer requisitos más onerosos, sin razón alguna que los justifique, frente a los componentes de un grupo familiar superior a diez personas, en el primer supuesto, y frente a las sociedades artísticas o deportivas en que sus socios estén ligados por vínculos de parentesco, en el segundo"*. Cfr. E. GONZÁLEZ, *La familia ante el Fisco*, o. c., pág. 108.

2.º En el caso de crisis de la convivencia familiar o de su disolución, la ayuda económica se lleva a cabo en virtud de un acuerdo suscrito entre las partes o en ejecución de una resolución judicial recaída al efecto. Los artículos 90 y 91 del Código Civil se refieren, respectivamente, al convenio regulador de los efectos patrimoniales de la nulidad, separación y divorcio, y el artículo 91 regula la pensión por separación o divorcio. Sin embargo, en este caso la atención económica de las necesidades de la familia cobra singular relieve fiscal. Así, el artículo 71.2 de la Ley 18/1991 incluye como reducción de la base imponible: "*Las pensiones compensatorias a favor del cónyuge y las anualidades por alimentos, con excepción de las fijadas a favor de los hijos del sujeto pasivo, satisfechas ambas por decisión judicial*". Esta cantidad pasa a formar parte de la base imponible del cónyuge perceptor, como establece el artículo 25: "*Se incluirán, en particular, entre los rendimientos del trabajo: Las pensiones compensatorias a favor del cónyuge y las anualidades por alimentos, sin perjuicio de lo dispuesto en el artículo 9 de esta Ley*". En consecuencia, se produce una división de las rentas entre cónyuges que disminuye la progresividad de su tarifa.

Un tratamiento diverso reciben las pensiones alimenticias a favor de los hijos, que constituyen renta exenta para quienes las reciben, en virtud del artículo 9: "*Estarán exentas las siguientes rentas: Las anualidades por alimentos percibidas de los padres en virtud de decisión judicial*". Pero no reducen la base imponible del progenitor.

El análisis de los artículos precedentes lleva a las siguientes conclusiones:

1. La disminución de la capacidad contributiva del sujeto pasivo por atención económica a sus hijos tiene reflejo fiscal exclusivamente en la deducción por descendientes, del artículo 78.1 a), y en la minoración de la cuota que supone la posibilidad de acogerse a la tributación conjunta, como prevé el artículo 87. Hemos comentado cómo estos instrumentos suponen el reconocimiento sólo de una parte pequeña de la renta que se emplea en la crianza de los hijos[443].

---

[443] E. GONZÁLEZ dictamina sobre este resultado: "*Torna inconstitucional la regulación del hecho imponible del IRPF, por entrar en contradicción con los principios de capacidad contributiva, protección a la familia e igualdad de trato, pues se trata de modo igual la renta de dos personas económicamente desiguales: una con personas a su cargo, y otra que no tiene que soportar esa carga*". Cfr. *La familia ante el Fisco*, o. c., pág. 107.

La compensación de las cargas familiares a través de prestaciones directas es escasísima. Las pequeñas cantidades que se concedían, vigentes desde 1971, han desaparecido para muchas familias con la Ley 26/1990, de 22 de diciembre, de Prestaciones no contributivas[444]; la actuales prestaciones responden a una política de ayuda a personas carentes de recursos, no al tratamiento de las cargas familiares[445].

2. La disminución de capacidad contributiva que supone para el sujeto pasivo la atención a las necesidades de su cónyuge, en su caso, no es fiscalmente reconocida en los matrimonios que viven juntos; sin embargo sí lo es para los matrimonios separados o personas divorciadas. Sólo existe el paliativo de la posibilidad de la tributación conjunta en los matrimonios que viven juntos; pues, por otra parte, en la Ley 18/1991 ha desaparecido la antigua deducción por matrimonio.

En consecuencia, el mejor trato dado a la familia separada que a la unida provoca una discriminación contra las familias unidas o, si se prefiere, contra las personas integradas en ellas. Además, contra el artículo 39 de la Constitución, existe una desprotección de la familia, por no favorecer la convivencia ni su restablecimiento en el caso de la familia separada[446].

---

[444] Actualmente sólo se reconoce una ayuda de 3.000 pesetas mensuales por hijo para familias con rentas inferiores a un millón de pesetas anuales, a esta cuantía se incrementa el 15% por cada hijo adicional. Las cantidades no han sido revisadas hasta ahora. En la Ley 31/1991, de 30 de diciembre, de Presupuestos Generales, declara aplicable la Ley citada a las ayudas por hijos que se reconocen para los funcionarios públicos.

[445] Así presenta F. CABRILLO uno de los inconvenientes de prestar la ayuda familiar a través de deducciones: *"Su inconveniente más importante es, en cambio, la imposibilidad de su aplicación en el caso de las personas de renta más baja que, o no alcanzan el nivel mínimo exigido para hacer declaración de impuesto sobre la renta, o, si lo hacen, su cuota no es lo suficientemente elevada como para descontar de ella las deducciones que les corresponden. Se han propuesto soluciones mixtas. Una de ellas es el llamado <impuesto negativo sobre los niños>. De acuerdo con esta propuesta, los padres que tuvieran renta suficiente recibirían la ayuda en forma de deducción fiscal. Y aquellos que no alcanzaran el nivel necesario, recibirían pagos en metálico."* Cfr. *El gasto público y la protección de la familia en España: un análisis económico*, monografía Papeles de la Fundación, n.º 14, Fundación para el Análisis y los Estudios Sociales, 1994, pág. 51. En España, en la práctica, se aplica esta fórmula, pero de modo muy tosco: existen familias que no pueden beneficiarse de la deducción y tampoco de las ayudas por hijo.

[446] Comenta E. GONZÁLEZ: *"La razón de semejante cadena de desatinos estriba en que de los dos grandes problemas que tenía planteados la Ley del IRPF de 1978, esto es, los efectos indeseables de la acumulación de rentas y el desconocimiento de las cargas familiares, la vigente Ley sólo ha abordado el primero"*. Cfr. *La familia ante el Fisco*, o. c, pág. 107.

## VI. Las cargas familiares en el Impuesto sobre la Renta

### A) Deducciones en la cuota por razón de circunstancias familiares

La toma en consideración de las cargas familiares en el Impuesto español sobre la Renta de las Personas Físicas, desde la Ley 44/1978, se ha realizado a través del establecimiento de deducciones en la cuota. Su práctica se lleva a cabo por la atribución de una deducción a cada circunstancia familiar o por la mención expresa de la familia en deducciones que, en principio, no tienen naturaleza familiar. Es inocultable que en otras deducciones, por el hecho de integrarse el sujeto pasivo en una familia, ésta resulta beneficiada, pero no entramos en su consideración al no ser concedidas estrictamente por razón de la familia.

Hemos hecho referencia, al tratar el principio de capacidad contributiva, a la necesidad de que la renta gravada sea aquélla disponible, sin afectar a la que el sujeto pasivo o su familia necesitan para vivir. El medio técnico ordinario para llevar a la práctica esta exigencia es la exención de un mínimo de rendimientos, calculado en función de las necesidades de la persona y de la familia[447]. Hacemos notar que en España no existe este mínimo exento. El artículo 5 de la Ley del IRPF 18/1991 señala que *"constituirá el hecho imponible la obtención de renta por el sujeto pasivo"*; y el artículo 13 que *"los sujetos pasivos por obligación personal de contribuir serán gravados por la totalidad de la renta que obtengan"*. El artículo 9 establece las rentas exentas y entre ellas no se menciona, ni en éste ni en otro artículo, ninguna cantidad por necesidades de subsistencia. Únicamente, al regular las tablas impositivas, el artículo 74.1 prevé un primer tramo de 400.000 pesetas de renta gravado con tipo 0 y el artículo 91, para la tributación conjunta, de 800.000, tratamiento realmente distinto de la exención de una renta mínima.

#### *a) Deducción general*

El artículo 29 d) de la Ley 44/1978 establecía una deducción general de 15.000 pesetas, que no se recoge en la vigente Ley del

[447] El Tribunal Constitucional alemán ha determinado la necesidad del mínimo exento individual en la Sentencia de 25 de septiembre de 1992, y el mínimo exento familiar en la Sentencia de 16 de julio de 1993. Cfr. GARCÍA FRÍAS, *"El mínimo de existencia en el Impuesto sobre la Renta alemán"*, en Información Fiscal, mayo-junio 1994, págs. 51 y ss.

IRPF 18/1991. El artículo 120 del Reglamento del IRPF de 2 de noviembre de 1979 se refería a esta deducción general y el apartado 2 decía: "*Cuando varios miembros de una unidad familiar obtengan individualmente rendimientos netos a que se refieren los artículos 45 y 62, superiores a 75.000 pesetas anuales, la deducción general a que se refiere el apartado anterior, se incrementará aplicando a la misma el coeficiente que resulte de multiplicar 1,3 por el número de miembros que perciban dichas remuneraciones*"[448].

La introducción del coeficiente fue un método de paliar el aumento de la progresividad que se produce al sumar las rentas de varios perceptores, si bien tuvo un efecto muy limitado y ofrecía varias vertientes criticables. La más destacable es que sólo se aplicaba la deducción cuando trabajaban varios miembros de la familia en actividades diversas, y no había derecho a ella si varios miembros de una familia cooperan para obtener rentas que se acumulan en una misma fuente[449]. Por este motivo, con la modificación del artículo 29 A, la Ley 20/1989 extendió esta deducción al supuesto en que varios miembros de una familia ejercieran, conjuntamente, actividades empresariales o profesionales.

### *b) Deducciones familiares*

Las actuales deducciones familiares se recogen en el artículo 78 de la Ley 18/1991 del Impuesto sobre la Renta de las Personas Físicas. Sus cuantías son modificadas con frecuencia en las normas tributarias de acompañamiento a las Leyes de Presupuestos.

La cuantía de la correspondiente a los descendientes, solteros, que sean menores de 30 años y sin rentas superiores al salario

---

[448] Las cuantías fueron objeto de frecuente modificación. La última vigente fue establecida por la Ley 20/1989: la deducción básica pasa a ser de 17.000 ptas., el coeficiente de 1,5 y las rentas serán superiores a 150.000 ptas. Puede verse un cuadro completo de su evolución en F. RUBIO CARVAJAL, "*Deducciones en la cuota del IRPF: cuadro resumen 1981-1988*", en Gaceta Fiscal, n.º 55/1988.

[449] "*Un sistema, a mi parecer, muy burdo, que intenta proteger la independencia económica de la mujer. (...) Pero hay que decir más: si lo que se ha pretendido ha sido favorecer a las unidades familiares de niveles de renta modestos, se ha tenido en cuenta un hábito de zonas urbanas, pero que discrimina frente a las costumbres de las zonas rurales, en donde toda la familia trabaja en sus propias tierras y no por cuenta de terceros*". Cfr. COLMENAR, "*El sujeto: la unidad familiar*", cit., pág. 715.

mínimo interprofesional son: de 20.700 pesetas por los dos primeros descendientes, 25.000 por el tercero y 30.000 por el cuarto y sucesivos. La deducción se divide entre los ascendientes por partes iguales si los descendientes conviven con más de uno.

La deducción por ascendientes, sin rentas superiores al salario mínimo, que convivan con el sujeto pasivo, es de 15.500 pesetas y de 31.000 si el ascendiente tiene más de 75 años.

En caso de minusvalía, para todos los casos anteriores, el monto de la deducción se eleva a 52.000 pesetas.

Estas cuantías son iguales en los territorios forales salvo en Navarra, donde las deducciones por descendientes son sensiblemente superiores: 28.000 pesetas por el primer hijo; 36.000 por el segundo; 44.000 por el tercero; 56.000 por el cuarto y 69.000 por el quinto y sucesivos. La deducción por ascendientes es de 16.000 pesetas y de 75.000 para todos los casos de minusvalía.

### *c) Deducciones por gastos de enfermedad y seguros*

El artículo 78.2 de la Ley 18/1991 de 6 de junio, del IRPF, regula la deducción por enfermedad: *"El 15% de los gastos sufragados por el sujeto pasivo durante el período de la imposición por razones de enfermedad, accidente o invalidez propios o de las personas por las que tenga derecho a deducción en la cuota componen la unidad familiar (...) así como de los gastos satisfechos por honorarios profesionales médicos y por clínica con motivo del nacimiento de los hijos del sujeto pasivo y de las cuotas satisfechas a Mutualidades o sociedades de seguros médicos"*. El artículo 32 del Reglamento del IRPF, de 30 de diciembre de 1991, especifica algunos conceptos incluidos y excluidos. Debe notarse que se puede practicar la deducción por gastos causados incluso por personas que no pertenezcan a la unidad familiar; cabe emplear aquí el concepto más amplio de personas dependientes.

El artículo 78.4 a) de la citada Ley prevé una deducción del 10% de las cantidades satisfechas como primas de diversos seguros, cuando el beneficiario sea el sujeto pasivo, su cónyuge, ascendiente o descendiente; es decir, se contemplan algunas situaciones familiares que dan derecho a beneficiarse de la deducción.

El artículo 79.1 de la Ley 18/1991 condiciona la práctica de estas deducciones a su justificación documental.

El artículo 29 e) 4. de la ley del IRPF de 1978 establecía una deducción en la cuota del 15% de las cantidades satisfechas por gastos excepcionales no suntuarios, dentro de los cuales el Reglamento de 3 de agosto de 1981 incluía diversos desembolsos de tipo familiar. Para todas las deducciones de este artículo 29 e) se establecía la necesidad de su justificación documental, o bien la opción por deducir la cantidad fija de 10.000 pesetas. Como hemos reseñado, este párrafo dio lugar a intensa polémica doctrinal y jurisprudencial.

*d) Deducciones por vivienda*

El artículo 78.3 a) de la Ley 18/1991 establece una deducción por alquiler del 15% del importe del arrendamiento, hasta un máximo de 100.000 pesetas, si la base imponible no es superior a 3.5 millones de pesetas y el alquiler sobrepasa el 10% de dicha base. El artículo 78.4 b) señala otra deducción del 15% de las inversiones para adquisición o rehabilitación de vivienda habitual. Se formula el concepto legal de vivienda que da derecho a deducción: *"Se entenderá por residencia habitual la vivienda en la que el sujeto pasivo resida durante un plazo continuado de tres años. No obstante se entenderá que la vivienda tuvo aquel carácter cuando, a pesar de no haber transcurrido dicho plazo, concurran las circunstancias que necesariamente exijan el cambio de vivienda"*.

*e) Deducción por gastos de custodia de hijos*

Una crítica que se hace al sistema de división de rentas o <splitting> es que no advierte la diferencia de capacidad contributiva que existe entre una familia en la que un cónyuge trabaja fuera del hogar, y otra familia, con la misma renta global, en la que ambos cónyuges trabajan fuera del hogar, pues la segunda se verá obligada a realizar mayores gastos para obtener la misma renta. El modo de que no se produzca en este método un perjuicio a las familias en las que ambos cónyuges trabajan con respecto a las familias monorrédito, es evitar o subvenir a aquéllas los costos adicionales que su situación puede producir, entre los que se cuentan los gastos de cuidado de los hijos por terceras personas. Por esto la deducción por gastos de guardería es un buen complemento del <splitting>. En aras de la igualdad horizontal, también habría que admitir esta deducción en los casos de tributación individual de las rentas; la fórmula más adecuada sería permitir que cada cónyuge deduzca en su declaración la mitad de los gastos. Este problema también puede resolverse a través del gasto público, implantando un medio de financiación de la escolaridad a cargo de toda la sociedad, a través del Estado y totalmente gratuito para los padres, como es el cheque o bono escolar. Los gastos de guardería podrían quedar incluidos en él, pues la escolarización en España se contempla desde los 0 años.

Un problema secundario que se plantea al considerar las deducciones por gastos de custodia de los hijos es el de su neutralidad con respecto a la opción por el cuidado de los hijos en el hogar o fuera de él, o mejor dicho, realizado por los padres o por terceras personas mediante remuneración. Esta comparación se basa en la valoración del trabajo realizado en el hogar por los padres y su consideración como renta producida, que se reputará de cuantía igual al valor del mismo trabajo si hubiera sido realizado por otra persona, ajena al hogar. Así las bases imponibles deberían sufrir un ajuste que consistiera, bien en añadir la renta producida en el hogar por el trabajo de cuidar los hijos, o bien en minorar la base de quienes pagan a terceros por realizar este trabajo. Considerando que la deducción se practica en la cuota, la constatación de la neutralidad o no de la deducción se obtiene por la comparación entre la cantidad que se deduce por guardería y la parte de la cuota impositiva correspondiente a la renta del trabajo imputado, multiplicado por el tipo marginal. Si no se otorga ninguna deducción o si el importe de ésta es menor que la parte citada de la cuota, se está primando el cuidado dentro del hogar. Por el contrario, resulta estimulado el cuidado por terceras personas si el importe de la deducción es superior a la parte de la cuota; no obstante en estos términos es casi imposible pretender una neutralidad de la deducción por guardería.

EUGENE STEUERLE[450] propone una deducción general en la base imponible por cuidado de hijos, en lugar de una deducción porcentual sobre el costo de los gastos. Pero esta deducción sólo tendría la ventaja de la neutralidad en cuanto a la opción entre el cuidado por los padres o por terceras personas, cuando no es ésta la finalidad principal que se ha de buscar en este asunto. Más bien se trata de,

[450] Cfr. su estudio *"Fiscalidad de la familia: la experiencia de EE.UU."*, en Hac. Púb. Esp., n.º 2/1991, págs. 45 y ss.

como inicialmente expusimos, paliar el incremento de los gastos de la familia cuyos dos padres trabajan, en relación con la familia monorrédito. Parece equitativo, por tanto, que el otorgamiento de la deducción se produzca sólo cuando el cuidado de los hijos por terceras personas responda a una necesidad; no sucedería así en el caso de familia de una sola renta, además muy alta.

La solución óptima vendría dada por una deducción en la base imponible de los gastos de guardería, por su cualidad de gastos necesarios para obtener la renta, cuando trabajen ambos esposos[451]. Podría establecerse un límite para los casos de ingresos elevados, pero entonces sería aconsejable que la deducción conste de varios tipos, según la renta y el tamaño de la familia[452].

### 1. Deducción por guardería en España

La Sentencia del Tribunal Superior de Justicia del País Vasco de 3 de marzo de 1990 estimó deducibles los gastos de guardería, a pesar de que la Ley del IRPF de 1978, entonces vigente no los reconocía. Incluso el artículo 45.3 del Reglamento del Impuesto sobre la Renta, de 3 de agosto de 1981, sobre los gastos deducibles para determinar el rendimiento neto del trabajo, señalaba expresamente como no deducibles: "*Los gastos de guardería infantil, aun cuando trabajen ambos cónyuges, y de empleados del hogar*". La Ley 48/1985, de 27 de diciembre, introdujo en el artículo 14.3 los únicos gastos deducibles para determinar la renta neta, entre los que no se encuentran los de custodia de hijos, ni se encuentran entre las deducciones en la cuota. Por un lado, estima el Tribunal del País Vasco, la ley del IRPF

---

[451] LANG califica los gastos de guardería como "*condición inevitable para la actividad profesional*". Cfr. "*Tributación familiar*", cit., pág. 412. Añade: "*Los ingresos netos correctamente determinados son los que restan una vez deducidos los gastos de guardería condicionados por la profesión en concepto de gastos de explotación o cargas profesionales*". Cfr. ibídem.

[452] Básicamente así es el sistema alemán. Regulado con minuciosa atención, se considera gasto extraordinario deducible para las familias monoparentales con cabeza de familia asalariado, disminuido o enfermo. En familias de dos padres cada uno de ellos debe tener una de las anteriores cualidades. Se establece una cuantía máxima por cada hijo. Cfr. artículo 33 c) EStG. "*Esta deducción ha sido muy discutida. Una reciente Sentencia del BVerfG, de 29 de enero de 1994, considera que puede realizarse solamente la deducción de la mitad de estos gastos ya que el Estado no está obligado a asumir por completo los gastos de educación*". Cfr. GARCÍA FRÍAS, "*El mínimo de existencia en el Impuesto sobre la Renta alemán*", cit., pág. 26.

permite deducir los gastos necesarios para obtener la renta[453]. Por otro lado, según doctrina anterior del Tribunal Supremo (Sentencia de 1 de junio de 1973) los reglamentos de desarrollo de una ley *"no pueden limitar los derechos, las facultades ni las posibilidades de actuación contenidas en la ley misma"*; en tanto los gastos de guardería son ineludibles, el tenor del reglamento que no permite su deducción vulnera la citada doctrina y no debe aplicarse. En sentido contrario se pronuncia la Sentencia del Tribunal Superior de Justicia de las Islas Baleares de 12 de marzo de 1990, que opta por la aplicación literal del reglamento a partir de la no inclusión de los gastos de custodia de hijos entre los gastos deducibles del artículo 14.3 de la Ley, según la redacción dada por la Ley 48/1985 de Reforma Parcial del IRPF.

En nuestra opinión, no se puede sustraer el carácter de necesarios para la obtención de la renta a los gastos de custodia de hijos pequeños, cuando los dos cónyuges trabajan (o existe otra imposibilidad equivalente para tenerlos bajo su cuidado). En consecuencia, los citados gastos han de considerarse deducibles al no ser excluida, ni regulada de otra forma, esta posibilidad por la ley. De manera distinta se plantea la cuestión a partir de 1985, pues del nuevo artículo 14.3 de la Ley se colige el carácter de tasados para los gastos deducibles que se enumeran. Sería necesario esperar a la regulación expresa para poder practicar la deducción.

## 2. La deducción por guardería en la Ley 18/1991

Como novedad de la Ley 18/1991, en el artículo 78.3 b) establece la deducción por custodia de niños: *"El 15 por ciento, con un máximo de 25.000 pesetas anuales, de las cantidades satisfechas en el periodo impositivo por la custodia de hijos menores de tres años, cuando los padres trabajen fuera del domicilio familiar y siempre que el sujeto pasivo no tenga rendimientos netos superiores a dos millones de pesetas anuales."* Según el artículo 92.3, en caso de tributación conjunta, los rendimientos netos no habrán de superar los tres millones de pesetas.

---

[453] Cfr. artículos 14 y 19. Dice el TSJ: *"Se dispone que para la determinación de los rendimientos del trabajo se deducirán, en su caso, de los rendimientos íntegros obtenidos por el sujeto pasivo los gastos necesarios para la obtención de aquéllos, y porque en dicha ley no se contemplan como gastos no deducibles en ningún caso los de guardería infantil y de empleados de hogar"*. F.J. 3.º.

Tres defectos principales tiene esta regulación:

1. Si cada uno de los padres obtiene una renta de dos millones de pesetas, ambos pueden practicar la deducción si declaran separadamente. Si estos mismos padres optan por la declaración conjunta no podrán practicarla. Tampoco podrán hacerlo los padres que declaren conjuntamente la misma renta global, aunque sea desigual la cuantía de la renta obtenida por cada uno. Estas diferencias no son fácilmente justificables.

2. La limitación de la renta es severa para la declaración conjunta: no se podrán superar los tres millones de renta global. Sin embargo, no existe ninguna limitación de renta global en el caso de la tributación separada; en este caso basta que uno de los padres tenga rentas inferiores a dos millones para poder practicar la deducción, con independencia de las rentas que obtenga el otro cónyuge.

3. En la tributación separada cada cónyuge puede practicar la deducción, pues no se produce en este caso la imputación de la misma por mitad, prescrita en la deducción por descendientes (artículo 78.1 a, cuarto párrafo). Es decir, de hecho los padres podrán deducir hasta un 30 por ciento, con límite de 50.000 pesetas, si tributan por separado, frente a los límites del 15 por ciento y 25.000 pesetas si tributan conjuntamente.

Los límites de dos y tres millones de renta para poder aplicar la deducción desaparecen cuando se superan, aun mínimamente, dichas cantidades, con evidente agravio comparativo frente a quienes ganando un poco menos sí puedan beneficiarse de ella[454].

Tampoco en este caso la ley entiende correctamente la naturaleza de la deducción. Ésta habría de apreciar la disminución de capacidad contributiva por realización de un gasto necesario para obtención de la renta, cualquiera que sea su cuantía; por tanto carece de sentido la limitación de ingresos y su inclusión sería más correcta en la determinación de la base imponible. Por el contrario, la Ley 18/1991 parece más bien que concede una subvención por estos gastos a personas de escasos recursos; subvención escasa al ser sólo del 15 por ciento.

---

[454] "*Evidentemente, lo lógico hubiera sido disponer de un límite cuantitativo a la deducción, pero no excluirla cuando la renta es superior a una determinada cuantía, pues la necesidad y objetividad del gasto es incuestionable cuando ambos cónyuges trabajan fuera del domicilio familiar*". Cfr. VICENTE-ARCHE, *Comentarios a la Ley del IRPF y Reglamento del Impuesto*, ed. Colex, Madrid, 1993, pág. 533.

### *f) Deducción variable*

Con el propósito de atenuar el incremento de progresividad que se produce cuando se suman rentas de trabajo de distintos perceptores, fue establecida la llamada deducción variable en la ley de reforma del IRPF 48/1985[455].

Esta deducción tenía dos notas esenciales:

a) Podían practicarla las unidades familiares con más de un perceptor de rentas que fueran de trabajo dependiente.

b) Tenía una limitación cuantitativa: la deducción no podía sobrepasar las 300.000 pesetas, elevada a 315.000 pesetas por la Ley 21/1986, de Presupuestos Generales del Estado para 1987.

La inclusión de esta deducción fue original en el Derecho español y comparado, lo cual puede ser motivo tanto de crítica como de alabanza. Pero han predominado las censuras a esta técnica que se sintetizan en los siguientes argumentos:

1. Se produce una discriminación a favor de las rentas de trabajo contra las de capital y los rendimientos empresariales, profesionales y artísticos.

2. La deducción se aplica sólo en las unidades familiares con dos perceptores de rentas de trabajo, pero su efecto será la disminución de la progresividad de todas sus rentas y no sólo, lo cual sería más coherente, de las rentas de trabajo. Lo cual produce una discriminación entre familias, según posean algunas rentas de trabajo además de capital.

3. La cuantía de la deducción varía en función de la relación entre magnitudes de las rentas, lo cual discrimina más a las rentas menores cuanto mayor sea la otra renta acumulada.

4. La existencia de un tope en su cuantía provoca que no se palíen los efectos de la acumulación para perceptores de rentas altas.

---

[455] Artículo 29 B): "*Con independencia de la deducción que en su caso proceda con arreglo a lo señalado en la letra anterior, las unidades familiares con más de un perceptor de rendimientos de trabajo personal dependiente, podrán practicar, además, la que resulta de la aplicación de la fórmula siguiente:*

*$D= a + b\ (B) + c\ (B_1\ B_2)$.*

*Donde: D= deducción resultante. B= base imponible total. $B_1$= resto de base imponible. $B_2$= segundo rendimiento neto procedente del trabajo personal dependiente del segundo perceptor en orden de importancia. Los valores de los parámetros expresados en la fórmula son los siguientes: a= 5.000. b= -8. c= 0,04. Las cantidades correspondientes a B, $B_1$ y $B_2$ se expresan en miles de pesetas. En ningún caso esta deducción podrá superar las 300.000 pesetas. Cuando de la aplicación de esta fórmula resultase una cantidad negativa, la deducción será nula*".

Si la acumulación es inconstitucional, lo es para todo tipo de rentas, altas o bajas, y en la medida en que la deducción variable no produce sus efectos en todas ellas, es una técnica que incurre en la misma causa de inconstitucionalidad.

5. Esta deducción es más compleja que otras soluciones posibles, como la declaración separada de todas o parte de las rentas. En definitiva, la deducción variable atenúa, pero no elimina, los efectos de la acumulación de las rentas.

Con estas premisas resultaba difícil de justificar la adopción de la deducción variable[456]. La principal razón a su favor consistía en que se obtenía un resultado parecido al que se produciría si se hubiese adoptado un sistema de imposición separada[457]. A su vez, el motivo de no haber introducido directamente el sistema de la separación radicó en la pretensión de limitar el alcance corrector a las rentas de trabajo mientras no superasen determinada cuantía. A nuestro juicio este pretexto no resarcía suficientemente las críticas de las que es susceptible la deducción variable, antes expuestas[458].

La ley 33/1987, de 23 de diciembre, de Presupuestos Generales del Estado para 1988, artículo 91, extendió la deducción a las rentas de actividades profesionales, artísticas o empresariales[459].

La deducción variable ha sido analizada en la Sentencia del Tribunal Constitucional 45/1989, F.J. 7.º. En ella se estima criticable el

---

[456] *"La llamada <fórmula polinómica> es ampliamente justificada en la Memoria del Proyecto de Ley, pero tal justificación se limita a exponer el valor de la deducción para diversas bases imponibles y para diversas composiciones de la base, a cuantificar las unidades familiares que previsiblemente pueden acogerse a este sistema (...). Todo ello pone de manifiesto que la deducción variable es el resultado de una apreciación puramente empírica de magnitudes y no la expresión de una valoración esencialmente conceptual. En otros términos, carece de fundamentación teórica"*. Cfr. C. PÉREZ DE AYALA, *"La unidad familiar..."*, o. c., pág. 145.

[457] Cfr. A. ZABALZA, *"La unidad familiar y las variaciones patrimoniales en la Ley de Reforma Parcial del IRPF"*, Hac. Púb. Esp., n.º 99/1986, pág. 256.

[458] En el mismo sentido se expresa ALBI, cfr. *"Novedades de la Ley de Reforma Parcial del IRPF"*, Hac. Púb. Esp., n.º 99/1986, pág. 231.

[459] Como consecuencia de haberse dictado la Sentencia 205/1988, de 20 de noviembre, que eleva al Pleno la cuestión de inconstitucionalidad de la acumulación de las rentas familiares, el Gobierno ha dictado el Real Decreto 6/1988, de 29 de diciembre, que modifica la deducción variable, aumentando las cuantías en razón de la proporción de la segunda renta. Esta modificación no llegó a aplicarse por la inmediatez con que fue dictada la Sentencia 45/1989, de 20 de febrero, sobre la inconstitucionalidad antedicha.

límite cuantitativo de la deducción variable, pues no se justifica que el mecanismo corrector no se aplique a algunas rentas, aunque sean las más altas[460]. El legislador adujo la razón de que la opción alternativa al límite cuantitativo sería un mecanismo más complejo y de gestión costosa, lo cual no fue entendido como justificado por el Tribunal[461].

También criticó el Tribunal la exclusión de un mecanismo corrector para las rentas de capital[462], lo cual no se justificaba por la posibilidad que existía de transferir los activos a otras personas y disminuir la progresividad[463].

El juicio definitivo del Tribunal Constitucional es terminante a favor de su inconstitucionalidad[464].

Hasta la ley 20/1989 fue el único mecanismo corrector de la acumulación. A partir de este momento, dada la opción entre tributación conjunta y separada, se pudo elegir entre, bien atenuar los efectos de la acumulación a través de la aplicación de la deducción variable, o bien eliminarlos optando por la tributación separada. Además la ley 20/1989 señaló que si la deducción variable fuera inferior a la

---

[460] "*El incremento de gravamen resultante de la acumulación de rentas seguirá pesando sobre otras, ya que las modificaciones meramente cuantitativas no afectan a la estructura del mecanismo ideado por el legislador*". STC 45/1989, de 20 de febrero, F.J. 7.º.

[461] "*Tampoco se percibe la razón por la cual el precio de la simplificación deba ser satisfecho por los perceptores de rentas elevadas sólo si, además de ello, están casados*". STC 45/1989, de 20 de febrero, F.J. 7.º.

[462] No implica que las rentas de capital hayan de tener el mismo tratamiento que las de trabajo, sino la dificultad de encontrar "*la justificación que, desde el punto de vista de la igualdad contributiva, pueda darse al hecho de que dos perceptores de rentas de capital hayan de satisfacer, si se unen en matrimonio, una cuota tributaria superior a la adición de las que pagarían por esas mismas rentas si no estuviesen casados*". STC 45/1989, de 20 de febrero, F.J. 7.º.

[463] Así se pronuncia el Tribunal sobre este punto: "*El fin perseguido por la norma es constitucionalmente irreprochable, pero no el medio utilizado, y el precepto que determina la acumulación de rentas, no corregido en absoluto en sus efectos por lo que toca a las rentas de capital, es ya, por ello, contrario a la igualdad constitucional exigible*". STC 45/1989, F.J. 7.º.

[464] La deducción variable no consigue su objetivo de atenuar equitativamente la progresividad "*que probablemente sólo puede alcanzarse operando sobre la estructura misma del sistema y no mediante la superposición al mismo de mecanismos que operan únicamente sobre los efectos. Pese al esfuerzo del legislador, el artículo 7.3 de la Ley 44/1978 es incompatible con el principio de igualdad. La nulidad que de ahí resulta impide naturalmente la aplicación de los mecanismos correctores contenidos en las Leyes 48/1985 y 37/1988, así como en el Real Decreto-ley 6/1988*". STC 45/1989, F.J. 7.º.

deducción por tributación conjunta, se aplicaría ésta. En lo demás ratificó el Real Decreto-Ley 6/1988, de 29 de diciembre. La Ley 18/1991 del IRPF ya no recoge esta deducción variable.

En virtud de la posibilidad de eliminar los efectos indeseables de la acumulación mediante la elección de la tributación separada, el Tribunal Constitucional no ha apreciado la inconstitucionalidad de la deducción variable en la regulación de la Ley 20/1989[465]. Sin embargo, es muy criticable la conclusión a la que llega el Tribunal Constitucional, pues cabe deducir, tomando su argumentación <contrario sensu>, que la actual normativa de la tributación conjunta es inconstitucional, pero no es necesario declararlo así porque su aplicación se puede eludir optando por la tributación separada[466].

### *g) Deducción por tributación conjunta*

El artículo 5 de la ley 20/1989 modifica el artículo 29 de la Ley 44/1978 y establece en su apartado B una nueva deducción por tributación conjunta: “*Cuando no resulte aplicable la deducción variable, los sujetos pasivos que tributen conjuntamente tendrán derecho a una deducción de 35.000 pesetas que será única por declaración.*”

Para decretar la constitucionalidad de esta deducción el Tribunal Constitucional ha empleado, en la Sentencia de 12 de mayo de 1994, F.J. 3.º B, los mismos argumentos que en el caso de la deducción variable, con lo que también se puede dar por reproducida la crítica anteriormente hecha.

En la actual Ley 18/1991 del IRPF no existe esta deducción, pues la diferencia entre la tributación separada y conjunta reside en la adopción de distintas tablas.

---

[465] “*Cuando la deducción variable no corrija los efectos discriminatorios derivados del sistema de acumulación, el sujeto pasivo podrá eliminarlos acogiéndose a la tributación individual; en consecuencia, la interpretación sistemática de la deducción variable, tal y como aparece configurada en los arts. 5 y 6 de la Ley 20/1989, impide que pueda apreciarse su inconstitucionaldad*”. STC de 12 de mayo de 1994, F.J. 5.º A.

[466] “*La situación así creada supone una oferta del legislador que propone al contribuyente: decida Vd. mismo si quiere seguir tributando en contra de la Constitución o individualmente*”. Cfr. M. T. SOLER ROCH, “*Subjetividad tributaria...*”, cit., pág. 195.

## *b) Deducción por trabajo dependiente*

No recogida en la originaria Ley 44/1978, fue introducida por la Ley 44/1981 de Presupuestos Generales del Estado para 1982, que permite deducir de la cuota el 1% de los rendimientos netos del trabajo personal; tiene la consideración de deducción de gastos necesarios para la obtención de la renta. Sufrió diversas modificaciones: la Ley 44/1983 de Presupuestos le señaló un tope de 10.000 pesetas; la Ley de Presupuestos 50/1984 estableció una cantidad fija de 20.000 pesetas, que en caso de unidades familiares se aplica al primer perceptor; para el segundo sólo se permite la deducción del citado 1%, con límite de 10.000 pesetas, y nada pueden deducir los siguientes perceptores.

Este sistema estuvo vigente hasta la Ley 20/1989 que modifica el artículo 29, F) 3 de la Ley 44/1978: "*Con independencia de la deducción en la cuota contemplada en la letra A) de este artículo, por rendimientos del trabajo dependiente, se deducirá la cantidad de 22.000 pesetas por cada perceptor de este tipo de rendimientos, hasta un máximo de dos.*"

En la Ley 18/1991, esta deducción está regulada en el artículo 78.7 c. Su cuantía es actualmente de 27.000 pesetas.; para los perceptores de rentas inferiores a 1.915.000 pesetas aumenta progresivamente, pudiendo alcanzar las 70.000 pesetas. En las declaraciones conjuntas, se puede practicar una deducción por cada perceptor (art. 92.4).

La limitación a dos perceptores a los que cabía aplicar la deducción por trabajo dependiente, según la redacción de la Ley 20/1989, fue considerada contraria a los artículos 14 y 31 de la Constitución y recurrida ante el Tribunal Constitucional[467]. Éste ha decretado su constitucionalidad, mediante una interpretación sistemática, poniéndola en relación con la deducción en la base de gastos necesarios, actualmente recogida en el art. 28.2 de la Ley 18/1991. La finalidad de esta última consiste en determinar la cuantía de ingresos netos, que son los que integrarán la base imponible; esta deducción por gas-

[467] Señalan los recurrentes: "*Esta limitación es absurda puesto que los costes inherentes a la obtención de la renta de un trabajo dependiente se producen tanto en el supuesto de tres o más perceptores, como en el supuesto de dos; es además incomprensible que esta deducción se limite a dos perceptores sólo en el caso de deducción conjunta, siendo así que esta limitación no existe en el caso de tributación individual*". Cfr. Antecedente 1.B) de la STC de 12 de mayo de 1994.

tos necesarios se regula mediante el señalamiento de unos porcentajes de la renta considerados como gastos de difícil justificación. Si esta deducción estuviera limitada en la tributación conjunta a ella sí le serían aplicables las consideraciones de los recurrentes, pero entiende el Tribunal que no lo son a la deducción por trabajo dependiente, que responde a razones de política tributaria en los que el legislador actúa con libertad[468]. En definitiva, el Tribunal reproduce la idea de que la existencia de una tributación individual alternativa suple las posibles deficiencias de la tributación conjunta[469]; a la que se puede oponer nuestra crítica, ya conocida, de que los defectos de un modo de tributación no se eliminan alegando la existencia de otra modalidad aceptable.

## B) Examen de constitucionalidad de algunas deducciones

La Sentencia del Tribunal Constitucional 214/1994, de 14 de julio, ha resuelto el recurso de inconstitucionalidad planteado sobre las limitaciones cuantitativas que sufren algunas deducciones cuando se practica la tributación conjunta, que no se multiplican por dos con respecto a la tributación separada.

Entre otras han sido recurridas las deducciones de los intereses de capitales ajenos invertidos en la vivienda habitual (artículo 92.1 de la Ley 18/1991), el alquiler de la vivienda habitual (artículo 92.2) y los gastos por custodia de hijos (artículo 92.3).

El Tribunal afirma que para realizar el juicio se deben observar las limitaciones de las deducciones inscritas en todas las demás reglas que rigen en la tributación conjunta, en particular en el sistema de doble tarifa que se ha instaurado en la nueva Ley[470]. Con esta pers-

---

[468] *"A la vista de la interpretación sistemática del precepto impugnado puede por ello concluirse que la exclusión del tercero y ulteriores perceptores de rendimientos del trabajo no vulnera el principio de capacidad económica formulado en el artículo 31.1 de la Constitución".* Sentencia de 12 de mayo de 1994, F.J. 3.º.

[469] *"Los sujetos pasivos que se sientan perjudicados por considerar lesivo a sus intereses la regulación que de la citada deducción se contiene en los artículos 5 y 6 de la Ley 20/1989, podrán evitar los hipotéticos efectos discriminatorios acogiéndose al régimen de tributación individual".* Cfr. Sentencia de 12 de mayo de 1994, F.J. 3.º.

[470] *"Los hipotéticos efectos que pudieran derivarse de los límites fijados por el artículo 92 no pueden ser apreciados considerando dicho precepto de forma aislada, sino poniéndolo en relación con la tarifa establecida por el artículo 91".* Cfr. Sentencia 214/1994, F.J. 3.º.

pectiva el Tribunal Constitucional (Sentencia 214/1994, F.J. 3.º, justifica este régimen, por un lado, porque es optativo, por otro lado porque la corrección de los efectos indeseables de la acumulación, en definitiva el aumento de progresividad, se produce a través del mecanismo de la doble tarifa y no a través de las deducciones, pues éstas responden a razones distintas de la acumulación o no de las rentas y no tienen la función de amortiguar la progresividad.

La distinción es correcta, pero estimamos que la conclusión a que llega el Tribunal Constitucional no es coherente con esta construcción, pues si las deducciones sobre las que tratamos no tienen ninguna relación con la corrección de los efectos indeseables de la acumulación, en la tributación conjunta no deberían limitarse y habrían de reconocerse de la misma manera que en la tributación independiente, es decir, una deducción por cada miembro de la familia que pudiera aplicarla en la declaración por separado, si se efectuara ésta.

En el mismo recurso se ha planteado también la inconstitucionalidad del gravamen establecido en el artículo 25 h) de la Ley del IRPF a *"las ayudas o subsidios familiares y las becas, sin perjuicio de lo dispuesto en el artículo 9 de esta ley"*, argumentando que lesiona los principios de igualdad, capacidad contributiva y protección a la familia. Las razones de los recurrentes son que por una parte contrasta con la exención establecida en el artículo 9 j): *"Las becas públicas percibidas para cursar estudios en todos los niveles y grados del sistema educativo, hasta el de licenciatura o equivalente inclusive"*; por otra parte la recepción de ayudas o subsidios manifiesta una situación de necesidad, de carencia de capacidad económica, por lo que gravarlas va contra el principio de capacidad contributiva. Finalmente, atenta contra la obligación de garantizar la protección social de la familia.

La argumentación del Tribunal, sin embargo, descansa en los siguientes puntos:

1. Por un lado, las ayudas y subsidios familiares constituyen renta, según el concepto extenso de ésta recogido en el artículo 24 de la Ley y de conformidad con la misma amplitud del concepto de ayudas y subsidios.

2. No se lesiona el principio de capacidad contributiva porque las ayudas recibidas se tengan en cuenta para determinar el conjunto de la renta del sujeto pasivo, lo cual no impide que se grave de

acuerdo con el principio de capacidad contributiva[471]. Es cierto que las becas o subsidios familiares no revelan capacidad contributiva sino necesidad; pero el gravamen de aquéllas sólo se haría en la medida en que el subsidio superase el umbral de necesidad del sujeto. Si no fuera así no habría imposición, pero no porque el subsidio deba estar exento, sino porque el sujeto pasivo no habría superado el mínimo exento (en España sólo podemos hablar de un primer tramo de renta gravada al tipo 0) o no alcanzaría el nivel de renta en que ésta comienza a tributar, por la aplicación de las deducciones ordinarias. Consecuentemente, compartimos sustancialmente el criterio del Tribunal, pues ciertamente tiene más capacidad contributiva quien obtenga rentas y además disfrute de una beca para estudios, que quien, con las mismas rentas, deba hacer frente a dichos gastos de estudio.

3. Para el Tribunal, con argumento que compartimos, la gravación de las ayudas tampoco lesiona el principio de protección a la familia. El legislador no está obligado, en virtud de este principio, a declarar exentas las ayudas familiares, sino que tiene libertad para llevarlo a la práctica de diversos modos, mediante beneficios fiscales, mediante prestaciones o con un sistema que conjugue ambos[472].

Es más complejo justificar la exención de las becas públicas frente al sometimiento a gravamen de las privadas. El Tribunal, admitiendo las alegaciones del Abogado del Estado, defiende esta diferencia de trato[473]. Sin embargo pueden existir becas privadas

---

[471] *"Ello no significa, claro está, que la tributación de las mencionadas ayudas o subsidios familiares se realice al margen de las exigencias derivadas del principio de capacidad económica, al igual que sucede con las demás rentas, también los perceptores de las ayudas o subsidios familiares pueden beneficiarse del mínimo exento y de las deducciones de carácter personal o familiar que puedan serles aplicables, por lo que sólo tributarán por las cantidades que excedan de las citadas magnitudes"*. Cfr. STC 214/1994, F.J. 7.º.

[472] *"Del citado precepto constitucional puede deducirse el deber general a cargo de los poderes públicos de arbitrar medidas que den lugar a una mayor protección a la familia. Pero de tal precepto no se deduce que la expresada protección deba realizarse necesariamente a través de medidas de una determinada naturaleza; en concreto, la protección a la familia reconocida por el artículo 39.1 C.E. puede entenderse satisfecha con la existencia de las ayudas y subsidios familiares y no exige, necesariamente, que las rentas queden exentas de tributación"*. Cfr. STC 214/1994, F.J. 8.º A.

[473] *"Radica en que mientras las becas públicas están sujetas a un estricto régimen jurídico, que afecta a su cuantía, requisitos y procedimiento, por el contrario las becas privadas quedan al arbitrio de quien las establece"*. Cfr. STC 214/1994, F.J. 8.º A.

sometidas a un régimen estricto, similar a las públicas, para las que no estaría justificada la diferencia de trato. El Tribunal advierte que este tipo de becas privadas deben gozar de la exención; por tanto, estaría fundado el recurso de amparo si en un caso concreto no se otorgara. A esta declaración del Tribunal se le puede hacer la crítica de que reconoce un supuesto de inconstitucionalidad sin declararla[474].

### C) Valoración final sobre las circunstancias familiares en las deducciones de IRPF

Como hemos visto, el Tribunal Constitucional justifica la constitucionalidad de las normas sobre la imposición conjunta de las rentas con la alegación de que, si ésta no resulta beneficiosa, puede optarse por la imposición separada. Así lo hace al referirse a la misma acumulación de las rentas y a las deducciones variable, por tributación conjunta y por trabajo dependiente.

Sin embargo, el argumento es débil. Con independencia del mayor o menor acierto con el que se regule el detalle técnico de algunos aspectos de la tributación conjunta, puede observarse que falla la razón de ser de su establecimiento. La tributación conjunta permite la consideración global de las circunstancias familiares, tanto en lo que se refiere a los ingresos como a los gastos; su existencia está justificada en cuanto logre un gravamen de las rentas familiares adaptado a la situación de la unidad familiar. No obstante la regulación que hacen las Leyes 20/1989 y 18/1991 consiste en permitir un gravamen más atenuado para la tributación conjunta que para la tributación individual, pero sólo alcanzará de modo efectivo a algunos perceptores de rentas integrados en una familia. En efecto, la inclusión de una tabla específica, de tipos menos progresivos, permite este beneficio para las familias que tienen un solo perceptor, o ulteriores perceptores de rentas muy bajas; pero no elimina el verdadero problema de la acumulación, que es el aumento de la progresividad

[474] Estimamos más correcto lo expresado en el voto particular del Magistrado GABALDÓN LÓPEZ, cuando dice: *"El precepto debió establecer una radical paridad que comprendiera las becas privadas de iguales fines y condicionamientos que las de carácter público. Estas consideraciones debieran haber llevado a la declaración de inconsitucionalidad del término <públicas> en el apartado j del artículo 9"*.

cuando varios perceptores tributan conjuntamente en vez de hacerlo por separado. La única solución que permite la legislación vigente, una vez más, está en acudir a la tributación separada o individual de las rentas, en la que no entra el concepto de tributación familiar.

Por otra parte, en la tributación conjunta resulta siempre muy limitada la aplicación de las ventajas que, en forma de deducciones o desgravaciones, recoge la ley. Existen otras además de las ya reseñadas por haber sido objeto de revisión constitucional. Así, en conjunto, pueden enumerarse las siguientes:

1. Los gastos deducibles de los rendimientos brutos del trabajo son del 5% con límite de 250.000 pesetas por declaración, con independencia del número de perceptores. (Artículos 28.2 y 89.1 de la Ley 18/1991).

2. Los gastos deducibles de los rendimientos brutos del capital mobiliario tiene un límite de 27.000 pesetas por declaración, con independencia del número de perceptores. (Artículos 39.3 y 89.1).

3. La reducción de la base imponible regular por cantidades aportadas a planes de pensiones y pagos obligatorios y voluntarios a mutualidades y montepíos laborales será de un millón de pesetas por declaración, con independencia del número de perceptores. (Artículos 71.1 b) y 89.1).

4. La deducción en la cuota, por alquiler de la vivienda habitual, se aplicará si la renta neta del sujeto pasivo no excede de 3.500.000 pesetas; en la declaración conjunta este límite sólo se eleva a 5 millones de pesetas. (Artículos 78.3 a) y 92.2).

5. La deducción en la cuota por gastos de custodia de hijos se practicará si la renta del declarante no supera los dos millones de pesetas anuales. En caso de declaración conjunta el límite de la renta sólo se eleva a tres millones de pesetas. (Artículos 78.3 b) y 92.3).

6. La deducción en la cuota por trabajo dependiente en la declaración individual puede alcanzar 70.000 pesetas, mientras que en la declaración conjunta sólo pueden deducirse 26.000 pesetas por cada perceptor. (Artículos 78.7 c) y 92.4).

Por tanto, la tributación conjunta de la actual ley del impuesto sobre la renta no puede denominarse verdadera tributación familiar. Con ella más bien se ofrece la oportunidad de elegir la tributación más ventajosa entre dos modalidades posibles. Se ha de tener en cuenta que ambas tienen preceptos que han levantado vehementes sospechas de inconstitucionalidad, si bien no han sido así reconocidas por el Tribunal Constitucional.

En la tributación separada nos hemos pronunciado por la inconstitucionalidad de la discriminación contra las rentas de trabajo frente a las de capital y contra las familias con un solo perceptor o con perceptores de rentas muy desiguales. En la tributación conjunta nos hemos pronunciado por la inconstitucionalidad de la limitación injustificada de determinadas deducciones con respecto a la tributación independiente.

En definitiva, la preferencia del contribuyente entre la tributación conjunta o separada vendrá dictada, no por el hecho de integrarse o no el sujeto pasivo en una familia, sino por la evaluación global de cada modalidad en el caso concreto. La elección derivará de la suma de efectos económicos producidos por la técnica con que se regula cada elemento del impuesto; es decir, se tendrá en cuenta la distribución en la obtención de las rentas entre los miembros de la familia y la posibilidad de aplicar unas u otras deducciones en cada caso. El resultado, por tanto, puede calificarse de aleatorio.

Por otra parte la forma en que se hallan reguladas las cargas familiares a través de deducciones en la cuota, parece revelar la idea del legislador de ofrecer a quien las soporta un pequeño alivio, pero no responde a la necesidad técnica de determinar la renta neta gravable, excluyendo de ella las cantidades que el contribuyente debe emplear para satisfacer las necesidades de su familia, que constituyen obligaciones de contenido económico que el ordenamiento jurídico le impone.

## D) Exigencias básicas de la tributación familiar

A continuación exponemos una propuesta con las líneas más destacadas que, a nuestro juicio, deben informar la tributación de las rentas familiares:

1. Debe existir un tratamiento autónomo de las rentas familiares. Es apropiado el sistema de acumulación con división por dos de las rentas. Puede aducirse que el <splitting> beneficia a las familias con una sola renta, en las que uno de los cónyuges puede trabajar exclusivamente en el hogar. Ésta crítica no la compartimos porque se hace tomando la tributación acumulada o la separada como términos de referencia, y esto no tiene por qué ser lo correcto. La valoración de un sistema de tributación familiar debe hacerse principalmente por la aplicación que efectúa de los principios de igualdad y, especialmente,

de capacidad contributiva, y no por la comparación entre cuantías de la cuota impositiva.

2. El sistema más correcto para el tratamiento de las cargas familiares es el de establecer un mínimo exento familiar, o bien un mínimo exento personal y deducciones por personas a cargo en la base imponible. De este modo la base queda integrada sólo por la renta disponible. Como hemos señalado en el estudio del principio de capacidad contributiva, los gastos mínimos para la vida del contribuyente o su familia no pueden considerarse renta aplicada, renta neta o renta disponible.

Las deducciones en la base han de ser de cuantía fija, que responda efectivamente a la disminución de la capacidad contributiva que contemplan. La fijación de la cuantía permitirá que las cargas familiares se reconozcan con igualdad para todos los contribuyentes. La crítica que alega el mayor efecto que las deducciones en la base tienen sobre la cuota impositiva cuanto mayor sea la renta, es falaz: la cuota sólo vendrá determinada por la aplicación de la tabla de tipos progresivos a la renta neta que integra la base imponible.

## VII. Regímenes tributarios especiales en el Impuesto sobre la Renta de las Personas Físicas

La Disposición Adicional 1.ª de la Constitución establece: "La Constitución ampara y respeta los derechos históricos de los territorios forales. La actualización general de dicho régimen foral se llevará a cabo, en su caso, en el marco de la Constitución y de los Estatutos de Autonomía". En virtud de esta disposición se han mantenido los regímenes fiscales propios en Navarra y el País Vasco, comunidades dotadas de autonomía normativa en materia de impuesto sobre la renta.

### A) Navarra

La Ley 28/1990 de 26 de diciembre ha aprobado el Convenio Económico con Navarra. En su virtud el Parlamento de Navarra ha aprobado la Ley Foral ( LF) 6/1992 sobre IRPF.

En su artículo 70.1 se establece la escala del impuesto, que es única, es decir, se utiliza la misma tanto para la tributación separada como para la tributación conjunta. Esta tarifa tiene una menor progresividad que la estatal. Su última modificación se ha llevado a cabo por la Ley Foral 14/1995 de 29 de diciembre.

En la tributación conjunta las rentas se computan separadamente para cada miembro de la familia. Las compensaciones de los rendimientos negativos y de las disminuciones de patrimonio, regulares e irregulares, se pueden realizar con las de otros miembros de la unidad familiar (art. 85).

El tipo de gravamen se aplica a la base liquidable de cada miembro de la unidad familiar. Se obtiene asi la cuota íntegra individual y posteriormente se suman éstas para obtener la cuota íntegra familiar.

En el artículo 87 se regula, dentro de la tributación conjunta, una reducción en la base imponible familiar del 6%, por cada miembro que obtenga rentas inferiores a 850.000 pesetas, con límites máximo de 150.000 y mínimo de 100.000 pesetas. Si el familiar obtiene rentas superiores a 100.000 pesetas. se aplica un coeficiente reductor a la deducción.

Al aplicar la misma tabla para la tributación individual y conjunta, en principio aumenta la progresividad del impuesto, pero se compensa ampliamente con la aplicación de la deducción por tributación conjunta, dando lugar a una tributación inferior a la que resultaría con la tributación separada.

Este sistema se aproxima a un gravamen de la verdadera capacidad contributiva familiar.

La deducción por tributación conjunta no trata por igual a las familias con rentas globales iguales, pues es menor conforme las rentas del segundo o ulteriores miembros de la familia se elevan. Es decir, generalmente aumenta el gravamen cuando tienden a igualarse las rentas de los diversos miembros de la familia, aunque permanezca constante la cuantía global de rentas familiares.

Por otra parte son mayores las deducciones familiares en la cuota, en especial las que correspoden a descendientes: por el cuarto descendiente la cuantía de la deducción es de 56.000 pesetas. y por el quinto y sucesivos de 69.000, mientras que en la ley estatal son de 31.000 pesetas. para todos esos casos.

### B) País Vasco

La Ley 12/1981 de 13 de mayo ha aprobado el Concierto Económico con la Comunidad Autónoma del País Vasco. En su virtud se aprueban las respectivas normas forales para cada uno de los territorios. En este caso la semejanza con la ley estatal en lo relativo a la tributación familiar es mucho mayor, las diferencias se encuentran únicamente en materia de deducciones.

*a) Vizcaya*

La ley reguladora es la Norma Foral 7/1991, de 27 de diciembre. La sintonía con la ley estatal es completa; las deducciones que puede aplicar la familia son iguales a las estatales.

*b) Guipúzcoa*

El IRPF en Guipúzcoa se halla regulado por la Norma Foral 13/1991, de 27 de diciembre. Las deducciones por descendientes y ascendientes son iguales a las estatales.

La deducción por custodia de hijos se amplía hasta los seis años de edad y los niveles de renta que no ha de superar el sujeto para poder aplicarla son superiores a los fijados en la ley estatal: 2.588.000 pesetas. anuales y 3.882.000 pesetas en la tributación conjunta.

También se prevé la deducción por estudios universitarios fuera del hogar, aplicable mientras el sujeto pasivo no supere los niveles de renta indicados para la deducción por custodia de hijos.

Se prevé una deducción de 56.000 pesetas. por persona discapacitada, mayor de 65 años, con rentas inferiores a 2.588.000 pesetas, a cargo del sujeto pasivo que no tenga una renta superior a 2.588.000 pesetas ó 4.140.000 en caso de tributación conjunta.

*c) Álava*

Regulado por la Norma Foral 24/1991, de 11 de diciembre. Las deducciones por descendientes y ascendientes son iguales a las estatales.

La deducción por gastos de custodia de hijos, tanto por personal contratado como en guarderías y centros docentes; aplicable sin límite de cuantía hasta la edad de 14 años del hijo cuando ambos padres trabajen.

Se prevén dos deducciones por estudios, incompatibles entre sí y con la anterior:

- Por estudios del sistema educativo para una titulación oficial realizados en municipio diferente al de residencia. La cuantía de la deducción se halla a través de la fórmula indicada: se multiplican 21.000 pesetas. (42.000 en la conjunta) por el coeficiente resultante de multiplicar el salario mínimo interprofesional por la mitad del número de miembros de la unidad familiar dividido por la suma de la base liquidable del cónyuge.

- Por estudios de idiomas comunitarios -salvo castellano- en el extranjero: para cualquier sujeto pasivo y descendiente, de duración no inferior a un mes, en cursos con titulación oficial. Se deducirá el 15% de los gastos con límites según la cuantía de la base liquidable:

| SEPARADA | | CONJUNTA | |
|---|---|---|---|
| Base | Deducción | Base | Deducción |
| Hasta 1.500.000 | 21.000 pts. | Hasta 3.000.000 | 42.000 pts. |
| Hasta 2.000.000 | 16.000 pts. | Hasta 4.000.000 | 32.000 pts. |
| Hasta 3.000.000 | 11.000 pts. | Hasta 6.000.000 | 22.000 pts. |
| Más de 3.000.000 | 7.000 pts. | Más de 6.000.000 | 14.000 pts. |

## APÉNDICE. LAS CIRCUNSTANCIAS FAMILIARES EN LOS IMPUESTOS PATRIMONIALES

Los impuestos que recaen sobre una masa patrimonial pueden gravar su propiedad (impuesto sobre el patrimonio) o su transmisión gratuita (impuesto sobre sucesiones y donaciones) u onerosa (impuesto sobre transmisiones patrimoniales).

En ocasiones la titularidad o al menos el disfrute de un patrimonio puede pertenecer a una familia. Por tanto, en ambos casos la tributación puede adaptarse a esta condición o bien pueden tenerse en cuenta las circunstancias familiares a la hora de determinar la correspondiente cuota, lo cual es factible ordinariamente en los impuestos sobre el patrimonio y sobre sucesiones y donaciones. No suelen considerarse en las transmisiones patrimoniales.

### A) Impuesto sobre el Patrimonio

La regulación que del Impuesto sobre el Patrimonio ha hecho la Ley 19/1991, de 6 de junio, lo configura como un impuesto objetivo, es decir, en el que no se tienen en cuenta, para el cálculo de la cuota, las circunstancias personales o familiares del sujeto pasivo.

En esta línea existe solamente la posibilidad de tributación individual; no existe declaración conjunta en caso de que el sujeto pasivo esté integrado en una familia. Tampoco se aumenta el mínimo exento ni se prevén deducciones por razón de circunstancias familiares.

Las reglas sobre la atribución del patrimonio se encuentran en el artículo 7 de la Ley, que señala: "Los bienes y derechos se atribuirán a los sujetos pasivos según las normas sobre la titularidad jurídica aplicables en cada caso". En el siguiente párrafo se especifica: "En su caso, serán de aplicación las normas sobre titularidad jurídica de los bienes y derechos contenidas en las disposiciones reguladoras del régimen económico del matrimonio, así como en los preceptos de la legislación civil aplicables en cada caso a las relaciones patrimoniales entre los miembros de la familia".

En el art. 8.3 y 8.4 del anterior texto del Impuesto Extraordinario sobre el Patrimonio, recogido en la Ley 50/1977 de Medidas Urgentes de Reforma Fiscal, se establecía la obligación de la tributación acumulada del patrimonio familiar. Tras la STC 45/1989 se estableció la tributación separada sin posibilidad de opción por una tributación conjunta.

No se debe olvidar que el Impuesto sobre el Patrimonio constituye un impuesto complementario del IRPF, por lo que sería más coherente que existiese la posibilidad de tributación patrimonial conjunta para los casos de tributación conjunta de la renta familiar[475].

Cierta consideración al patrimonio familiar existía en la legislación anterior a 1978, en la que se reconocían especialidades en el impuesto sobre la renta a las derivadas del patrimonio familiar agrícola y mobiliario.

### B) Impuesto sobre Sucesiones y Donaciones

Se encuentra regulado en la Ley 29/1987, de 28 de diciembre, del Impuesto sobre Sucesiones y Donaciones (ISD), con una importante

[475] Referido a la tendencia predominante en Europa en 1979, de tributación patrimonial conjunta, escribe E. GONZÁLEZ: "La razón de que en el Impuesto sobre el patrimonio prevalezca el criterio de la acumulación de los patrimonios de marido y mujer obedece a una lógica inexorable: mientras el impuesto sobre la renta trate de un modo conjunto las rentas procedentes del capital, el impuesto sobre el patrimonio, en el que predomina su carácter complementario del gravamen sobre la renta, no puede seguir otros caminos". Cfr. *Familia e impuestos*, o. c., pág. 150.

modificación en punto a la tributación familiar por el R. Decreto-Ley 7/1996, de 7 de junio. Resultan gravadas las sucesiones <mortis causa>, las donaciones y las percepciones por seguros sobre la vida, cuando el beneficiario es distinto del contratante.

Estamos ante un impuesto personal, en el caso de las Sucesiones, en el que se grava la porción hereditaria que percibe cada persona, y subjetivo, pues la cuota tributaria depende de las circunstancias personales y familiares del sujeto pasivo. En concreto, el artículo 42 clasifica a los receptores de las liberalidades en cuatro grupos, según la edad y proximidad del parentesco con el causante:

I. Descendientes y adoptados menores de veintiún años.

II. Descendientes y adoptados de veintiuno o más años, cónyuges, ascendientes y adoptantes.

III. Colaterales de segundo y tercer grado y ascendientes y descendientes por afinidad.

IV. Colaterales de cuarto grado, grados más distantes y extraños.

La inclusión en uno de estos grupos da lugar a la aplicación de una reducción de la base de distinta cuantía. Además, en el artículo 44 se establecen unos coeficientes, en función de la pertenencia a uno de los anteriores grupos, por los que se multiplicará la cuota íntegra de cada sujeto para hallar la cuota tributaria.

Otro elemento de personalización del tributo es la toma en consideración del patrimonio preexistente del contribuyente, que incrementa la progresividad porque también influye en la cifra del mencionado coeficiente. La aplicación de un coeficiente mayor al heredero con mayor patrimonio ha sido objeto de polémica doctrinal, habiendo sido calificado como la <tarifa del hijo pródigo>[476]. No se trata de una crítica a la progresividad en la tributación del patrimonio, sino del criterio de que ésta debe operar en el Impuesto sobre el Patrimonio y no en el Impuesto sobre Sucesiones y Donaciones.

El Real Decreto-Ley 7/1996, de 7 de junio, sobre medidas urgentes de carácter fiscal y de fomento y liberalización de la actividad económica, ha introducido el apartado 5 al artículo 20 de la ley ISD, en el que se establece una reducción en la base imponible del 95% del valor de la empresa familiar (empresa individual o participaciones en entidades que constituyan la principal fuente de renta

[476] “*Se trata de la tarifa del hijo pródigo, por entender, según el conocido ejemplo evangélico, que la mejor situación, a efectos de este impuesto, es la del hermano que dilapida su fortuna*”. Cfr. E. GONZÁLEZ, *Familia e impuestos*, o. c., pág. 173.

del sujeto) en la <transmisión mortis causa> a los cónyuges, descendientes o adoptados, siempre que se mantenga durante diez años, salvo que, a su vez, falleciese el adquirente dentro de ese plazo. También se establece la misma reducción, con límite de 20 millones de pesetas, en la trasmisión <mortis causa> de la vivienda habitual de la persona fallecida al cónyuge, descendientes o ascendientes de aquél, o bien pariente colateral mayor de 65 años, que hubiese convivido con el causante durante los dos años anteriores al fallecimiento.

Se ha planteado la cuestión de si la donación que realicen los cónyuges, que tengan un régimen económico matrimonial de sociedad de gananciales, debe considerarse como una sola donación o como dos donaciones. Si admitimos la primera posibilidad habría una sola obligación tributaria que, por la aplicación de una tarifa progresiva, da lugar a una cuota superior a la que resultaría de considerar que existen dos donaciones que se deben gravar por separado; a cada una de ellas, por tanto, se le aplicaría un tipo de gravamen inferior, arrojando una menor cuota total.

Al margen de las reservas que en su momento hemos expresado, ambas soluciones son defendibles desde el punto de vista doctrinal. También se puede encontrar jurisprudencia que recoge cada una de las posturas. Hemos expuesto ya esta cuestión al referirnos a la tributación de la renta ganancial en el IRPF.

Los argumentos a favor de considerar que existe una sola donación son: la sociedad de gananciales implica una titularidad común de los bienes, según el modo de la comunidad germánica, en la que cada comunero tiene una cuota ideal del objeto, pero no una parte física del mismo; con el acto de división se produce la especificación de aquella cuota. La necesidad de que ambos cónyuges presten su consentimiento para los actos dispositivos no implica que haya dos actos independientes.

Los argumentos para considerar que existen realmente dos actos dispositivos son:

1. La no necesidad de que la ley fiscal siga a la ley civil y que se pueda arbitrar aquí una construcción distinta a la derivada de la comunidad germánica.

2. La atribución de bienes gananciales que se produce dentro del otro impuesto sobre una masa de bienes, el Impuesto sobre el Patrimonio, en el que no cabe la tributación conjunta y, por tanto, para su liquidación se debe realizar en todo caso la especificación de los respectivos bienes.

Esta cuestión ha sido resuelta por el artículo 38 del Reglamento del Impuesto sobre Sucesiones y Donaciones, R.D. 1629/1991, de 8 de noviembre, en el que se señala: “En la donación por ambos cónyuges de bienes o derechos comunes de la sociedad conyugal se entenderá que existe una sola donación”.

Esta solución parece criticable por los siguientes motivos:

1. En el ámbito del IRPF no se admite la ganancialidad de los bienes a efecto de distribuir la renta entre ambos cónyuges y su tributación por separado. Para esta afirmación se dice que el gravamen de la renta se produce antes de que ésta sea común. En el Impuesto sobre Sucesiones y Donaciones se argumenta, por el contrario, que el bien se transmite antes de que se produzca su división entre los cónyuges.

2. En el Impuesto sobre el Patrimonio, aunque el bien sea igualmente ganancial, de titularidad común, para su tributación se debe imputar a cada cónyuge por mitad; lo cual no se permite en el Impuesto sobre Sucesiones y Donaciones.

3. En conclusión la solución adoptada por la ley y la jurisprudencia es distinta en cada caso, pero siempre la más favorable al Fisco.

La solución correcta de este tema, a nuestro modo de ver, sería la de dar un trato fiscal uniforme a los bienes gananciales. Dada la autonomía de la norma fiscal frente a la civil cabría admitir como válida cualquier opción: tanto su consideración como bienes comunes y la tributación conjunta, como el apartamiento de la ley civil y establecer que deben atribuirse a cada cónyuge y deben tributar por separado.

En el primer caso, por su calificación de bienes comunes, habría que permitir la distribución de la renta ganancial entre ambos cónyuges y la tributación independiente en el IRPF de las rentas resultantes de cada uno (solución actualmente no admitida). En el Impuesto sobre el Patrimonio se produciría la atribución de los bienes comunes por mitad a cada cónyuge a efectos de tributación, o bien podría permitirse su declaración conjunta como patrimonio familiar; en este caso la fórmula podría ser indiferente pues no se trata de la aplicación de una tarifa progresiva que aumente conforme aumenta la cuantía de la base imponible. Finalmente en el Impuesto sobre Sucesiones y Donaciones debería admitirse la existencia de una sola transmisión y por tanto su tributación conjunta.

Si se admite la segunda posibilidad, es decir que los bienes gananciales desde el punto de vista fiscal no son bienes comunes y la tributación debe realizarse de modo independiente, en el IRPF cada cónyuge debería tributar por las rentas efectivamente ganadas, sin posibilidad de división (solución actualmente aplicable en el IRPF). En el Impuesto sobre el Patrimonio cada uno declararía los bienes correspondientes a su parte. En el Impuesto sobre Sucesiones y Donaciones los bienes transmitidos se atribuirían por mitad a cada cónyuge y se entendería que en cada acto de disposición de un bien civilmente común se han producido dos transmisiones (solución actualmente no permitida).

*a) Impuesto sobre Sucesiones y Donaciones en los territorios de regímenes tributarios especiales*

1. Navarra

Regulado el ISD en Navarra por Acuerdo de la Diputación Foral de 10 de abril de 1970, modificado por la Ley 28/1990, que aprueba el Convenio Económico con Navarra. En este punto también reformada por la Ley Foral. Están exentas:

1. Las herencias y donaciones en favor de ascendientes, descendientes y cónyuges.

2. Hasta un millón de pesetas en sucesiones y donaciones y cantidades percibidas por seguros de vida, a favor de ascendientes, descendientes por afinidad y colaterales de 2.° y 3.° grado.

3. Hasta 500.000 pesetas en prestaciones de las empresas por fallecimiento en favor de cónyuge, ascendientes o descendientes del trabajador fallecido.

No existen en Navarra deducciones en la base por parentesco, como existen en el artículo 42 de la ley estatal, salvo en las percepciones por seguros de vida.

2. País Vasco

En las respectivas normas forales que regulan el Impuesto de Sucesiones y Donaciones en los territorios forales vascos se reconoce una exención para las adquisiciones hereditarias a favor del cónyuge, ascendientes, descendientes, adoptantes y adoptados. También están exentas las cantidades que dichos parientes perciban por seguros de vida. Se hallan sujetas a imposición las adquisiciones o percepciones a favor de otros parientes, pero disfrutan de diversas reducciones en la base imponible. Además existen algunos supuestos específicos de exenciones y reducciones en Vizcaya y Guipúzcoa.

### Vizcaya

Norma Foral 2/1989 de las Juntas Generales de Vizcaya de 15 de febrero y Decreto Foral 29/1986 de 5 de marzo:

1. Están exentos los actos de reunión en una sola de las explotaciones familiares agrarias y la sucesión al cónyuge supérstite que continúe en la explotación.
2. En otros casos de sucesión en la explotación familiar agraria se establece una reducción del 50% en la base imponible.
3. Gozan de exención las transmisiones lucrativas del caserío con finca agrícola, forestal o ganadera en favor de descendientes o parientes tronqueros.
4. Están exentas las adjudicaciones que se realicen con motivo de la disolución del régimen económico matrimonial de la comunicación foral vizcaína.

### Guipúzcoa

Regulado por la Norma Foral 3/1990 de las Juntas Generales de Guipúzcoa de 11 de enero.

En Guipúzcoa gozan de exención las transmisiones lucrativas del caserío con finca agrícola, forestal o ganadera en favor de descendientes que se ocupen personalmente de la explotación. En otros casos de sucesión en la explotación familiar agraria se establece una reducción del 50% en la base imponible.

La diferencia más notable que se observa entre la legislación estatal y la propia de los territorios forales en la tributación del patrimonio familiar, estriba en la exención prevista para la sucesión <mortis causa> en la llamada familia nuclear, mientras que ésta soporta unos tipos de gravamen que van del 7,65% (a partir de una herencia de 2.470.000 pesetas) hasta el 34%, con multiplicación de la cuota por varios coeficientes si el patrimonio previo de los herederos supera los 64 millones de pesetas.

### C) Impuesto sobre Transmisiones Patrimoniales

Si bien hemos afirmado que el Impuesto de Transmisiones Patrimoniales es un impuesto objetivo, en el que no se tienen en cuenta las circunstancias personales y familiares para determinar la cuota tributaria, existe alguna excepción en los territorios forales.

En Vizcaya (Norma Foral 3/1989 de 3 de abril y Orden Foral 1993/1994) están exentas del impuesto las transmisiones onerosas del caserío y sus pertenecidos, que constituyan una explotación agrícola, forestal o ganadera, en favor de descendientes o parientes tronqueros que se dediquen personal y preferentemente a la misma.

En Álava (Norma Foral de 31 de mayo de 1981) se aplica un tipo específico del 4% a la transmisión de vivienda, frente al 6% vigente en el resto del territorio nacional. El tipo será del 2,5% para las viviendas menores de 120 metros cuadrados que constituyan la vivienda habitual de su propietario que no posea otra vivienda en el término municipal.

# BIBLIOGRAFÍA CONSULTADA


ABBAMONTE, G. *Principi di Diritto Finanziario*, Ed. Lignori, Nápoles, 1975.

ACOSTA ESPAÑA, R. *"Los principios constitucionales del Derecho Tributario español"*, en Rev. Der. Fin. Hac. Púb., n.º 65-66, 1966; pág. 1255.

AGULLÓ, A. *"Una reflexión en torno a la prohibición de confiscatoriedad del sistema tributario"*. Rev. Esp. Der. Fin., n.º 36, Oct-Dic, 1982.

*"Estructura de la imposición sobre la renta y el principio de capacidad contributiva"*. Rec. Esp. Der. Fin., n.º 37, 1983; pág. 23.

ALBI IBÁÑEZ, E. *Impuesto sobre la renta y equidad: el caso español*, I.E.F., Madrid, 1975.

ALBIÑANA GARCÍA-QUINTANA, C. *El sistema Fiscal en España*, Madrid, 1974.

*Comentario del art. 31 en "Comentarios a las Leyes Políticas. Constitución española de 1978"*. Dirigidos por O. ALZAGA VILLAAMIL. EDERSA, Madrid, 1983.

ALONSO GARCÍA, E. *"El principio de igualdad del art. 14 de la CE"*, en Rev. Adm. Púb., vol. I, n.º 100-102, 1983.

ALONSO GONZÁLEZ, L. M. *"Jurisprudencia Constitucional Tributaria"*, Prólogo de G. Casado Ollero, I.E.F., Madrid, 1993.

ALZAGA VILLAAMIL, O. *"Comentario sistemático a la Constitución Española de 1978"*, Ediciones del Foro, Madrid, 1978.

AMATI, N. D' *"La perequazione tributaria"*, Riv. Dir. e Prat. Trib., vol. XXXVI, 1965; pág 301.

*"Schema costituzionale dell'attività impositiva"*, Riv. Dir. e Prat. Trib., 1964; pág. 453.

ANTÓN PÉREZ, J., DÍAZ MALLEDO, J., GARCÍA MARTÍN, J. A. "*La unidad contribuyente*", Hac. Púb. Esp., n.º 30, 1974; pág. 161.

ASPREY, K.W. "*Informe del Comité de Revisión de la Imposición*", Australian Government Publishing Service, Camberra, 1975. En "*Sistema Fiscal y Familia*", Rev. Inst. Est. Econ., n.º 4, 1981, Madrid.

BANACLOCHE PÉREZ, J. "*Los sujetos pasivos y sus obligaciones en el Impuesto sobre la Renta de las Personas Físicas*", Rev. Esp. Der. Fin., n.º 17-18 (enero-junio, 1978).

"*El sujeto pasivo en el nuevo Impuesto General sobre la Renta de las Personas Físicas*", Cron. Trib., n.º 26, 1978.

"*Hacienda y los principios tributarios constitucionales*", Cron. Trib., n.º 31, 1979; pág. 35.

BARR, N.A. "*The taxation of married women's incomes*", British Tax Review, I: número 5 (1980), II: n.º 6 (1980).

BERLIRI, A. "*Appunti sul fondamento e il contenuto dell'art. 23 delle Costituzione*", Studi in Onore di Achille Donato Giannini, Ed. Giuffré, Milán, 1961.

BRACCINI, R. "*Osservazioni sulla rilevanza tributaria dei doveri economici familiari*", Dir. e Prat. Trib., n.º 5 (septiembre, octubre), 1977.

BRADFORD, D.F. "*Informe Bradford: propuestas para una reforma tributaria básica*", I.E.F., Madrid, 1986.

BREJÓN DE LAVERGNÉE, N. "*Pour une réforme du quotient familial*", Rev. Sc. Leg. Fin., n.º 2 (abril-junio), 1976.

BRIZ DE LABRA, R. "*El impuesto sobre la renta en Francia: Modificaciones recientes*", Cron. Trib., n.º 45, 1983; pág. 225.

BURGOS BELASCOAIN, G. "*La Unidad contribuyente en el Impuesto sobre la renta de las personas físicas: un concepto en revisión*", Cron. Trib., n.º 23, 1977.

CABRILLO, F. *El gasto público y la protección de la familia en España: un análisis económico*, monografía Papeles de la Fundación, n.º 14, Fundación para el Análisis y los Estudios Sociales, 1994.

CARBAJO VASCO, D. "*El marco general de la futura reforma del I.R.P.F.*", Rev. Impuestos, Tomo I, 1990; pág. 80.

CARTER, M. K. Le M. "*Informe de la Real Comisión de Investigación sobre la fiscalidad*", Canadá, "*Informe Carter*". I.E.F., Ministerio de Hacienda, Madrid, 1975. También en "*Sistema Fiscal y Familia*", Rev. Inst. Est. Econ., n.º 4, 1981, Madrid.

CASADO OLLERO, G. "*El principio de capacidad y el control constitucional de la imposición indirecta*", Rev. Esp. Der. Fin., n.º 32, 1981, pág 541 y n.º 34, 1982, pág. 185.

CASTÁN TOBEÑAS, J. *"Derecho Civil Español, Común y Foral"*, Tomo V, volumen 1.º, Novena ed., REUS, S.A., Madrid, 1976.

CASTRO Y BRAVO, F. de *Temas de Derecho Civil*, Madrid, 1972.

CHARLIER, R. Reporte nacional de Alemania, Congreso de la IFA, Madrid, 1972, Cahiers de Droit Fiscal International, vol. LVIIa, pág. II/1.

COLMENAR VALDÉS, S. *"El sujeto: la unidad familiar"*, Rev. Der, Fin. Hac. Púb., n.º 142 (julio-agosto), 1979.

COOMBE, J. R. Cahiers de Droit Fiscal International, vol. LVIIa, pág. II/253.

CORRAL GUERRERO, L. *"La unidad familiar como sujeto fiscal: reflexiones metodológicas para su estudio"*, IX Jornadas Luso-Hispano-Americanas de Estudios Tributarios, Porto-Povoa de Varzim, Portugal, 1980, en Rev. Der. Fin. Hac. Púb., n.º 158, 1982.

CORREIA E VALE, M. L. y FERNANDES FERREIRA, R. Cahiers de Droit Fiscal International, vol. LVa, 1970, pág. II/235.

CORTÉS DOMÍNGUEZ, M. *"El futuro de los sistemas fiscales. Los principios generales tributarios"*, XVI Semana de Estudios de Derecho Financiero, Madrid, 1968.

*"El principio de capacidad contributiva en el marco de la técnica jurídica"*, Rev. Der. Fin. Hac. Púb., n.º 60, diciembre 1965; pág. 975.

DEBRÉ, M. *"L'inegalité des ménages face à l'impôt sur le revenu"*, Rev. Fr. Fin. Pub., 1986.

DEFENSOR DEL PUEBLO *"Informe anual del Defensor del Pueblo"*, Rev. Impuestos, Tomo II, 1987, pág. 1092 y Tomo II, 1988, pág. 1190.

DOMINGO SOLÁNS, E., MONTORO ROMERO, C. *"Familia, equidad y eficiencia económica en el IRPF"*, Gaceta Fiscal, n.º 21, 1985; pág. 85.

DOMÍNGUEZ, J. M., MOLINA, A., SÁNCHEZ, J. *"Matrimonio y neutralidad en el Impuesto sobre la Renta"*, Cron. Trib., n.º 55, 1985; pág. 97.

DRAKE DRAKE, R. *"La familia en el IR.F"*, Rev. Impuestos, n.º 1, 1985; pág. 37.

DRAPÉ, R. *"Fiscalité et famille en France"*, Ponencia del autor a las Jornadas sobre familia y fiscalidad, Ministerio de Hacienda, VI-82.

ESCRIBANO, F. *"La configuración jurídica del deber de contribuir: perfiles constitucionales"*, Ed. Civitas, Madrid, 1988.

*"Principio de igualdad y deber de contribuir en la jurisdicción constitucional"*, en *"El principio de igualdad en la Constitución Española"* (Tomo I; pág. 713), Ministerio de Justicia, Dirección General del Servicio Jurídico del Estado, IX Jornadas de Estudio, Madrid, 1991.

ESPEJO POYATO, I. "*El modelo alemán de tributación de la familia: análisis de sus aspectos más problemáticos*", Cron. Trib. n.º 62/1992; pág. 7.

ESPÍN CÁNOVAS, D. Comentario al art. 39 en "*Comentarios a las Leyes Políticas. Constitución Española de 1978*", dirigidos por O. Alzaga Villaamil, EDERSA, Madrid, 1984.

ESTEBAN. J. de *Constituciones españolas y extranjeras*, Ed. Taurus, Madrid, 1979 (2.ª ed.).

ESTEBAN PAÚL, J. A. "*Tratamiento de las rentas familiares en el Derecho comparado*", Carta Tributaria, Monografía, n.º 94.

FALCÓN Y TELLA, R. "*La deducción fija de 10.000 pesetas en el IRPF*", Rev. Esp. Der. Fin., n.º 42, 1984; pág. 299.

"*La inconstitucionalidad del régimen de la unidad familiar y el Impuesto sobre la Renta de las Personas Físicas*", Rev. Esp. Der. Fin., n.º 62, 1989; pág. 282.

FANTOZZI, A. *Diritto Tributario*, Ed. UTET, Turín, 1991.

FAYOS SOLA, E. "*El impuesto sobre la renta de las personas físicas y la distribución de su carga: el caso de Suecia*", Secretariado de Publicaciones, Universidad de Valencia, 1976.

FERRARA *Diritto delle persone e di famiglia*

FERREIRO LAPATZA, J. J. "*Curso de Derecho Financiero Español*", 13ª ed., Marcial Pons, Madrid, 1991.

FRAEYENHOVEN, G. van "*L'imposition des familles en matière des contributions directes*", en "*Famille, Droit et changement social dans les sociétés contemporaines*", Travaux des VIIIèmes Journées d'études juridiques Jean Dabin, 25-26 marzo 1976, Woluwe-St. Lambert (Bruselas).

GAFFURI, F. "*L'attitudine alla contribuzione*", Milano, 1969, Ed. Giuffré.

GÁLVEZ, J. "*Comentario al art. 14*", en "*Comentarios a la Constitución Española*", Civitas, Madrid, 1980.

GARCÍA CANTERO, G. "*Familia y Constitución. El desarrollo de la Constitución Española de 1978*", Libros Pórtico, Zaragoza, 1982.

GARCÍA FRÍAS, A. "*El mínimo de existencia en el Impuesto sobre la Renta alemán*", Rev. de Información Fiscal, n.º 1, mayo-junio 1994.

GARRIDO FALLA, F. y otros "*Comentarios a la Constitución Española*", Civitas, Madrid, 1980.

GASTINEAU, P. Reporte francés al Congreso de la IFA, Madrid, 1972, Cahiers de Droit Fiscal International, vol. LVIIa, pág. II/129.

GIARDINA, E. *"Le basi teoriche del principio della capacitá contributiva"*, Ed. A. Giuffré, Milán, 1961.

GIMENO, J. A. *"La deducción fija por gastos personales en la unidad familiar"*, Rev. La Ley, Tomo I, 1984.

GIMENO ULLASTRES, J. A. *"Rentas familiares y equidad"*, Hac. Púb. Esp., número 99, 1986.

GOBIERNO BRITÁNICO *"Libro verde" La imposición sobre el marido y la mujer*, publicado por Her Majesty's Stationery Office, Londres, 1980; trad. esp. de textos seleccionados en la Revista del I.E.E., n.° 4/1981.

*"Libro verde" La reforma de la imposición personal*, Londres, 1986; trad. esp. de textos seleccionados en la Revista del I.E.F., n.° 4/1985.

GONZÁLEZ GARCÍA, E *"¿Es constitucional el tratamiento dispensado a las rentas familiares por el impuesto sobre la renta de las personas físicas?"*, Persona y Derecho, n.° 8, 1981, Facultad de Derecho, Universidad de Navarra, EUNSA.

*"Aportaciones que cabe esperar del Tribunal Constitucional en materia tributaria a la vista del Derecho Comparado"*, en *"El Tribunal Constitucional"*, I.E.F., Madrid, 1981.

*"La tributación de las rentas familiares en los Derechos alemán e italiano"*, Hac. Púb. Esp., n.° 94, 1985, I.E.F., Ministerio de Economía y Hacienda.

*"Familia e Impuestos"*, P.P.U. Promociones y Publicaciones Universitarias, Barcelona, 1987.

*"Reflexiones en torno a los principios de capacidad contributiva e igualdad"*, Rev. Ars Iuris, Escuela de Derecho de la Universidad Panamericana, México, número 3/ 1990.

*"La familia ante el Fisco"*, Ed. Rialp, Madrid, 1993.

GONZÁLEZ SANCHO, E. *"La política de protección a la familia en España"*, Papeles de Economía Española, n.° 12-13/1982.

GOODE, R. *"The Individual Income Tax"*, Brookings Institution, 1964, Trad. esp. de Manuel Echevarría Bengoa y otros, I.E.F., Madrid, 1973.

GORJÓN PALENZUELA, J. F. *"La unidad familiar en la Ley de 8 de septiembre de 1978 del Impuesto sobre la Renta de las Personas Físicas"*, Cron. Trib., n.° 28, 1979.

GOTA LASADA, A. *"Tratado del Impuesto sobre la Renta"*, vol. I, Editorial de Derecho Financiero, Madrid, 1971.

GREGORIO, A. DE; DOSIL, A.; SECADAS, F. *"El concepto de la familia en los documentos emanados de las Naciones Unidas"*, Conferencia preparatoria del Año Internacional de la Familia (Xunta de Galicia). Santiago de Compostela, julio de 1993.

GROVES, H. M. "*Federal Tax Treatment of the Family*", the Brookings Institution, Washington, 1983.

HERBERT, B. P. *Hacienda Pública Moderna*, I.E.F., Madrid, 1975.

IFA (INTERNATIONAL FISCAL ASSOCIATION) *Cahiers de Droit Fiscal International*, Vol. LVIIa, 1972.

INFORME DE LA PONENCIA LEY DEL IRPF, CORTES ESPAÑOLAS Rev. Esp. Der. Fin., n.º 17-18, 1978.

JEMMING, J. y HAMILIUS, J. Reporte Luxemburgués al Congreso de la IFA de Madrid, Cahiers de Droit Fiscal International, pág. II/195 y ss.

IX JORNADAS LUSO-HISPANO-AMERICANAS DE ESTUDIOS TRIBUTARIOS *Recomendaciones*, Cron. Trib., n.º 35, 1980; pág. 161.

KAMPERMAN, M. K. Reporte holandés al Congreso de la IFA, Madrid, 1972. Cahiers de Droit Fiscal International, vol. LVIIa, pág. II/211.

KRAGEN, A. A. y HARRIS, C. L. Reporte nacional de Estados Unidos, Congreso de la IFA, Madrid, 1972. Cahiers de Droit Fiscal International, vol LVIIa, página II/85.

LAGARES CALVO, M. J. "*La unidad del contribuyente en el Impuesto sobre la Renta de las Personas Físicas*", Hac. Púb. Esp., n.º 3, 1970.

LAGRAVE, M. "*Une forme d'impôt negatif: les conditions des resources affectant les prestations familiales*", Rev. Fr. Fin. Pub., 1986.

LANG, J. "*Familienbesteverung- zur Tendenzwende der Verfassungsrechtsprechung durch das Urt. des Bunderverfassungsgerichts vom 3-XI-1982 und zur Reform der Familienbesteverung*", Stuw. 2/1983; págs. 103-125, Trad. esp. en Hac. Púb. Esp., n.º 94, 1985.

LASARTE, J. "*La formulazione della legge tributaria ed il principio della capacità contributiva*", Rev. Dir. e Prat. Trib., Vol. XXXVI, 1965; pág. 473.

LAURÉ, M. "*Tratado de Política Fiscal*", Editorial de Derecho Financiero, Madrid, 1960.

LEJEUNE VALCÁRCEL, E. "*L'eguaglianza*", en "*Trattato di Diritto Tributario*", dirigido por A. Amatucci, Ed. Cedam, Padua, 1994.

LODIN, S. O. *Impuesto progresivo sobre el gasto*, Estocolmo 1978, trad. esp. del I.E.F., 1983.

LOPES ALVES, J. y FERNANDES FERREIRA, R. Reporte portugués al Congreso de la IFA, Madrid, 1972, Cahiers de Droit Fiscal International, vol. LVIIa, pág. II/235.

MANZONI, I. *"Cumulo dei redditi e legittimità costituzionale: non manifesta infondatezza o manifesta fondatezza della questione?"*, Giurisprudenza costituzionale, 1975. Trad. esp. en Hac. Púb. Esp., n.° 94, 1985.

*"Il principio della capacità contributiva nell'ordinamento costituzionale italiano"*, Torino. Ed. G. Giappichelli, 1965.

MARONGIU, G. *"L'applicazione dei principi costituzionali in materia tributaria"*, Dir. e Prat. Trib, 1962; pág. 251.

MARTÍN DELGADO, J. M. *"Los principios de capacidad económica e igualdad en la Constitución Española de 1978"*, Hac. Púb. Esp., n.° 60, 1979.

MARTÍN QUERALT, J. *"Reflexiones en torno a la adecuación de las tasas a la Constitución"*, Rev. Val. Hac. Púb., enero-abril 88, n.° 4.

*"La Constitución Española y el Derecho Financiero"*, en Hac. Púb. Esp., número 63/1980.

*"Interpretación de normas tributarias y Derecho Constitucional"*, Cron. Trib., número 64/1992; pág. 55.

*"Recurso de Amparo en materia tributaria (Acotaciones al Auto del Tribunal Constitucional de 22 de febrero de 1993)"*, en Palau 14, Rev. Val. Hac. Púb., número 18/1993.

MARTÍNEZ LAGO, M. A. *"Una interpretación constitucional de la funcionalidad de la capacidad económica como principio informador del ordenamiento financiero"*, Rev. Esp. Der. Fin., n.° 55, 1987; pág. 379.

MARTÍNEZ MARTÍNEZ, D. *"La reforma de la imposición sobre la renta: un informe de 1976"*, I.E.F., 1979.

MARTÍNEZ MORÁN, N. *"La familia y su protección constitucional"*, Revista de la Facultad de Derecho de la Universidad Complutense, n.° 1 (monográfico), 1978.

MASMEJAN-FEY, L. *"L'imposition des couples mariés et des concubins"*, Étude de Droit Suisse, Lausanne, 1992.

MAZORRA MANRIQUE DE LARA, S. *Los responsables tributarios*, I.E.F., Madrid, 1994.

McINTYRE, M. J. *"La declaración individual en el Impuesto sobre la Renta de las Personas Físicas: prolegómenos para un futuro análisis"*, trad. esp. Lozano Irueste, Ministerio de Hacienda, Secretaría General Técnica, I.E.F., Madrid, VI-1982. También en Cron. Trib., n.° 44, 1983; págs. 237-250.

*"Cómo resolver el dilema del impuesto sobre el matrimonio: un test"*, Cron. Trib. número 44/1983; pág. 193.

MEADE, J. E. *"The structure and reform of direct taxation"*, Report of a Committee choized by Professor J. E. MEADE, Institute for Fiscal Studies, George Allen & Unwin, London, 1978. Trad. esp. *"Estructura y reforma de la imposición directa"*. Estudio introductorio: Emilio Albi Ibáñez, Madrid, I.E.F., 1980.

MEILÁN GIL, J. L. *"El deber de información de los profesionales a la Administración tributaria"*, Rev. Esp. Der. Fin., n.º 54, 1987; pág. 229.

MENDOZA OLIVÁN, V. *"Sistema fiscal y familia"*, Conferencia, Centro de Estudios Sociales del Valle de los Caídos, Madrid, 1980, publicado como Estudio Introductorio en n.º 4/1981, Rev. Inst. Est. Econ.: *"Sistema Fiscal y Familia"*.

MENNEL, A. *"Die Einkommensbesteuerung von Ehe und Familie in internationalen Vergleich"* en "Deutsche Steuer-Zeitung" A, 1978

MICHELI, G.A. *"Profili critici in tema di potestà d'imposizione"*, en Riv. Dir. Fin., 1964; pág. 3.

MORENO REYES, F., SANTIDRIÁN ALEGRE, J. *"El nuevo impuesto sobre la renta"*, Ed. Tirant lo Blanch, Valencia, 1989.

MORILLO MÉNDEZ, A. *"El significado de los conceptos instrumentales 'sujeto pasivo' y 'unidad contribuyente' en el IRPF"*, en XXXIV Semana de Estudios de Derecho Financiero (1986), *"El Impuesto sobre la Renta de las Personas Físicas"*, I.E.F., Madrid, 1989.

MOSCHETTI, F. *"El principio de capacidad contributiva"*; estudio, traducción y notas: J. M. CALERO GALLEGO y R. NAVAS VÁZQUEZ, Madrid, 1980, I.E.F.

MUSGRAVE, R. y P. *Hacienda Pública. Teórica y aplicada*; trad. esp. en I.E.F. 1981.

NEUMARK, F. *"Principios de la imposición"*, I.E.F., Madrid, 1974. Tít. orig. *"Grundsätze gerechter und rationaler Steverpolitik"*, Tubingen, 1970.

O'CALLAGHAN, X. *Compendio de Derecho Civil*, tomo IV, *Derecho de familia*. Madrid, 1985

OCDE *"L'imposition du revenu des personnes physiques dans un contexte économique en évolution"*, Rapport de l'impôt sur le revenu au PIB, París, 1986.

*"El tratamiento de la unidad familiar en los sistemas impositivos y de transferencias en los paíes miembros de la OCDE"*, OCDE, París, 1977; selección de textos en "Sistema fiscal y familia", n.º 4/1981, Revista del I.E.E.

OLDMAN, O., McINTYRE, M.J. *"Imposición de la familia en un impuesto sobre la renta extensivo y simplificado"*, Cron. Trib., n.º 44, 1983.

OLDMAN, O., TEMPLE, R. *"Étude comparée de l'imposition des personnes mariées"*, Rev. Sc. Leg. Fin., Tomo LI, 1959.

PABÓN DE ACUÑA, J. M. *"Problemática del principio constitucional de igualdad"*, en *"El principio de igualdad en la Constitución Española"*, Ministerio de Justicia. Dirección General del Servicio Jurídico del Estado, IX Jornadas de Estudio, Madrid, 1991. Tomo I; pág. 26.

PALAO TABOADA, C. *"Apogeo y crisis del principio de capacidad económica"*, en Estudios en Homenaje al profesor Federico de Castro, Tecnos, Madrid, 1976.

*"El tratamiento de la familia en la imposición sobre la renta"*, Rev. Esp. Der. Fin., n.º 29 (enero-marzo), 1981.

PALAO, C. *"La unidad familiar ante el Tribunal Constitucional"*, Rev. La Ley, 9-I-1989.

PALAO, C., BANACLOCHE, J. *"El RDL 5/1990 de 20 de diciembre"*, Rev. Impuestos, Tomo I, 1991; pág. 937.

PEÑA ALVAREZ, F. *"El tratamiento de la familia en el IRPF en los países occidentales"*, Gaceta Fiscal, n.º 21, 1985 ; pág. 101.

PEÑA VELASCO, G. DE LA *"La deducción a forfait por gastos personales en el IRPF"*, Rev. Esp. Der. Fin., n.º 33, 1982; pág. 123.

PÉREZ DE AYALA, C. *"La unidad familiar en el Impuesto sobre la Renta"*, Edit. Tecnos, Madrid, 1986.

*"La tributación de las rentas familiares en el ámbito de la Comunidad Europea"*, en Hac. Púb. Esp., n.º 96, 1985.

PÉREZ DE AYALA, J. L. *"Las cargas públicas, principios para su distribución"*, Hac. Púb. Esp., n.º 59, 1979.

PÉREZ DE AYALA, J. L., GONZÁLEZ GARCÍA, E. *Curso de Derecho Tributario*, Tomo I, 6.ª edición, EDERSA, Madrid, 1983.

POTITO, E. *"L'ordinamento tributario italiano"*, Giuffré, Milán, 1978.

RAMALLO MASSANET, J. *"La unidad familiar como sujeto en el Ordenamiento Tributario Español"*, Rev. Esp. Der. Fin., n.º 29 (enero-marzo), 1981.

*"Derecho Constitucional y Derecho Financiero"*, Revista de Direito Tributário, n.º 15. Brasil. 1981.

REUTERSWÄRD, E. Ponencia General. Congreso de la I.F.A. *Cahiers de Droit Fiscal International*, Vol. LVIIa, 1972.

RIVIER, J. M. *"Droit Fiscal Suisse. L'imposition du revenu et de la fortune"*, Édition Ides et Calendes, Neuchatel, 1980.

RUBIO CARVAJAL, F. *"Deducciones sobre la cuota en el IRPF Cuadro-resumen 1979-1986"*, Gaceta Fiscal, n.º 33, 1986; pág. 139.

*"Deducciones en la cuota del IRPF Cuadro -resumen 1981-1988"*, Gaceta Fiscal, n.º 55, 1988; pág. 169.

RUSSO, E. *La esenzione fiscale*, Boll. Trib., 1975; pág. 1180.

SANDFORD, C. *"Carter Twenty Years On"*, en British Tax Review, 1987.

SANTA MICALI *Fisco e segreto bancario*, Ed. Giuffrè, Milán, 1984.

SANTAMARÍA PASTOR, J. A. *"Sobre derecho a la intimidad, secretos y otras cuestiones innombrables"*, Rev. Esp. Der. Cons., n.° 15/1985; págs. 160-161.

SARDINA PÁRAMO, J. A. *"Algunas reflexiones sobre la igualdad ante la ley como razonamiento aporético"*, en *"El principio de igualdad en la Constitución Española"*, IX Jornadas de Estudio. Dirección General del Servicio Jurídico del Estado; Madrid, 1991; pág. 187.

SCHOLSEM, J.C. *"La famille et l'impôt sur le revenu"*, Anuales de la Faculté de Droit de Liège, 1976.

SEVILLA MERINO, J. *"La familia como unidad tributaria desde la perspectiva del Estado Social"*, en *El sistema económico en la Constitución Española*, Centro de Publicaciones, Ministerio de Justicia, Madrid, 1994.

SHOUP, C. S. Testimony before Ways and Means Committee, 1969.

SIMÓN LAMPARERO, A. *"La tributación de las rentas familiares en el Impuesto sobre la Renta de las Personas Físicas"*, Salamanca, 1983. Tesina de Licenciatura, inédita.

SIREY *"Analyses de notes de Jurisprudence"*, en Rev. Scien. Lég. Fin., tomo XXXV, n° 2, abril, 1937.

SOARES MARTINEZ, P. *"Manual de Direito Fiscal"*, Livraria Almedina, Coimbra, 1983.

SOLER ROCH, Mª T. *"Notas sobre la configuración de las obligaciones y deberes tributarios con especial referencia al IRPF"*, Rev. Esp. Der. Fin., n.° 25, 1980; página 5.

*"Subjetividad tributaria y capacidad económica de las personas integradas en unidades familiares"*, Rev. Esp. Der. Fin., n.° 66, 1990; pág. 193.

SOUILLAC Le cumul des revenus, Cahiers de Droit, vol. 28, pág. 140.

SULLEROT, E. *"Évolution sociologique de la famille et inadaptation du système fiscal"*, Rev. Fr. Fin. Pub., 1986.

TOSI, L. *"Considerazioni sul regime fiscale della famiglia: discriminazioni ai danni delle famiglie monoreddito, prospettive di riforma e problematiche di ordine costituzionale"*, Rassegna Tributaria, 1988.

TROTABAS, L. *"La famille et l'égalité fiscale dans les impôts français sur les revenus"*, Rev. Sc. Leg. Fin., 1927; pág. 442-464.

VALLÉS, A. de *"Limiti costituzionali alle leggi tributarie"*, Riv. Dir. Fin. Sc. Fin., 1958; pág. 3. También publicado en *Studi in Memoria di Benvenuto Griziotti*, Milano, 1959, Ed. Giuffré.

VANISTENDAEL, F. *"La problematique fiscale de la famille"*, Comunicación a las Jornadas sobre Fiscalidad y Familia, Ministerio de Hacienda, 7-8 de junio, 1982.

VICENTE-ARCHE DOMINGO, F. *Comentarios a la Ley del IRPF y Reglamento del Impuesto*, Ed. Colex, Madrid, 1993.

VILADRICH, P. J. *Agonía del matrimonio legal*, 1984

VOGEL, K. *"Berücksichtigung von Unterhaltsplichten im Einkommensteuerrecht"*, DStR., 1977, Trad. esp. *"Consideraciones sobre la obligación de manutención en el IRPF (Análisis de la Sentencia del Tribunal Constitucional Federal de 23 de noviembre de 1976 y el futuro de la imposición familiar)"*, en Hac. Púb. Esp. número 94, 1985.

VV.AA. *"El Tribunal Constitucional"*, I.E.F., Madrid, 1981.

*"Sistema Fiscal y Familia"*, Rev. Inst. Est. Econ., nº 4/1981, Madrid.

*"Comentarios a las Leyes Tributarias y Financieras"*, Tomo I: Ley General Tributaria (arts. 1-89), EDERSA, Madrid, 1982.

(Espín Cánovas, D.; Cámara Alvarez, M. de la; Prada González, J. M. de; Garrido de Palma, V. M.; Vega Sala, F.; Castán Vázquez, J. Mª.). *"El nuevo Derecho de Familia español"*, Reus S.A., Madrid, 1982.

*"Comentarios a las Leyes Tributarias y Financieras"*, dirigidos por N. Amorós Rica, Tomo III: IRPF, EDERSA, Madrid, 1983.

*"Comentarios a la Ley del IRPF"*, Civitas, Madrid, 1983.

*"La reforma del Impuesto sobre la Renta"*, Rev. Inst. Est. Econ., n.º 4/1985, Madrid.

*"XI Jornadas de Estudio". "El principio de igualdad en la Constitución Española"*, Centro de Publicaciones, Secretaría General Técnica, Ministerio de Justicia, 1991.

YEBRA MARTUL-ORTEGA, P. *"La justicia fiscal y el impuesto sobre la renta"*, Santiago de Compostela, Universidad, 1973.

*"La familia ante el ordenamiento tributario"*, Rev. Der. Fin. Hac. Púb., n.º 123 (mayo-junio), 1976.

YERSIN, D. *"L'imposition du couple et de la famille"*, Éditions Cosmos, Berna, 1984.

ZABALZA MARTÍ, A. *"La unidad familiar y las variaciones patrimoniales en la Ley de reforma fiscal del IRPF"*, Hac. Púb. Esp., nº 99, 1986.

# BIBLIOTECA DE CIENCIAS PARA LA FAMILIA

## TITULOS PUBLICADOS

### *DOCUMENTOS DEL INSTITUTO DE CIENCIAS PARA LA FAMILIA (DIF)*

Nº 1. Pedro-Juan Viladrich, *El pacto conyugal* (1990, $^{3}$1992)
Nº 2. Carlo Caffarra, *Sexualidad a la luz de la antropología y de la Biblia* (1990, $^{3}$1992)
Nº 3. Víctor García Hoz, *Educación de la sexualidad* (1990, $^{3}$1992)
Nº 4. Aquilino Polaino-Lorente, *Madurez personal y amor conyugal* (1990, $^{4}$1995)
Nº 5. Javier Hervada, *Libertad, naturaleza y compromiso en el matrimonio* (1991, $^{2}$1992)
Nº 6. Enrique Martín López, *Comunicación hombre-mujer* (1991, $^{2}$1992)
Nº 7. Julio Bobes, *Drogodependencia y crisis conyugales* (1991)
Nº 8. Enrique Amat, *Claves de la inmadurez para el matrimonio* (1991)
Nº 9. Enrique Martín López, *Padres light* (1992, $^{3}$1993)
Nº 10. Claudio Basevi, *Sexualidad humana y sacramentalidad (I)* (1992)
Nº 11. Claudio Basevi, *Sexualidad humana y sacramentalidad (II)* (1992)
Nº 12. Jérôme Lejeune, *¿Qué es el embrión humano?* (1993)
Nº 13. Blanca Castilla Cortázar, *La complementariedad varón-mujer* (1993)
Nº 14. Eusebio González García, *La familia ante el fisco* (1993)
Nº 15. Joan Carreras, *Las bodas. Sexo, fiesta y derecho* (1994)
Nº 16. Andrés Ollero, *Derecho a la vida y derecho a la muerte* (1994)
Nº 17. Antonio Moreno, *Sangre y libertad* (1994)
Nº 18. Jorge V. Arregui y Carlos Rodríguez Lluesma, *Inventar la sexualidad: sexo, naturaleza y cultura* (1995)
Nº 19. A. Polaino-Lorente y P. Martínez Cano, *Embarazo y maternidad en la adolescencia* (1995)
Nº 20. Jean-Didier Lecaillon, *La familia como primera realidad económica* (1995)
Nº 21. Carlos Martínez de Aguirre, *Diagnóstico sobre el derecho de familia* (1996)
Nº 22. Blanca Castilla Cortázar, *Persona femenina, persona masculina* (1996)

## *TEXTOS*

Francesco D'Agostino, *Elementos para una filosofía de la familia* (1991)
Jorge V. Arregui y Jacinto Choza, *Filosofía del hombre* (1992, [4]1995)
Jacinto Choza, *Antropología de la sexualidad* (1991)
Aquilino Polaino-Lorente, *Sexo y cultura* (1992)
Tomás Melendo Granados, *Ocho lecciones sobre el amor humano* (1992, [3]1995)
Enrique Martín López, *Textos de sociología de la familia* (1993)
Aquilino Polaino-Lorente y Domingo García Villamisar, *Terapia familiar y conyugal* (1993)
Gonzalo Aranda, *Varón y mujer. La respuesta de la Biblia* (1991)
AA.VV., *Teología del cuerpo y de la sexualidad* (1991)
Alfonso López Quintás, *Cómo formarse en ética a través de la literatura* (1994)
David Isaacs, *Dinámica de la comunicación en el matrimonio* (1986)
Pedro-Juan Viladrich, *Agonía del matrimonio legal* (1984, [2]1989)
Ricardo Yepes Stork, *Fundamentos de antropología* (1996)
Francisco Cañal, *Las rentas familiares en el Impuesto sobre la Renta de las Personas Físicas* (1997)

## *OBRAS DE CONSULTA*

Augusto Sarmiento y Javier Escrivá-Ivars, *Enchiridion Familiae. Magisterio Pontificio y Conciliar sobre el matrimonio y la familia (siglos I-XX)* (6 vols.) (1992)
AA.VV., *Masculinidad y feminidad en el mundo de la Biblia* (1989)
AA.VV., *Masculinidad y feminidad en el mundo de la Patrística* (1989)
AA.VV., *El derecho de visita. Teoría y praxis* (1982)
AA.VV., *Hogar y ajuar de la familia en las crisis matrimoniales* (1986)
AA.VV., *Convenios reguladores de las crisis matrimoniales* (1984, [2]1989)

## *CURSOS Y PROGRAMAS ESPECIALIZADOS*

Nº 1. Juan Cruz Cruz, *Sexualidad y persona. Orígenes modernos de un debate sobre el amor: Kant, Fichte y Hegel* (1996)
Nº 2. Javier Escrivá-Ivars, *El proceso declarativo de nulidad de matrimonio canónico* (1996)
Nº 3. Joaquín Calvo-Alvarez, *Aborto y derecho. Consideraciones críticas en torno a la doctrina del Tribunal Constitucional Español sobre el aborto* (1997)
Nº 4. Pedro-Juan Viladrich, *Estructura esencial del matrimonio y simulación del consentimiento. Comentario exegético y técnicas de calificación de las causas de nulidad del c. 1101 del Código de Derecho Canónico* (1997)